W0179376

Włodzimierz Nowak
Die Nacht
von Wildenhagen
Zwölf deutsch-polnische
Schicksale
Aus dem Polnischen von Joanna Manc

Eichborn BERLIN

Originaltitel: Obwód głowy,
erschienen bei: Czarne, Sękowa, Polen

© WŁODZIMIERZ NOWAK, 2007
© for *Die Nacht von Wildenhagen, Mein Warschaukoller*
by ANGELIKA KUŹNIAK, WŁODZIMIERZ NOWAK, 2007

This publication has been funded by the Book Institute –
the © POLAND Translation Program

INSTYTUT KSIĄŻKI

©POLAND

1 2 3 4   10 09

© Eichborn AG, Frankfurt am Main, 2009
Umschlaggestaltung: Christina Hucke unter Verwendung
eines Fotos von © Steve Wisbauer © Photodisc/Getty Images
Lektorat: Esther Kormann
Layout: Cosima Schneider
Satz: Greiner & Reichel, Köln
Druck und Bindung: CPI – Clausen & Bosse, Leck
Eichborn Berlin

Mix
Produktgruppe aus vorbildlich bewirtschafteten
Wäldern und anderen kontrollierten Herkünften
www.fsc.org Zert.-Nr. GFA-COC-001223
© 1996 Forest Stewardship Council

ISBN 978-3-8218-5829-6

Eichborn Verlag, Kaiserstraße 66, 60 329 Frankfurt am Main
Mehr Informationen zum Programm von Eichborn Berlin und Eichborn finden Sie
unter www.eichborn-berlin.de und www.eichborn.de

VON WANDA, DIE DEN DEUTSCHEN NICHT WOLLTE

Das muss lustig ausgesehen haben. Gerdi, ein alter, grauhaariger Deutscher, liegt im Gras und hält mich am Fuß, er zittert geradezu vor Anstrengung, und ich hänge mit dem Kopf nach unten im Schilf und versuche den kleinen, braunen Hund von Frau Ewa, der das steile Ufer hinuntergerutscht ist, aus dem Fluss zu ziehen. Wir haben den kleinen Kläffer gerettet. Gerdi strahlt, schüttelt seinen grauen Schopf, stolz, dass er dem Hündchen als Erster zu Hilfe geeilt ist.

Frau Ewa sagt, Gerdi habe viel Herz, mehr als Verstand, und deshalb habe er sich von einem gerissenen Weibsstück ausnehmen lassen.

Frau Ewa, eine hübsche Dunkelhaarige um die dreißig mit einem blonden Oberlippenbärtchen, wohnt in einem ehemals deutschen Haus am Ende von Nowe Bielice (nicht weit von Krzyż). Allein mit ihrer Tochter und einer alten Tante schuftet sie seit der Hauptschule auf dreizehn Hektar Land. Vor fünf Jahren nahm sie Gerdi, einen obdachlosen Deutschen, zu sich, weil er von Hof zu Hof zog und Unterschlupf suchte.

Als der kleine Hund in den Fluss platschte, zeigte mir Gerdi gerade die Stelle, wo hinter Frau Ewas Haus die Drawa in die Noteć fließt. Still und wunderschön. Die Süße Ecke – so nannten die Deutschen noch vor dem Krieg diese Stelle, als das andere Ufer polnisch war und dieses deutsch und die Grenze in der Mitte der Noteć verlief. Angeblich sind einmal zwei Boote mit Zucker – das eine fuhr auf der Drawa, das andere auf der Noteć – an dieser Stelle zusammengestoßen und haben für einige Zeit das Wasser versüßt.

Vor dem Krieg sah die Süße Ecke anders aus: am Ufer ein kleines Hotel mit Restaurant und einem Tanzsaal, daneben ein kleiner Flusshafen. Sechs Fischer vom polnischen und sechs vom deutschen Ufer zogen täglich volle Netze aus dem Wasser.

Dann stand das Hotel leer, die Besitzer waren geflohen. Rotarmisten zerschossen mit MPs Wände und Fenster. Einem Jungen aus der Nachbarschaft gefiel das nicht, er sprach die Soldaten mit den roten Sternen an. Er bekam eine Salve in den Bauch. Sie sprengten das kleine Hotel. Der junge Deutsche liegt bis heute in der Erde von Frau Ewas Garten.

Dann geschah jahrelang nichts, nur manchmal ertrank jemand im Fluss, wie die beiden Brüder von Frau Ewa. Boote fuhren keine mehr. Die Häuser schotteten sich mit Brennnesseln und hölzernen Plumpsklos vom Wasser ab. Es war ruhig und ärmlich.

Nur einmal, fünfzig Jahre nach dem Rattern der sowjetischen MPs, donnerte ein Schuss. In Frau Ewas Scheune brachte sich Dietrich um, ein alter Deutscher. Er schoss sich eine große Ladung in den Mund. Mit so etwas schießt man auf Elefanten bei einer Safari.

Gerdi sagt, Dietrich sei ein Heimattourist gewesen. Er zeigt Fotos von anderen Heimattouristen. Hier, diese Alten am Kamin mit einem Glas Sekt und einem seligen Lächeln. Wahrscheinlich haben sie gerade einen alten Birnbaum aus der Kindheit entdeckt oder die Stelle, wo ihr Haus stand; haben sich an den Duft des Wermuts an einem heißen Tag erinnert, und an den Pfad, den sie immer zum Fluss hinunterliefen.

Dietrich kehrte in die Heimat zurück, um sich umzubringen, denn er hatte Krebs. Er liegt auf dem Friedhof im nachbarlichen Drawiny, wo er einst zur Welt kam.

Auch Gerdi nahm in seinem Bergmotel bei Drezdenko, ein paar Kilometer von hier, Heimattouristen auf. Die Alten aus Deutschland zahlten gut für das Wiedersehen mit ihrer Kindheit.

Doch Gerdi war nicht wegen der Erinnerungen nach Polen gekommen, er war zufällig hierher geraten, vor achtzehn Jahren.

Juli 1981: Gerhard Zandecki, Unternehmer bei Hamburg, fährt in den Urlaub nach Polen. Seine Frau, die Töchter, der Sohn haben ein wenig Angst. Sie waren noch nie in Polen. Seitdem Tadeusz Zandecki, Gerhards Vater, gestorben ist, versteht keiner die Briefe der Verwandten aus Polen. Sie gehen mit den Briefen zu einem Übersetzer. Es stellt sich heraus, dass sie drüben eine große Familie haben.

Gerhards Großvater, ein Bäcker aus Ostrów Wielkopolski, ging nach Hamburg, um nach Arbeit zu suchen. Der Vater Tadeusz, ein LKW-Fahrer, hatte noch zwei Herzen – ein polnisches und ein deutsches. Wenn die Polen gegen die Deutschen Fußball spielten, schaltete er den Fernseher aus, weil er nicht wusste, zu wem er halten sollte. Die Deutschen schickten ihn in den beiden Weltkriegen an die französische Front, weil der Nachnahme zu slawisch klang. Tadeusz wollte, dass sein Sohn Polnisch lernte, aber Gerhard hielt nur noch zur deutschen Mannschaft, mit den Kommunisten wollte er nichts zu tun haben. Außerdem hatte er keine Zeit. Er war ein junger Metzger, fuhr mit dem Fahrrad über die Höfe um Hamburg und schlachtete Schweine. Inga war die Tochter eines Kunden. Als ihre Erstgeborene zur Welt kam, war Gerhard 17 Jahre alt. Nach einem Jahr kam die nächste Tochter, dann der Sohn. Gerhard arbeitete in zwei Schichten, für einen Tageslohn von zwanzig Mark entlud er zwanzig Tonnen schwere Kohlewaggons. Er kaufte einen Dreiradwagen, Marke *Tempo 200,* und transportierte damit das Alteisen aus der ganzen Stadt. An den Sonntagen stand er im Tor von *Germania Schnelsen*, einem Hamburger Fußballverein.

Er erlernte einen zweiten Beruf – Gebäudekonservator. Frühmorgens reinigte er mit Säure alte Denkmäler, schwarz angelaufene Gebäudemauern und er reparierte Dächer. Die jungen Zandeckis brachten es schnell zu etwas. Sie nahmen eine halbe Million Mark Kredit auf und eröffneten bei Hamburg eine chemische Reinigung. Sie hatten fünf Filialen, in denen sie auch Textilien und Reinigungsmittel verkauften.

1974, als Zandecki siebenunddreißig Jahre alt war, kam er mit seinem weißen Ford ins Schleudern. Gerhard schlug sich dabei die Zähne aus, danach hatte er Probleme mit der Wirbelsäule (eine Rente bekommt er bis heute), doch das Geschäft lief weiter gut. Da war er schon ein bekannter Bürger, kümmerte sich um den örtlichen Sportklub und trainierte junge Fußballer. Mit Politik beschäftigte er sich nicht. Als er im Sommer 1981 über die polnische Grenze fuhr, wusste er nicht viel über Polen, hatte nichts gehört von der *Solidarność*, von der Werft, von Wałęsa.

Sie kamen nach Tczew, zu einer Tante. Zum Abendessen gab es Bigos (Krautfleisch), eingelegte Pilze und Gurken. Köstlich. Doch am nächsten Tag zum Mittag- und Abendessen wieder dasselbe. Gerhard hatte einen Bauch wie ein Ballon. Erst als er die Schlangen und die leeren Geschäfte sah, begriff er, warum immer das gleiche Essen auf den Tisch kam.

Sie unterbrachen den Urlaub, »wir werden doch den armen Teufeln nicht alles wegessen«. Im Danziger Devisenladen *Peweks* kauften sie Lebensmittel, verteilten sie unter den Verwandten, verschenkten ihr Geld. Und fuhren zurück.

An die acht Meter lange Fensterscheibe seiner Reinigung hängte Zandecki ein großes Plakat: ›Wisst ihr was in Polen los ist? Wer hilft den Polen?‹ »Damals kannten mich die Leute, da war ich wer … nicht so ein Penner wie jetzt«. Gerdi trippelt in geflickten Trainingshosen über Frau Ewas Hof. »Journalisten, Radio, Fernsehen kamen angerannt. Nach zwei Tagen waren ungefähr fünfhundert Päckchen da: Reis, Margarine, Mehl, Zucker, Zigaretten. Ein Bekannter, der Chef einer Transportfirma, überließ mir einen LKW mit vollem Tank: Du brauchst nur den Fahrer zu bezahlen. Dann rief der Fahrer an, dass auch er ohne Bezahlung fahren würde. Die ARD half dabei, über die DDR-Grenze zu kommen.«

»Wir waren um drei Uhr früh an der polnischen Grenze, unser LKW war der erste. Erst nach uns fuhren auch Franzosen, Holländer und andere aus den verschiedenen deutschen Bundesländern hinüber. Die Zöllner wussten nicht, was sie machen sollten: ›So einen großen LKW ohne Zoll durchlassen?‹ Wir standen dort zwei Stunden. Ich kein Wort Polnisch. Wir redeten mit Händen und Füßen. Schließlich riskierte es ein Resoluter: ›Wenn wir euch durchlassen, kriegen wir vom Chef einen Tritt, doch wenn wir euch nicht durchlassen, dann tritt er uns doppelt.‹«

Einen Teil der Päckchen luden sie in der Kirche von Tczew aus, den Rest im Waisenhaus. Zandecki ärgerte sich ein wenig über den Pfarrer, dass er sie mit Cognac bewirtete, wo doch die Menschen aus seiner Gemeinde nichts zu essen hatten. Die Leute warteten vor der Kirche. »Ich erinnere mich an die Augen«, Gerdi zieht die rote Trainingshose hoch, »so bittend und dankbar, dass es einem ganz weich ums Herz wurde.«

Drei Tage später war er wieder in Tczew. Vor der Kirche versammelte sich eine Menschenmenge, denn die Leute hatten gesehen, dass ein deutscher LKW durch die Stadt fuhr. Zandecki verteilte selbst die Päckchen, direkt vom Wagen aus. Er sah, wie die Leute auf der Straße zu tauschen begannen. Zucker gegen Mehl, Öl gegen Zigaretten. Er sagt, er sei glücklich gewesen.

Einmal hat er ausgerechnet, dass er siebenundachtzig Mal in Polen war, um zu helfen, zwanzig Mal mit dem LKW. Mit dem Transport gab es keine Probleme. Große Firmen riefen an, Mercedes, Renault, alle wollten helfen.

Damals war er schon eine Institution. In seiner Reinigung hatte er eine große Landkarte von Polen hängen, die Leute riefen aus den verschiedensten Gegenden Deutschlands an. Sie hätten Geschenke, wohin sie diese bringen sollten, und was die Polen brauchten. Gerdi (so nennt ihn Frau Ewa) zieht an einer billigen Zigarette: »Ich war wie ein Schneeball, der rollt und den Schnee mit sich reißt, bis er zu einer Lawine wird.«

Weihnachten 1981 packten sie größere, festliche Päckchen. Kriegsrecht in Polen. Er fuhr mit dem Zug nach Köln zum polnischen Konsul und bat ihn um Visa, sonst würden die Lebensmittel verderben. Sie brachten achteinhalbtausend Päckchen nach Polen. Sandomir, Warschau, Stettin, Posen.

Anfangs verstand er nicht, warum die polnische Miliz so oft seinen LKW kontrollierte. Mal waren die Scheinwerfer zu schmutzig, mal wollte man wissen, was er so mitführte. Er lernte schnell; man musste die Staatshüter nur mit einem Karton Bananen oder einer Kiste Bier schmieren, und schon war der Weg frei.

Für die Hilfe in Polen bekam er das Bundesverdienstkreuz. Doch seine Frau Inga drohte mit der Scheidung: »Du fährst und fährst, und die Arbeit kommt nicht voran.« Weibergeschwätz – dachte er. Abends zeigten sie im Fernsehen eine Sendung über polnische Krankenhäuser: Es gab keine medizinischen Geräte, es fehlte an Medikamenten. Kinder starben, weil keine Beatmungsgeräte vorhanden waren.

Er rief irgendeinen Hamburger Gesundheitssenator an. Drei Stunden später hatte er dreizehn Beatmungsgeräte.

Ein polnisches Flugzeug (eine kleine russische *Iljuschin*), die gerade nach Polen zurückkehren sollte, konnte nur fünf mitnehmen. Die Maschine war nicht ganz in Ordnung, sie mussten unterwegs zwischenlanden, der Pilot schraubte an irgendetwas herum. »Mitten in der Nacht, Frost, und ich das erste Mal in der Luft. Glauben Sie mir, ich hatte ganz schön die Hosen voll.«

Zandecki zeigt Ausschnitte aus deutschen Zeitungen. Auf einem Foto schleppt er Päckchen, auf einem anderen beugen sich er und ein Fahrer über eine polnische Landkarte. Kaum zu glauben, dass dieser lächelnde Mann auf dem Foto – im Smoking und mit dem Verdienstkreuz im Revers – der heruntergekommene Typ in geflickten Trainingshosen von Frau Ewas Hof ist. Hektisch ist er, sucht ständig irgendwelche Papiere.

»Ach Gerdi, Gerdi«, seufzt Frau Ewa, »diese Dankesschreiben vom Ministerium hast du in der roten Mappe, und das Urteil über die Zwangsräumung in der weißen.«

Aus einer Schachtel nimmt Zandecki Medaillen heraus. Er zählt Namen von Ärzten, Klinikleitern und Krankenhausdirektoren in ganz Polen auf. »Ein herzliches Dankeschön für die Hilfe« von Professor Jan Kostrzewski, dem Leiter des Sozialkomitees für den Bau des Krankenhauses im Kindergesundheitszentrum (März 1983). Eine Medaille vom Gesundheitsministerium. Eine Auszeichnung mit der Nike vom polnischen Veteranenverband *ZBoWiD*.

Zum ersten Mal sah er Wanda auf der Ladefläche eines LKWs. Sie stritt mit dem Dolmetscher um die Beatmungsgeräte. Wanda war Oberschwester in einem Warschauer Krankenhaus. Drei Beatmungsgeräte waren für ihre Klinik bestimmt, doch sie wollte noch zwei für das Kindergesundheitszentrum. Sie blieb hartnäckig und Schluss. Sie gefiel Zandecki auf Anhieb. Ein Mädchen mit Charakter, hübsch, abgeschlossenes Studium, elf Jahre jünger. Er lud sie zum Abendessen ins *Victoria* ein. Er brillierte. Am Nachbartisch sah er Kazimierz Górski, den Trainer der polnischen Fußballnationalmannschaft. Zandecki bat ihn an seinen Tisch, erzählte vom eigenen Klub, redete selber wie ein Fußballer, versprach einen Ball mit den Autogrammen der deutschen Elf. Wanda war begeistert.

Das war das Jahr 1982. Zandecki, verliebt in die Krankenschwester, transportierte nur noch medizinisches Gerät und Medikamente. Er sagt, die von ihm gegründete Stiftung habe 13 Millionen Mark für die Polenhilfe ausgegeben. Im Einvernehmen mit dem Gesundheitsministerium notierte Wanda, was den Krankenhäusern fehlte. Sie trafen sich in Hotels. Er – kein Wort Polnisch, sie – null Deutsch. Sie erklärten sich ihre Liebe durch einen Dolmetscher. Wussten nichts voneinander. 1984 heirateten sie (ein Jahr zuvor hatte sich Zandecki von Inga scheiden lassen). Sie bezogen eine Warschauer Dreizimmerwohnung und begannen in Wandas Heimat, einem kleinen Dorf bei Drezdenko, ein Haus im Zakopane-Stil zu bauen. Dann kam der Sohn zur Welt.

Hier bricht die gemeinsame Geschichte der polnischen Krankenschwester und des deutschen Kaufmanns auseinander. Nach dreizehn Jahren haben sie aus Fakten und Ereignissen zwei feindliche Versionen geschmiedet, die sie seither vor Gerichten, Rechtsanwälten, Journalisten und Beamten wiederholen.

»Ich war sehr naiv und verliebt«, vertraute mir Gerdi an, als ich ihn das erste Mal an der Süßen Ecke besuchte. »Die Alte (heute nennt er Wanda nur noch so) hat mich bestohlen und betrogen. Noch vor der Hochzeit zog sie mir das Geld aus der Tasche: ›Ich muss die Wohnung kaufen‹, ›Gib mir Geld für die Scheidung‹. Sie war arm, als ich sie zur Frau nahm. Mit ihrem ersten Mann und der Tochter wohnten sie auf fünfzehn Quadratmetern. Unsere Hochzeit habe ich in Warschau auf dem *Stary Rynek*, dem Alten Marktplatz, mit allem Drum und Dran ausgerichtet; ein Empfang im *Akropol*, die Zeugen aus beiden Botschaften. Hundertdreißig Gäste, Ärzte, Krankenhausdirektoren.«

Wanda: »Was für eine große Hochzeit, was redet er da? Nur sechzig Gäste, kein einziger Botschafter. Den Pressesprecher der deutschen Botschaft habe ich mit Gewalt anschleppen müssen, weil Zandecki darauf beharrte, dass jemand von denen dabei sein musste.«

(Mit Wanda sprach ich am Telefon. Sie wohnt mit ihrem dritten Mann irgendwo bei Warschau).

»Klar liebte ich Zandecki. Aber hören Sie nicht auf ihn, das ist ein Schauspieler. Steckt den Finger in die Nase und gibt vor, er würde sterben. Hat er das bei Ihnen nicht versucht? Damals hat er einen guten Moment erwischt. Mit meinem ersten Mann lief es nicht gut, der wollte nur beten. Und Zandecki – der Mittelpunkt jeder Feier. Ich wusste nicht, was das für ein gerissener, degenerierter Typ ist. Er nahm Tabletten, soff Wodka und dann hatte er irgendwelche Visionen. Er schlief mit der Axt unterm Kopfkissen und ich im Trainingsanzug, damit ich jederzeit aus dem Fenster springen konnte.«

Gerdi: »In Warschau war es mir zu eng. Im Urlaub in Zakopane haben mir die Berghütten gefallen. Dann brachte mich die Alte in ihr Dorf bei Drezdenko, zeigte mir den Kartoffelacker ihres Vaters und den alten Pferdestall. Ich begann ein Haus aus Holz und Steinen zu bauen, ließ aus den Bergen Leute kommen. Sie arbeiteten vom Sonnenaufgang bis zum Sonnenuntergang, aßen ein Schwein pro Woche, und jede zweite tranken sie drei Tage lang. Sehr gute Leute und vom Fach, ich glaube, die wurden mit der Axt in der Hand geboren. Das ganze Dorf bewunderte sie. Ich heuerte Leute an, damit sie Steine von den Feldern sammelten. Ich bezahlte, und die Alte und ihr Vater erledigten alles bei den Ämtern. Weil ich kein Polnisch kann. Sie sagte: ›Wozu brauchst du Polnisch, ich will in Deutschland leben.‹ Sogar unseren Sohn hat sie in einem deutschen Krankenhaus geboren. Mit einem geliehenen Auto der Marke *Polonez* raste ich über die Grenze, um vor der Entbindung da zu sein. Jetzt hat der Junge die doppelte Staatsbürgerschaft.«

Wanda: »Er jammert, dass er nichts verstanden hat. Und warum hat er kein Polnisch gelernt? Ich habe in Polen Deutsch gelernt und er konnte kein Polnisch lernen? Weil wir für ihn die Dritte Welt sind, Kommunisten und Indianer. Er braucht diese Sprache ja nicht. Und den Jungen habe ich in Deutschland zur Welt gebracht, weil ich als Krankenschwester wusste, dass die polnischen Entbindungsstationen in einem schrecklichen Zustand sind.«

Gerdi: »Auf den Bauplänen stand: Die Investoren sind ich und sie. Ich vertraute ihr.«

Gerdi zieht die rote Trainingshose hoch, die ihm ständig herunterrutscht, und rechnet zusammen, wieviel Vermögen er verloren hat: »Jeden Monat tausend Mark Rente, das war damals viel Geld in Polen, die Mark war teurer als Gold. Inga gab mir nach der Scheidung 40 000 Mark für die Hälfte des Hauses und zehn Jahre lang zahlte sie mir meine Firmenanteile zurück. Mein Sohn auch. Ich verkaufte den Ford-LKW. In dieses Berghaus habe ich ungefähr 250 000 Mark gesteckt. Ohne die Ausstattung – Küche und Möbel brachte ich aus Deutschland mit. Und wie viel ich selbst gemacht habe! Ich bin doch Bauarbeiter.«

Wanda: »Sein Geld? Ich weiß nicht, was er damit gemacht hat. Wahrscheinlich hat er's versoffen und verjubelt, für Weiber ausgegeben. Ich war es, die das Haus gebaut hat. Bin schwanger zur Sägemühle gelaufen, um die Bretter zu sortieren. Habe die Wohnung in Warschau verkauft. Ziegel waren teuer, deshalb nahm ich Holz und Steine. Das Holz habe ich günstig bekommen, weil der Nonnenspinner den Wald kahl gefressen hat, und die Steine brachten sie von der LPG umsonst. Der Zandecki ein Bauarbeiter? Ich habe Fotos, wie er mit Krawatte an der Betonmischmaschine steht. Ein Brett musste er drei Mal zuschneiden und es passte dann doch nicht.«

Gerdi: »Erst als sie aus dem Sanatorium zurückkam, mit diesem Bekannten – sie sind bis heute zusammen –, begann ich Verdacht zu schöpfen. Ständig ist sie weggefahren. Ich schlug das Fenster zu ihrem Zimmer ein, unter dem Bett fand ich die notariellen Urkunden. Ich gab sie einem Übersetzer. Es stellte sich heraus, dass alles auf sie überschrieben war. Ich besaß nichts. Aber ich liebte sie immer noch. Sie sagte mir, dass es so sein müsste; als Deutscher hätte ich kein Anrecht auf polnischen Boden. Sie hat mich belogen.«

Wanda: »Nicht ich habe ihn ausgenommen, sondern er wollte mein ganzes Vermögen an sich reißen. Er glaubte, er hätte eine dumme Polin gefunden. Er wiederholte immer: ›Welt ohne Geld‹, aber er wollte nur wie ein Schmarotzer leben. Er wollte mich für dumm verkaufen, mich entmündigen und in Polen den großen Herrn spielen.«

Gerdi: »Damals war ich bei den Leuten angesehen. Der Wojewode besuchte uns, die Bürgermeister.«

Wanda: »Ich war doch diejenige, die dafür sorgte, dass wir Bekannte mit Niveau hatten. Doch ich brauchte nur wegzufahren, da kamen gleich die örtlichen Saufbrüder und Mauerpisser. Erst tranken sie und dann beschimpften sie ihn als Nazi.«

Gerdi: »Ich habe den Fußballklub in Drezdenko gesponsert. Trikots und Bälle gekauft. Das Spiel zwischen Lubuszanin Drezdenko und meiner Mannschaft bei Hamburg organisierte ich mit der Hilfe von Aleksander Kwaśniewski persönlich – damals war er der Leiter des Komitees für Jugend und Sport.«

Wanda: »Im Smoking ist er herumgelaufen, mit Fliege, ein Chauffeur holte ihn ab. Wenn es im Restaurant keinen freien Tisch mehr gab, reichte es, dass er mit seinem Hamburger Platt ankam, und schon verbeugte sich der Kellner und rannte, um einen zusätzlichen Tisch zu holen. Wenn kein Taxi da war, brachte ihn die Polizei besoffen nach Hause. Sie behandelten ihn wie den Kanzler Kohl persönlich, weil er ja allmächtig war und Arbeit in Deutschland vermitteln konnte. Bei uns gibt es so eine Mentalität: vollgeschissen, vollgepisst, aber Hauptsache, aus dem Westen; auf jeden Fall besser, weil er ein Deutscher ist.«

Gerdi: »Die Alte erzählt, ich hätte ihren Vater gehasst. Und wer hat ihn nach dem Tod rasiert, gewaschen und angezogen? Schließlich war sie die Krankenschwester.«

Wanda: »Was denn? Ich, eine Frau mit zwei Kindern, sollte meinen Vater waschen? Er hasste Vater, weil der drei Jahre in Lagern gesessen hatte und mich warnte: ›Solange sich die Welt dreht tagaus tagein, wird der Pole dem Deutschen nie ein Bruder sein‹. Deshalb hat er den ganzen Boden nur mir überschrieben. Und ich dumme Gans habe mit ihm ein halbes Jahr nicht gesprochen, ich war verärgert, dass er meinen Mann so behandelt hat.«

Gerdi: »Wegen ihr habe ich angefangen zu trinken, aus Kummer, weil sie mich betrogen und hintergangen hat.«

Wanda: »Wie bitte? Wenn er an seinem Geburtstag am 12. März anfing zu trinken, dann hörte er erst im Juni wieder auf. Er bekommt eine Rente, angeblich wegen seiner Wirbelsäule, doch nach dem Wodka konnte er wie der legendäre Held Jurand aus den *Kreuzrittern* von Sienkiewicz eine schwere Holzbank einfach hin und her schwingen. Wissen Sie, die Deutschen feiern gerne, sie trinken, singen, manchmal besaufen sie sich wie die Schweine, aber am nächsten Morgen ist ein echter Deutscher rasiert, gewaschen und lächelt. Doch Herr Zandecki war morgens vollgepisst und ein stinkender Murrkopf.«

Vor zwei Jahren ließen sie sich scheiden. Das Gericht glaubte Wanda. Es verurteilte Gerhard zu einem Jahr auf Bewährung wegen der ausstehenden Unterhaltszahlungen. »Jetzt hat Zandecki Angst: Wenn er sich etwas zuschulden kommen lässt, muss er sitzen«, erklärt mir Wanda am Telefon. »Aber ich will ihn nicht ins Gefängnis bringen, damit unser Staat so einen nicht auch noch ernähren muss. Eine orangefarbene Weste sollte man ihm geben und er sollte in Drezdenko die Straßen kehren.«

»Aber damals hat er doch den Polen geholfen, oder ist das alles nur Lüge?« vergewissere ich mich, weil ich bei den unterschiedlichen Erzählungen schon ganz durcheinandergekommen bin.

»Ja, er hat geholfen, das hat er«, räumt Wanda ein. »Ich muss sagen, damals benahm er sich wie ein Mensch, er hat die Armut gesehen. Aber er hat sich dabei nicht überarbeitet. Er schlief und aß in den besten Hotels. Dieses Diplom aus dem Gesundheitsministerium habe ich ihm besorgt, damals war ich ein großes Tier, Oberschwester in einem Krankenhaus in Warschau. Auch jetzt sage ich immer zu den Kindern: Karriere macht man in Warschau, aufs Land kannst du immer noch zurückgehen.«

Im Januar ordnete das Bezirksgericht in Strzelce Krajeńskie Zandeckis Räumung aus dem Zakopane-Haus an. Das Gericht entschied, die Klägerin Wanda sei Eigentümerin, das gehe aus den Grundbüchern hervor. Denn der Beklagte Zandecki habe sich als Deutscher nie um eine Genehmigung für den Erwerb von Immobilien in Polen bemüht. Denn der Beklagte habe nicht einmal bei der Scheidungssache eine gerichtliche Aufteilung des Vermögens beantragt.

Gerdi rauft sich die grauen Haare und jammert über die polnische Gerechtigkeit. »Ich steh' nicht in den Büchern, weil die Alte mich betrogen hat. Ich wusste nicht, dass ich mich um den Kauf von Land in Polen bemühen konnte, weil ich dumm war. Ich habe beim Gericht einen Antrag auf eine Vermögensteilung gestellt, aber das Gericht hat geantwortet, ich müsse zuerst 13 000 Złoty Kosten bezahlen. So viel hatte ich nicht, daher musste ich die Sache zurückziehen.«

Jetzt ist Gerdi in Frau Ewa von der Süßen Ecke verliebt.

Wir sitzen auf dem Hof. Die Septembersonne prallt am grauen Haarschopf ab. Der Deutsche sagt, er trinke schon seit eineinhalb Jahren nicht mehr. Er verkauft Gemüse und gebrauchte Sachen auf dem Markt in Krzyż und hinter dem Haus von Frau Ewa richtet er einen Campingplatz für Kajakfahrer und Heimattouristen ein. Die alte Garage hat er schon zur *Bar Ewa* umgebaut und im Schweinestall bringt er Duschen und Toiletten unter. Er hat gehört, Bielice Nowe sei als einziges Dorf im Nordwesten Polens in das europäische Netz des Landtourismus aufgenommen worden. Irgendeine deutsche Consultingfirma hat Umfragen gemacht: Angeblich wollen fünftausend ehemalige Einwohner aus der Gegend um Krzyż und Drezdenko sich auf den Bauernhöfen in Bielice erholen.

Frau Ewas Nachbar, Werner, ein Arzt aus Berlin, der das Haus nebenan (es gehört einem Polen aus Krzyż) aus einer Ruine wieder aufgebaut hat, ist Süßwasserkapitän. Er besitzt schon ein weißes Ausflugsschiff. Er wollte damit von Berlin nach Bielice fahren, doch an der polnischen Grenze ging der Motor kaputt. Er wird im Frühling kommen und wie vor dem Krieg die Passagiere auf der Noteć hin- und herfahren. Zandecki sagt, sobald er sein Vermögen zurückbekäme, wolle er ebenfalls in die Süße Ecke investieren. Vielleicht wird es wie früher werden; ein kleines Hotel mit Restaurant und Tanzveranstaltungen. Aber zuerst wird er mit Ewa einen Vertrag machen, damit sie ihn nicht übers Ohr haut.

»Ach Gerdi, Gerdi, was redest du da?«, lacht Frau Ewa. Sie zeigt das Badezimmer, die neuen Kacheln. »Das hat Gerdi gemacht. Ich habe ihn um nichts gebeten. Er kam, sah, dass es im Haus kein Wasser gab, die Toilette draußen – und er hat es gemacht. Wenn ich ihn jetzt wegjagen würde, dann würde er mit leeren Händen gehen, denn das alles gehört mir. Und dieses Hotel hinter der Überführung, haben Sie das gesehen? Es ist noch im Rohbau, nicht ganz fertig. Das hat auch ein Deutscher gebaut. Eine Blondine aus Krzyż hat ihm den Kopf verdreht. Er, ein alter Mann mit Parkinson, kaufte ein Grundstück, gab Geld, alles war auf ihren Namen. Jetzt hat sie ihn zum Teufel gejagt und hat ein Haus für ein paar Milliarden zum Verkauf. Oder eine andere Geschichte, die in der Gegend von Drezdenko für Aufsehen sorgte. Als eine Polin einen alten Deutschen kennenlernte, ließ sie sich scheiden. Nachdem der Deutsche ihr ein Haus gebaut hatte, natürlich alles auf ihren Namen, verjagte sie ihn bis nach Deutschland und heiratete wieder ihren ersten Mann. Solche Pläne schmieden sie. Ich weiß nicht, warum diese Deutschen so naiv sind«, wundert sich Frau Ewa.

»Sie verlieren den Verstand wegen der süßen Ecken der schönen Polinnen«, lacht Zandecki und bewegt die Zunge, als würde er etwas verkosten.

»Ach Gerdi«, seufzt Frau Ewa. Sie war auch in Deutschland, bis hinter Hannover bei so einem alten Mann, der jeden Monat hierherkommt, um sich ein Mädchen aus der Gegend zu holen. Er zahlt 400 Mark, will, dass die Wäsche gemacht und geputzt wird und … jemanden fürs Bett. »Ich lehnte das ab, ich werde mich doch nicht mit so einem Greis ins Bett legen. Der zittert ja am ganzen Körper, kann kaum das Lenkrad halten, fährt aber so viele Kilometer allein. Und wie er unterwegs über die anderen schimpft! Alle sind Schafsköpfe und Idioten. Er hat mich zurückgebracht.«

Zandecki hat seine Geschichte aufgeschrieben: »Das ist kein Märchen, sondern die bittere Wahrheit, die nach Hilfe und Gerechtigkeit schreit. Ich schreibe, weil ich physisch und psychisch am Ende bin. Ich habe die Hoffnung, dass mir vielleicht jemand aus Mitgefühl hilft. Ich habe doch keine Chance, bin ohne Haus, kann nicht gut Polnisch, kann mir keinen Anwalt leisten. Ich hoffe auf humanitäre Hilfe.«

Er hat an Lech Wałęsa geschrieben, als der noch Präsident war, an *ZBoWiD*, an das Gesundheitsministerium, und im Frühling an das Justizministerium. Jetzt zeigte er bei der Staatsanwaltschaft in Strzelce an, dass sich seine Exfrau des Betrugs schuldig gemacht habe. Er sammelt Aussagen von den Bergbauern, von den Nachbarn. Die Ermittlungen dauern an. Die Staatsanwältin wollte über die Sache der Zandeckis nicht reden, sagte jedoch, es gebe in der Gegend immer mehr solcher polnisch-deutschen Vermögensstreitfälle. »Sie versprechen sich gegenseitig irgendetwas, unterschreiben irgendetwas, aber nicht in Anwesenheit eines Notars, und dann streiten sie sich vor den Gerichten herum.«

Zandecki wird bis zum Schluss kämpfen. Er sagt, er habe nichts zu verlieren. Er hat nur diese Fetzen am Leib, einen sechzehnjährigen, kleinen, polnischen *Fiat* und ein paar kaputte Möbel im Stall. Es gibt auch nichts mehr, wofür es sich lohnte, nach Deutschland zurückzukehren.

»Wenn jeder Pole, dem ich einmal geholfen habe, mir wenigstens einen Złoty geben würde, hätte ich genug für einen guten Anwalt«, kalkuliert Gerdi. »Und du, hast du damals keine Päckchen von der Kirche bekommen?«

»Ich bekam Kaffee, Schokolade, Kakao«, erinnere ich mich an die Leckereien, die manchmal die Schwiegermutter mitbrachte.

»Siehst du!«, freut sich der Deutsche. »Das war vielleicht von mir, vielleicht habe das ich mitgebracht.«

»Schon möglich.«

»Dann kannst vielleicht du mir jetzt helfen? Schreib, dass Gerhard Zandecki die Polen um Hilfe bittet. Dass er einen guten Anwalt sucht, der Deutsch kann. Ich habe kein Geld, würde ihm aber einen Vertrag vorschlagen: einen Prozentsatz vom Vermögen, das wir zurückbekommen. Ich warte in Bielice Nowe, im Haus Nummer elf (bei Frau Ewa), in der Gemeinde Krzyż.«

Den Namen von Wanda habe ich auf ihren Wunsch hin geändert.
1999

DIE NACHT VON WILDENHAGEN

Sie singen. Der am Küchenherd pfeift und tanzt auf einem Bein. Sie stinken nach Wodka und Machorka. Das kleine Heidchen schaut ihnen nicht in die Augen, sie hat Angst, sie könnte den Teufel erblicken. »Mama sagte, die Iwans, das sind Teufel. Alle Frauen aus dem Dorf haben das gesagt, bei den Worten ›die Russen‹ wurden sie bleich.«

Sie versteht nicht, was sie sagen. Wie eine Puppe wird sie herumgereicht, sie ist dünn, wiegt nicht viel, ist zehn Jahre alt. Sie setzen sie auf den Schoß, drücken sie an die dreckigen Uniformen. Der Geruch des Krieges ist so scharf, dass es in der Nase kribbelt.

Mit schweren Händen streicheln sie über ihr Köpfchen, betrachten den roten Striemen an ihrem Hals. »Kleines, ach, Kleines«, sagen sie wehmütig. Jemand hat ihren Hut zertreten, den grauen mit der kleinen Krempe. Er liegt neben der Zimmertür. Jedes Mal, wenn die sich einen Spaltbreit öffnet, sieht man Elsa, die Tochter der Bäuerin. Auf dem Bett an der Wand, halbnackt, in einem zerrissenen Kleid schaut sie zur Decke. Irgendwie geistesabwesend, mit Schaum vor dem Mund. »Die Arme, wahrscheinlich hat

21

sie zu kurz gehangen, Mama sagte, dass man fünf Minuten hängen muss.«

Die Straßenbahnen in Frankfurt an der Oder sind hellgelb, sie gleiten über die Karl-Marx-Straße so leise wie die U-Bahn. Mit Angelika Kuźniak, Studentin der *Viadrina* Universität, suche ich die Aleja Brzozowa. Angelika wohnt in Słubice und hörte als Erste die Geschichte von der Deutschen aus Wildenhagen, heute Lubin auf der polnischen Seite der Oder. Das kleine Heidchen, das am 1. Februar 1945 auf dem Schoß eines sowjetischen Soldaten gesessen hatte, das ist Adelheid Nagel aus Frankfurt. Sie ist fünfundsechzig Jahre alt, hat helle Haare und ein schönes Lächeln. Sie lächelt, als sie uns Früchtetee serviert und wir ihr schwierige Fragen stellen. Sie hat drei Söhne und neun Enkel, doch sie lebt allein in einer Einzimmerwohnung im Wohnblock.

Es ist schwer, nach solchen Erlebnissen zu fragen. Wir reden drum herum, fragen nach ihren Nächsten, nach der Arbeit, erkundigen uns nach ihrer Gesundheit ...

Sie ist Rentnerin, hat Probleme mit der Wirbelsäule. Über ihr Leben in der DDR spricht sie nicht gerne, »da gibt's nichts zu erzählen«. 30 Jahre lang war sie in dem kleinen Seelow Unterstufenlehrerin und Leiterin des Schulhorts.

Sie hat ein paar Fotos aus Wildenhagen, die sie in einer alten Handtasche ihrer Mutter über die Oder gebracht hat.

Anna, die Mutter. Auf dem Foto ist sie siebenundvierzig Jahre alt, aber sie sieht älter aus; ein müdes Gesicht, lange abgearbeitete Finger. Wahrscheinlich konnte sie Polnisch und wahrscheinlich hatte Adelheids älteste Schwester einen polnischen Vater. Adelheid ist sich nicht sicher. Die Mutter kam aus der Gegend von Posen.

»Die Grenzen Polens veränderten sich immer wieder und meine Mutter musste ständig umziehen. Ihr Beruf? Landarbeiterin, sie und Vater arbeiteten beim Bauern. Wissen Sie, damals waren alle Landarbeiter, es gab nicht so viele Berufe. Sie war vierzig Jahre alt, als ich zur Welt kam. Dabei waren wir schon zu viele; ein Bruder, drei Schwestern – und die Armut. Ich weiß, dass ich ein ungewolltes Kind war. Ich kann mich nicht erinnern, ob mich Mutter wenigstens einmal an sich gedrückt hat. Sie hatte es zu schwer, um noch ein fünftes Kind zu lieben.«

Der Vater. Mit kleinem Schnurrbart, in einer Uniform steht er da, an ein Motorrad gelehnt. »Er ist nie damit gefahren. Er stellte es nur raus und putzte es. Das war der einzige wertvolle Gegenstand, den wir besaßen. Vater war im Krieg, ich glaube in Norwegen. Ich erinnere mich nur an seinen letzten Urlaub, im Sommer 1944. Als er wieder fuhr, war er ein wenig böse auf mich, weil ich ihn nicht loslassen wollte.«

Sie traf ihren Vater nach dem Krieg, er arbeitete bei dem Wiederaufbau Frankfurts mit.

»Und das ist mein erster Schultag. Diese große Schultüte voller Süßigkeiten hat mir meine Freundin Ursula fürs Foto geliehen; sie war zu teuer für mich. Ich habe mit Ursula gespielt, doch als ich den Tauben die Eier aus den Nestern nicht stehlen wollte, ließ sie den Hund von der Leine und hetzte ihn auf mich. Ich war das Kind einer Landarbeiterin und sie war eins vom Landwirt.« Adelheid lächelt wieder.

»Das ist Karlchen, der Sohn von Ida Valentin, der Bäuerin, bei der wir wohnten. Er war nicht ganz richtig im Kopf, etwas verrückt. Die Leute im Dorf sagten, dass er mit Gewalt gezeugt wurde, weil der Bauer einen Sohn haben wollte, um ihm den Hof zu überlassen. Karlchen war furchtbar verwöhnt, durfte alles. Damals, an diesem Morgen, als ich bei den Russen auf dem Schoß saß, habe ich gesehen, wie sie Karlchen geschnappt haben. Er war nicht mit uns auf dem Dachboden, er hatte sich versteckt. Der Dummkopf hat eine Hitlerjugenduniform angezogen. Die Russen schrieen ›du Faschist‹ – was für ein Faschist soll Karlchen gewesen sein, er war doch erst vierzehn. Sie schossen, er fiel die Treppe hinunter in den Keller. Den Rest besorgten sie mit dem Bajonett.

23

Das ist meine Schwester, sieben Jahre älter als ich. Die Schwestern hatten alle drei schon ihre eigenen Familien und wohnten nicht in Wildenhagen. Und das ist mein Bruder, er war Flieger in Norwegen, dann geriet er in Frankreich in Gefangenschaft.«

»Ich habe mein Dorf immer vor Augen«, sagt Adelheid und lächelt. Sie sieht die kleine Kirche und zwei Teiche, die ganz weiß sind vor lauter Gänsen und Enten. Kinder rennen um die Teiche und spielen Echo. »Was essen die Studenten?«, rufen sie über den Vogelschwarm hinweg, und das Echo antwortet: »Enten! Enten!«

Sie sieht die gelben Kastanienblätter, als es keine Gänse und Enten mehr auf den Teichen gibt, als über alle Vögel schon das Todesurteil gesprochen wurde. Bevor sie getötet werden, mästet man die Gänse, damit sie eine größere Leber für die Pastete bekommen. Die Kinder schauen zu, wie die Bäuerin eine Gans unter dem Arm festklemmt, ihr den Schnabel öffnet und mit den Fingern Essen reinstopft. Sie lachen und helfen einen Kloß reinzudrücken. Nach drei Wochen, wenn die Gänse schon fett sind, kommen die Kinder wieder angerannt wie ein Schwarm Spatzen. Mit einem scharfen, spitzen Messer sticht die Wirtin in den Gänsehals und lässt das Blut auslaufen. Sie rückt ihr Kopftuch zurecht, weil der Vogel heftig zappelt, dann hängt sie ihn an den Beinen auf und hält ihn über einer Schüssel, bis das ganze Blut rausfließt. Die Kinder reichen ihr Zeitungsseiten, auf den Bildern kämpfen lächelnde Soldaten tapfer ›für unseren Führer und das geliebte deutsche Vaterland‹. Die Bäuerin umwickelt mit der Zeitung den Gänsehals, damit die Federn nicht blutig werden. Dann ist die nächste Gans dran und die nächste, den Kindern wird es langweilig. Sie rennen an den Teich, hinter ihren Rücken hören sie, wie die Frau flucht, weil die kleine Libussa gegen die Schüssel gestoßen ist und das Blut verschüttet hat.

Sie rennen zwischen Gemüsegärten, die in geraden Reihen zum Teich hinunterführen. Der Stellmacher Birke repariert ein Wagenrad aus Holz, seine schöne Tochter Erna hängt Wäsche auf (ein russischer Soldat wird ihr später ein Messer ins Gesicht stoßen, damit sie sich nicht so wehrt). Sie rennen an der Schmiede von Kaulke vorbei, stampfen mit den Holzschuhen auf dem Straßenpflaster. Der alte Feuerwehrmann mit glänzendem Helm und in dunkelblauer Uniform kämpft mit einer hölzernen Wasserspritze, er kann sie aus der kleinen Feuerwache nicht herauszerren. Sie stürzen zum ›französischen Zaun‹ oder dem ›süßen Zaun‹, weil dort die französischen Kriegsgefangenen, die tagsüber bei den Bauern arbeiten, ihnen große, aneinanderklebende Klumpen braunen Zuckers über den Zaun reichen.

Bei der Bäuerin kommen die Nachbarinnen zum Gänserupfen zusammen, die Frauen kleinerer Bauern und einfache Landarbeiterinnen, wie die Mutter von Adelheid. Jede klemmt sich eine Gans unter den Arm, sodass der Schnabel lustig nach hinten rausragt, und beginnt sie zu rupfen. Zuerst die Bauchfedern, denn die sind sehr weich, dann die Federn am Rücken, am Hals. Sie rupfen und schwatzen. Angeblich hat die Schulz, die Frau des Ortsbauernführers, von ihrem Sohn aus der Wehrmacht einen Brief bekommen. Fritz ist in Italien. Dort ist alles furchtbar teuer: ein Krug Bier – sieben Mark, ein Paar Schuhe – eintausendfünfhundert, und ein Pfund Kirschen – fünfzig Mark.

»Und als bei uns die Inflation war, könnt ihr euch erinnern? Für ein Brot eine Billion. Wenn das Attentat auf den Führer gelungen wäre, dann hätten wir wieder das Gleiche.«

»Mein lieber Sohn« – schrieb die Schulz, »der Feind steht vor Dir, doch ich weiß, dass Du Deine Pflicht tun wirst, wie es sich für einen deutschen Soldaten gehört. Mit einem strammen Heil Hitler! Deine Mutter.«

Sie lachen über die Polin, die beim Bauern am Ende des Dorfes arbeitet und den Frauen auf dem Feld wahrsagt. »Aus Almas Hand hat sie gelesen, dass wir alle, das ganze Wildenhagen, auf eine große Reise gehen werden. Dummes Weib; und wer wird dann auf dem Hof arbeiten?«

Sie beeilen sich, denn wenn die Gans kalt wird, ist es schwierig, sie zu rupfen. Die kleine Adelheid hat schon Kopfweh von dem Geräusch, das beim Herausreißen der Federn entsteht. Sie muss bereits das zweite Mal unter dem Tisch sitzen; sie hat mit den Freundinnen zu viel gekichert, dabei flogen die Federn durch die ganze Stube. Es wird spät, die Frauen hören auf zu rupfen, lächelnd bringt die Wirtin eine große weiße Schüssel herein. Sie tischt eine frisch gebackene Gans, Blut und Brot auf.

Über diese Nacht vom 31. Januar auf den 1. Februar 1945 erzählt uns Adelheid von selbst, wir müssen nicht fragen. Vierzig Jahre lang erzählte sie es nicht, weil in der DDR solche Themen verboten waren. Die deutsch-sowjetische Freundschaft war Pflicht, Adelheid und ihr Mann waren bei der FDJ, die Söhne bei den Pionieren. Außerdem hatte man keine Zeit: Arbeit, Kinder, Familie, an Samstagen gingen sie tanzen. Das Leben floss schnell dahin, der Kopf war leer. Diese Nacht war tief vergraben.

Einmal fuhr sie mit ihrem Mann auf dem Motorrad dorthin. Sie war auf dem Dachboden, suchte den Balken, doch alles sah irgendwie anders aus, ihr Mann hatte es eilig, sie fand die Stelle nicht.

Vor fünf Jahren ist Adelheid nach Frankfurt umgezogen. Sie fühlte sich einsam in der großen Stadt. Sie fuhr nach Potsdam, wo sich jedes Jahr Deutsche aus den ehemaligen Ostgebieten treffen. An dem Tisch mit der Aufschrift Wildenhagen saß niemand. Waren alle gestorben?

Sie begann zu suchen. Fast siebzig Personen fand sie aus ihrem Heimatdorf wieder. Nur wenige Frauen. Jetzt schreibt sie Erinnerungen nieder. Das, was die Leute noch wissen.

Den ganzen 31. Januar stand Adelheid am Zaun und starrte den deutschen Soldaten nach, die auf Motorrädern die Hauptstraße entlangfuhren. Ihre Mutter packte in der Stube Sachen für die Reise und lud sie auf den Wagen, der auf dem Hof der Valentins stand.

»Ich bestand darauf, die Tür abzuschließen. Niemand sollte reinkommen, wenn wir nicht mehr da waren. ›Lass das, die Russen werden sie sowieso aufbrechen‹, sagte meine Mutter ungeduldig. Doch ich kletterte auf eine Bank und legte den Schlüssel auf den Balken, dort wo er immer war. Vielleicht liegt er noch dort.«

Außer den Kriegsgefangenen, dem Gemeindevorsteher und den Alten waren nur noch Frauen und Kinder im Dorf geblieben. Sie sollten am nächsten Morgen abreisen, die Nacht verbrachten sie in den größten Bauernhäusern des Orts, alle zusammen, eine neben der anderen. Bei den Valentins lagen die Decken auf dem Boden. Adelheid hörte, wie die Frauen flüsterten: »Und wenn die Iwans in der Nacht kommen? Sie werden alle umbringen.«

»Wie viele Frauen waren damals bei den Valentins?«

»Viele, ich sehe eine volle Stube, aber ob es acht sind oder fünfzehn, das kann ich nicht sagen. Ich kann mich nur schwach erinnern. Ich dachte daran, mich hypnotisieren zu lassen, angeblich erinnert sich dann ein Mensch an alles. Ich würde im Schlaf erzählen, jemand würde mitschreiben, und dann könnte ich die Frauen zählen. Doch ich habe Angst, das alles noch einmal zu erleben.«

»Die Russen kommen! Die Russen!«, die Bäuerin Ida Valentin rennt den Weg entlang. Groß, knochig, mit einer Schürze um die Hüften. Sie schreit über ganz Wildenhagen und fuchtelt mit einem Küchenmesser herum, das sie immer bei sich trägt. Die Frauen rennen von Hof zu Hof. Draußen stehen Wagen, fertig für die Abreise. Doch der Gemeindevorsteher gibt keine Erlaubnis zur Abfahrt, er hat keinen Befehl zur Evakuierung bekommen.

Heidchen versteht nicht viel von dem, was passiert. Irgendwo in der Dunkelheit schleichen die Russen herum. Das Dorf ist voll von Flüchtlingen aus Pommern und Ostpreußen, sie schlafen sogar in der Schule. Sie erzählen schreckliche Dinge.

Die Nachbarin stürzt herein, schreit, sie würde mit den Kindern zum See gehen. Sie will sich ertränken. Heidchen bleibt dicht bei ihrer Mutter in der Stube der Valentins. Die Tochter der Wirtin, Elsa, weint in einer Ecke. »Was machen wir? Was machen wir?«, schreien die Frauen.

»Man muss sich umbringen«, die Bäuerin legt das Messer auf den Tisch, sie weiß immer alles am besten. »Gleich, schnell, zusammen. Wie? Am besten sich aufhängen. Frauen, wir hängen uns auf!«

Und jede sucht sich einen Platz, etwas um einen Gürtel oder ein Tuch daran festzumachen. Der Kachelofen hat zwei Haken mit einer Schnur, im Winter werden Unterwäsche und lange Strümpfe darauf getrocknet.

»Mutti ist sehr in Eile, sie macht mich an einem der Haken fest und hängt sich selbst am anderen auf. Ich falle hin, die Schnur ist zu dünn oder der Haken hat nicht gehalten.«

Der Tod, schnell, schnell – die Frauen laufen im Zimmer herum. Auch sie können sich nicht aufhängen. Die Bäuerin ist in den Stall gerannt, um Schnüre zu holen.

»Mama, wie lange muss man hängen, um zu sterben«, Heidchen zieht ihre Mutter am Rock. »Tut das weh?«

»Nein, Heidchen, das dauert nur fünf Minuten.«

»Wie viel ist das, fünf Minuten?«

Die Bäuerin stürzt mit dicken Schnüren herein, führt die anderen auf den Dachboden. Hier ist jeder nur mit sich selbst beschäftigt, sucht einen Balken. Mama zieht Heidchen in eine Ecke, hinter einen niedrigen Balken. Die Wirtin und Elsa hängen sich vorne auf, unter der Spitze. Von hier aus sieht man nur Elsa, sie hängt sich zwischen den Fenstern auf.

Auf dem Boden liegen Säcke mit Hafer, der Vorrat für die Pferde im Winter. Heidchen steigt auf einen Sack, die Mutter legt ihr die Schnur um den Hals, zieht die Schlinge zu. »Jetzt musst du springen.«

»Mutti, ich kann nicht, wie soll ich das machen?«

Die Mutter antwortet nicht mehr, sie bindet neben der Tochter die eigene Schnur zusammen. Sie hat sich hingekniet, weil sie zu groß ist und die Schnur sich nicht zusammenziehen will.

Auf der anderen Seite hängt sich eine ältere Frau auf, sie kann auch nicht sterben. Sie schaut zu dem Mädchen: »Heidchen spring, du musst springen«. Man hört Wehklagen, Stöhnen, Röcheln. Vor dem Sprung hockt sich Heidchen hin, um zu sterben, weil sonst Mutti böse sein wird. Die Schlinge zieht sich zu, die Kleine erstickt, ihr wird schwarz vor Augen. Doch sie springt nicht, erschrocken steht sie auf den Zehenspitzen und ringt nach Luft. Sie hockt sich wieder hin. Die Frau von der anderen Seite hat es nicht geschafft, sie hat sich losgebunden und ist weggerannt.

Wir kommen in Lubin an, dem früheren Wildenhagen. Wir fahren an Hügeln vorbei, von denen aus vor langer Zeit der *Wilde Hagen* den Straßenzug beobachtet und die Kaufleute überfallen hat. Auf der rechten Seite die alte Mästerei »aus polnischen Zeiten«, wie Adelheid sagt. Auf der linken die Ruine eines früheren deutschen Gutshofs, aus dem nach dem Krieg ein so genanntes ›volkseigenes Gut‹ gemacht wurde. Mitten auf der Straße ein Bauer im weißen Helm, der auf einem alten polnischen Motorrad einen Wagen mit Reisig hinter sich herzieht. Ein armes Dorf.

An der Kreuzung steht Adelheids Haus. Eigentlich war es kein Haus, sondern ein Stall mit einer Stube für die Landarbeiter. Heute unterhält der Gemeindevorsteher von Lubin ein Lebensmittelgeschäft darin. Er hat die Fenster zur Straße zugemauert. Hinter ihnen saß damals jeden Samstagnachmittag Adelheids Mutter. Auf einer mechanischen Singer nähte sie Kleider für die Kinder. Die Töchter harkten vor dem Haus die Erde zusammen, weil samstags aus Rzepin ein Polizist mit Pickelhaube angeradelt kam, um im Dorf nach dem Rechten zu sehen.

»Das Haus, in dem ich hing.« So sagt es Adelheid und

steht daneben. Sie geht strahlend durch das Dorf, lächelt die erstaunten Leute an, spricht mit jedem Hofhund, der hinter dem Zaun knurrt. Der Teich ist heute etwas kleiner. Der Hügel, von dem sie mit den anderen Kindern die bunten Ostereier runterrollen ließ, etwas niedriger. Hier ist das Haus von Frau Kohl, einer Landfrau, die in dieser Nacht sich selbst und ihre Kinder umgebracht hat, es waren wohl fünf.

Die Uhr an der alten Schule hat schon der Rost angefressen. Der Lehrer trug wie die Bayern Knielederhosen und Kniestrümpfe. Manchmal verlor er die Nerven, dann schlug er mit dem Schlüsselbund auf die Schüler ein. Alle Klassen, von der ersten bis zur achten, lernten zusammen, in einer Stube mit einer großen Landkarte von Brandenburg. Er fing mit den ältesten Kindern an, damit sie schneller aufs Feld konnten, um den Eltern zu helfen.

Wildenhagen hatte dreihundert Einwohner, so wie Lubin heute. Sie bauten rote Rüben und Kartoffeln an.

»Von März bis Oktober arbeitete meine Mutter auf dem Feld. Sie stand auf, als ich noch schlief. Das Frühstück wartete in einem Topf unter dem Federbett. Milch mit Brot oder Milchsuppe mit kleinen Nudeln aus schwarzem Roggenmehl; weißes war zu teuer. Ich musste Mutter helfen, habe die Steine vom Feld aufgesammelt.

Abends aßen wir beim Bauern im Keller Pellkartoffeln. Sie haben sie ganz heiß aus dem Topf auf einen langen Holztisch geschüttet. Jeder pellte die Kartoffeln und aß sie dann mit Salz. Der Bauer hatte seinen Platz und eine Schublade, in der sein Essen auf ihn wartete, zum Beispiel gebratene Tauben. Manchmal reichte Elsa Quark zu den Kartoffeln. Sie hat ihn selbst gemacht, aus Sauermilch. Der Bauer schnitt riesige Brotlaibe auf, wobei er sie gegen den Brustkorb presste, und verteilte Wurst aus einem Einmachglas. Zwei Mal im Monat buken die Frauen Brot, da arbeitete dann niemand auf dem Feld.

Um Milch zu holen, ging ich jeden Abend zum Viehstall vom Barsch, einem der größten Bauern. Schon beim alten

Kirschbaum, neben unserem Haus, bekam ich Angst; ich wusste, ich würde gleich den Weg zum Friedhof einschlagen. Und dort gab es Geister. Die Frau vom Schmied liebte es, schreckliche Geschichten von Geistern, Toten und Gnomen zu erzählen. Dass durch den Kamin ein Teufel oder ein Drachen schlüpfen könnte. Wer einen Drachen im Hause hat, der hat auch Glück. Ich war furchtbar ängstlich.

Und das war das Wirtshaus. Sonntags gingen die Bauern nach der Kirche auf ein Bier und die Frauen bereiteten das Mittagessen vor. Während des Krieges gingen sie nicht mehr ins Wirtshaus und man führte den ›fleischlosen Tag‹ ein. Damals tauchte ein Wachtmeister im Dorf auf, der in die Töpfe schaute. Zur Kirche ging ich in einem weiß-rot karierten Faltenrock mit Trägern und einer weißen Bluse. Der Pastor erzählte den Kindern, da oben würde Gott mit einem weißen Bart alles sehen und hören. Doch ich konnte das nicht verstehen. Ich gehe nicht mehr in die Kirche. Gott hat mir nichts gegeben. Ich liebe den Wald, die Blumen, die Früchte. Die Natur könnte ich anbeten, nicht Gott. Ich weiß nicht, ob meine Mutter an Gott glaubte, ich denke nicht.

Im Wirtshaus gab es Aufführungen. Ein Mädchen aus unserem Dorf konnte *Die Prinzessin auf der Erbse* auswendig. Sie lag auf einem hohen Bett, das aus Kissen und Matratzen gemacht war. Wir wunderten uns, dass so eine kleine Erbse sie stören konnte, aber sie hat so wahrhaftig geweint. Als die Russen kamen, hat sich dieses Mädchen umgebracht. Sie schlossen sie in dem Haus dort ein, in ein Zimmer im oberen Stockwerk, und vergewaltigten sie; die Schlange stand bis auf den Hof. Sie sprang aus dem Fenster.

Zwei Häuser entfernt von dem, ›in dem ich hing‹, wohnte Ursula. Sie und ich spielten im Garten. Wir stiegen über eine Leiter in einen großen Silo hinunter, in dem Sauerfutter für die Tiere gärte und wo Frösche, Kröten und Feldheuschrecken herumhüpften. Wir fingen und töteten sie. So spielten wir Friedhof. Wir schaufelten Gräber im Sand und schmückten sie mit Gänseblümchen.«

Hier, zwischen den Valentins und Ursula, wohnte Sieglinde, eine andere Freundin. Ihre Mutter, Frau Lange, hat ein Tagebuch geschrieben, *Die letzten Tage und Wochen in unserer geliebten Heimat Wildenhagen:*

»Die Russen fragten, ob es im Dorf eine Spiritusbrennerei gibt. Sie schickten einen Polen, der bei uns arbeitete. Er holte drei volle Eimer. Sie tranken und sangen. Als es hell wurde, sahen wir unseren Hof. Auf der Bank lag ein totes Schwein. Überall herrschte Unordnung. Ich rief meine Nachbarn, die Teicherts und die Valentins, aber niemand antwortete. Dann kam ein russischer Soldat und fragte: ›Warum deutsche Frauen so gemacht …?‹ Er zeigte mit der Hand, wie jemand an der Schnur hängt … Wir gingen zu meinem Bruder, die Stube war voll von erschreckten Leuten. Sie erzählten, was passiert ist. Frau Tersch, die Frau des Gutshofleiters, tötete die ganze Familie. Dem kleinen Enkelsohn schlug sie mit einem Fleischklopfer auf den Kopf und schnitt ihm die Kehle durch. Ihrer Tochter hat sie beide Hände durchgeschnitten und schlug sie mit der Schaufel auf den Kopf. Dann hat sie ihren zwei achtjährigen Enkeltöchtern auch die Pulsadern durchgeschnitten. Als dann die Russen angekommen sind, war es zu spät. Die Tochter bat um Wasser. Sie gaben ihr etwas zu trinken und dann schossen sie ihr in den Bauch. Sie starb. Frau Tersch, die das alles gemacht hat, nahmen sie unter den Zaun und erschossen sie. Drei Mädchen kamen zu meinem Bruder, sie waren nah am Ausbluten, die kleine Hilda starb am Nachmittag. Zwei haben überlebt. Mit Frau Vollmert räumte ich die Stube auf. Das Blut stand einen Fingerbreit hoch … Bei Linke hingen fünf Leute im Schuppen und zwei in der Räucherkammer, beim Gebauer auch zwei. Beim Behrens hingen acht Leute. Beim Valentin – alle tot, Frau Schmarr, die Frau des Schmieds mit den Söhnen … Ich kann nicht alle aufzählen, es gab so viele. Heidchen überlebte.«

Professor Andrzej Sakson vom *Instytut Zachodni* (Westinstitut) in Posen:

»Von Wildenhagen habe ich noch nicht gehört, aber im Westen Polens, in Pommern und etwas weiter hinter der Oder gab es massenhaft Selbstmorde unter den Deutschen. Man spricht von einer Welle und sogar von einer Selbstmordepidemie. Darüber hat noch niemand berichtet, weil das für die Deutschen ein heikles Thema ist. Klar, dass die Russen auch nicht darüber sprechen möchten, und die Polen betrifft es nicht wirklich, obwohl es auf dem Gebiet unseres Landes passierte. In den Kriegsstatistiken werden die Gefallenen und die Ausgesiedelten aufgeführt, aber diese Selbstmörder hat noch niemand versucht zu zählen.«

Professorin Helga Schultz von der Europäischen Universität Viadrina stammt aus Mecklenburg:

»Auch dort gab es vor dem Einmarsch der Russen und gleich danach viele Selbstmorde. Doch es wurde nicht viel darüber gesprochen und geschrieben. Mir sind keine wissenschaftlichen Studien bekannt, in denen diese Ereignisse analysiert werden.«

Professor Bernd Martin, ein deutscher Historiker aus Freiburg, war vierzehn Jahre alt, als in seinen Heimatort Elsterwerda (nahe dem späteren Braunkohlekombinat Schwarze Pumpe) die ukrainischen Abteilungen mit einer großen Gruppe Kosaken einmarschierten.

»Die erwarteten Exzesse gab es nicht«, erinnert sich Professor Martin viele Jahre später. »Doch vor dem Einmarsch der Russen haben sich dreiundsiebzig Personen vergiftet.«

Wovor hatten die deutschen Frauen aus Wildenhagen Angst? Die Historiker sprechen einstimmig vom Nemmersdorfsyndrom, das innerhalb kürzester Zeit bei Tausenden von Deutschen zu beobachten war. Nemmersdorf, ein kleines Dorf in Ostpreußen, heute Majakowskoje, im Bezirk Kaliningrad, fiel schon im Oktober 1944 in die Hände der Russen und wurde kurze Zeit später von einer Abteilung der Wehrmacht zurückerobert. Die meisten Historiker geben immer wieder dieselben zwei Zeugenberichte an.

Heinrich Amberger, ein Wehrmachtsoffizier, sagte bei

den Nürnberger Prozessen aus: »Am Straßenrand und auf den Höfen der Häuser lagen massenhaft Leichen von Zivilisten, die augenscheinlich nicht im Lauf von Kampfhandlungen durch verirrte Geschosse getötet, sondern planmäßig ermordet wurden. Unter anderem sah ich zahlreiche Frauen, die man, nach Lage der verschobenen und zerrissenen Kleidungsstücke zu urteilen, vergewaltigt und danach durch Genickschuss getötet hatte; zum Teil lagen daneben auch die ebenfalls getöteten Kinder.«

Zweiter Bericht. Der Zeuge K. P. aus Königsberg gehörte zu einer Volkssturmabteilung, die Nemmersdorf zurückeroberte:

»Am Dorfrand in Richtung Sodehnen-Nemmersdorf steht auf der linken Straßenseite ein großes Gasthaus ›Weißer Krug‹, rechts davon geht eine Straße ab, die zu den umliegenden Gehöften führt. An dem ersten Gehöft, links von dieser Straße, stand ein Leiterwagen. An diesem waren vier nackte Frauen in gekreuzigter Stellung durch die Hände genagelt. Hinter dem ›Weißen Krug‹ in Richtung Gumbinnen ist ein freier Platz mit dem Denkmal des Unbekannten Soldaten. Hinter diesem freien Platz steht wiederum ein großes Gasthaus ›Roter Krug‹. An diesem Gasthaus stand längs der Straße eine Scheune. An den beiden Scheunentüren waren je eine Frau, nackt in gekreuzigter Stellung durch die Hände genagelt. Weiter fanden wir dann in den Wohnungen insgesamt 72 Frauen einschließlich Kinder und einen alten Mann von 74 Jahren, die sämtlich tot waren, fast ausschließlich bestialisch ermordet bis auf nur wenige, die Genickschüsse aufwiesen. Unter den Toten befanden sich auch Kinder im Windelalter, denen mit einem harten Gegenstand der Schädel eingeschlagen war. In einer Stube fanden wir auf einem Sofa in sitzender Stellung eine alte Frau von 84 Jahren vor, die vollkommen erblindet gewesen und bereits tot war. Dieser Toten fehlte der halbe Kopf, der anscheinend mit einer Axt oder einem Spaten von oben nach dem Halse weggespalten war.«

Professor Sakson: »Die Ereignisse in Nemmersdorf wurden zu einem eisernen Bestandteil von Goebbels' Propaganda. Ihre endlose Wiederholung sollte den Kampfwillen der Wehrmachtssoldaten stärken und die Zivilisten zwingen, Opfer zu bringen. Bestimmt erreichten solche Berichte die deutschen Frauen aus Wildenhagen noch vor den sowjetischen Panzern. Ich habe propagandistische Sonderausgaben von deutschen Frauenillustrierten gesehen. In diesen Broschüren ist der Rotarmist ein Kalmücke, ein schlitzäugiger Asiat, der vergewaltigt und mordet.

An dieser Darstellung war etwas Wahres, denn die Russen begannen tatsächlich Nachschub aus den Steppengebieten zu rekrutieren«, fügt Professor Sakson hinzu.

»Auf dem Dachboden war es furchtbar still«, erzählt Adelheid. »Ich weiß nicht, wie lange das gedauert hat, es schien lange, aber wahrscheinlich waren es nur ein paar Augenblicke. Licht. Von meinem Sack aus sah ich Elsa in den ersten Sonnenstrahlen. Sie schaukelte zwischen den Fenstern, der Kopf hing nach unten, die Schultern waren merkwürdig ausgebreitet. Mir kam in den Sinn, dort würde ein sterbender Engel hängen. Wie auf dem Bild vom Pastor. Ich konnte die Augen nicht abwenden, deshalb habe ich mich wahrscheinlich nicht aufgehängt.

Plötzlich, von irgendwo unten, hörte ich schwere Schritte und fremde Stimmen. Die Tür knarrte, die ersten Russen kamen auf den Dachboden. Ich ging tief in die Hocke, die Schnur zog sich enger. Ich glaube, sie waren nicht überrascht von dem, was sie sahen. Sie liefen zwischen den Hafersäcken und schnitten die Frauen los. Die Männer erkannten sofort, dass Elsa noch lebte. Sie war nicht besonders hübsch, aber jung, einundzwanzig Jahre alt. Sie schnitten sie los und rannten mit ihr nach unten. Später habe ich erfahren, dass sie die Halbtote vergewaltigt haben.

Sie schmissen die Tür zu, mich und Mutter hinter dem Balken bemerkten sie nicht. Ich schmiegte mich an Mutter und flüsterte: ›Mama, Mama, Mama‹. Dann begann ich zu schreien. Die Soldaten rannten wieder nach oben. Sie schnitten uns los, Mutter trugen sie hinaus. Ich habe sie nie wieder gesehen.

Die Russen haben mir nichts Böses getan. Sie hatten Mitleid mit mir, ›Kleines, ach Kleines‹. Ich wanderte von einem Schoß zum anderen. Sie gaben mir zu essen. In einem großen Kessel kochten sie ungerupfte Gänse. Ich kann mich noch an den Geruch gekochter Federn erinnern.«

Elsa starb weit entfernt vom Dorf. Nach dieser Nacht benahm sie sich so, als ob sie den Verstand verloren hätte; sie rannte von Hof zu Hof, in Richtung Boczów. Dort starb sie auf dem Feld, hinter einem Haufen Steine, die die Bauern vom Acker aufgesammelt hatten.

Heidchen war den ganzen Tag, vielleicht zwei Tage, bei den Soldaten, bis ein alter Deutscher aus dem Dorf kam. Der, der ihre Mutter und andere Frauen begraben hatte. Er schrieb die Toten auf: ob aufgehängt, erschossen oder vom Bajonett erstochen. Diese Liste ist verschollen. Der Mann brachte Heidchen zu den Teicherts, zwei Häuser weiter. Mit ihnen überquerte das Mädchen die Oder in einer langen Kolonne Ausgesiedelter.

»Ich marschierte mit Ursula und diesen Mädchen, denen die Großmutter die Adern durchgeschnitten hatte, und wir fühlten uns wie bei einem Schulausflug. ›Das Wandern ist des Müllers Lust … Das Wandern, das Wandern‹ sangen wir freudig.«

Professorin Helga Schulz:
»Ich denke, dass diese Frauen so furchtbare Angst hatten, weil die deutsche Bevölkerung von den Grausamkeiten, die die Wehrmacht im Osten begangen hatte, mehr wusste, als angenommen wurde. Die Deutschen wussten, dass die Soldaten dort keineswegs als Vertreter der westlichen Kultur aufgetreten sind, sondern sich als Barbaren entpuppten. Und jetzt waren die Frauen sicher, dass die Zeit der Rache

nahen würde. Sie standen unter Beschuss zweier Propagandasysteme; von der einen Seite die Berichte von Goebbels über die Grausamkeiten der Rotarmisten, auf der anderen die sowjetische Propaganda der Rache.«

»Die Deutschen sind keine Menschen«, erklärte Ilja Ehrenburg den sowjetischen Soldaten in einem der Flugblätter an der Front. »Wenn du den Deutschen nicht tötest, so tötet der Deutsche dich. Wenn du den Deutschen nicht mit einer Kugel töten kannst, so töte ihn mit dem Seitengewehr. Wenn du den Deutschen leben lässt, hängt er den russischen Mann auf und schändet die russische Frau. Wenn du einen Deutschen getötet hast, so töte einen zweiten – nichts stimmt uns froher als deutsche Leichen! Zähle nicht die Tage, zähle nicht die Kilometer! Zähle nur eines: Die von dir getöteten Deutschen! Töte den Deutschen! – darum bittet dich deine greise Mutter. Töte den Deutschen! – fleht dich das Kind an. Töte den Deutschen! – so ruft die Heimaterde. Versäume nichts! Nimm keine Rücksicht! Töte!«

In einem anderen Flugblatt rief er auf: »Brecht mit Gewalt den Rassenstolz der germanischen Frau. Nehmt sie als rechtmäßige Beute! Tötet, ihr tapferen Rotarmisten, tötet!«

1962 veröffentlichte Milovan Djilas das Buch *Gespräche mit Stalin*. Stalin erklärte die Gewalttaten seiner Soldaten mit der ›komplizierten menschlichen Psyche‹:

»Stellen sie sich einen Menschen vor, der auf dem ganzen Frontabschnitt zwischen Stalingrad und Belgrad gekämpft hat, und dabei tausende von Kilometern durch sein eigenes, zerstörtes Land gewandert ist, über die Leichen seiner Kameraden und geliebten Verwandten! Wie soll so ein Mensch noch normal reagieren? Und was ist Furchtbares daran, wenn er sich nach all den Grausamkeiten mit einer Frau vergnügt? Sie haben die Vorstellung, die Rote Armee sei ein Ideal.«

»Sie hatten also Angst«, überlegten Angelika und ich, »aber mussten sie sich aufhängen, die Kehlen durchschneiden und Kinder morden?« Die tiefsten Spuren des kollektiven Bewusstseins findet man in der Sprache. Die Deutschen sagen ›Selbstmord‹ aber auch ›Freitod‹, also ›der freie Tod‹.

Während der letzten Tage im Januar 1945 wurde in elitären Kreisen des deutschen Breslau die Losung ›Freitod‹ propagiert. Den freien Tod wählten unter anderem ein Oberwachtmeister, ein Konsul, ein Angestellter der Gerichtskanzlei, ein Kaufmann, ein Direktor und ein Obersekretär der Reichsbahndirektion in Breslau.

»Ich möchte nicht behaupten, in die deutsche Seele blicken zu können«, sagt Professor Andrzej Sakson. »Ich habe nur gewisse Vermutungen. Man kann schwerlich die Selbstmorde Hitlers, Himmlers oder Goebbels' – der seine sechs Kinder, seine Frau und sich selbst vergiftete – neben die Selbstmorde der aufgehetzten Frauen aus Wildenhagen stellen. Und doch war es die gleiche Art, der Situation zu entkommen. Das muss irgendwo im Verhaltenskanon eines Deutschen enthalten sein, in seiner Mentalität und Erziehung. Es lassen sich auch Analogien zwischen Deutschen und Japanern feststellen. Diese Verbundenheit mit der Obrigkeit, mit der Macht und Staatsordnung … Wenn wir dazu die nationalsozialistische Propaganda nehmen, die jedem Deutschen einredete, er sei ein Übermensch und zu einer geschichtlichen Mission berufen, dann konnten schon viele merkwürdige Ideen daraus hervorgehen.«

Christian Graf von Krockow, der Autor von *Die Stunde der Frauen,* schrieb den Bericht seiner Schwester auf, die den Einmarsch der Russen in Pommern überlebt hatte. Im Vorwort des Buchs heißt es:

»[…] Unsere Meinungen von dem, was sich gehört und nicht gehört, die Gefühle für Ordnung und Unordnung, unsere Tugenden und Untugenden sind über lange Zeiträume hin sehr einseitig und in der beherrschenden Linie sehr protestantisch, preußisch und soldatisch, sehr männlich geprägt worden, mitunter bis ins Extrem. […] Und offenbar unausweichlich trieb die einseitige Prägung einem Entweder – oder zu: Freund oder Feind, alles oder nichts, Sieg oder Untergang. […]«

»Ja«, sagt Professor Sakson, »für diese Frauen war der Einmarsch der Roten Armee nicht nur einfach das Ende des Krieges. Für sie war es das Ende der Welt, die Vernichtung der Heimat. Und es hätte auch keinen Sinn gemacht, wenn ihre Kinder nach diesem Weltende weiterlebten, als Sklaven. Das war ein Verzweiflungsakt angesichts der Apokalypse. Wahrscheinlich haben sie es so gesehen.«

Professor Martin kann sich erinnern, dass der Selbstmord in seinem sächsischen Heimatdorf von den Bewohnern als eine Art Heldentat gewertet wurde. Noch lange nach dem 8. Mai wurden angesichts der Roten Armee, die das Land überschwemmte, die Selbstmorde von Zivilisten mit dem heldenhaften Tod der im Kampf gefallenen Soldaten verglichen. Und so wurde der – von der christlichen Gesellschaft verurteilte – Selbstmord, in einer Situation der Bedrohung durch den vermeintlichen Antichristen, akzeptiert und als eine Form des Widerstands anerkannt.

»Können wir diesen Erinnerungen heute glauben?«, fragten wir Professor Sakson.

»Der großen *Dokumentation der Vertreibung* könnte manchmal vorgeworfen werden, die darin veröffentlichten Berichte der ausgesiedelten Deutschen seien tendenziell ausgewählt. Doch den Berichten selbst kann man Glauben schenken. Insbesondere, wenn sie von Massenselbstmorden erzählen und davon, wie Deutsche aus Angst ganze Familien und die eigenen Kinder töteten. Das ist doch keine angenehme Wahrheit für die Deutschen und nicht gerade ruhmreich für sie. Warum sollten sie also so etwas erfinden und sich selbst ein so merkwürdiges Zeugnis ausstellen? Wenn sie überhaupt etwas ausschmücken, dann eher die Berichte von den unzähligen Vergewaltigungen und Morden, die von den Rotarmisten begangen wurden – da sind die Deutschen die Opfer.«

Wir riefen Karl-Heinz Schneider aus Bernau bei Frankfurt/Oder an, der Erinnerungen von Aussiedlern sammelt.

»Haben sie von den Selbstmorden gehört?«

»Aus der Gegend von Wildenhagen oder noch weiter?«, fragte er sachlich. »Denn davon gibt es eine ganze Menge.«

Er schickte uns ein paar Erinnerungen per Fax.

Groß Gandern (heute Gądków Wielki), 11 km von Wildenhagen entfernt. Helene Schulz erinnert sich:

»Es hat Erschießungen gegeben. In dieser katastrophalen Lage spielte Alfred Günther mit dem Gedanken, seine Scheune anzubrennen und mit uns gemeinsam aus dem Leben zu scheiden. Sorgfältig hatte er sein Jagdgewehr für alle Fälle vorbereitet. Als wir in die Scheune gehen wollten, kam Nachbarin Boggasch im rettenden Moment. Kniend und die Hände beschwörend erhoben sagte sie: ›Kinderchen, das dürft ihr nicht tun! Wir haben uns das Leben nicht gegeben, wir dürfen es uns nicht nehmen!‹ Und sie blieb noch eine Weile in dieser Haltung, diese gläubige Frau, bis einer nach dem anderen von uns zu erkennen gab, es mit dem Leben noch mal zu versuchen. Bei den Frauen von Noack-Schulzes war kein rettender Mensch dazugekommen. Sie haben sich mit der Pistole, die sie als Schlachterfamilie im Haus hatten, in den Kopf geschossen. Die Frauen lagen unterm Schuppen und röchelten noch stundenlang. Es wollte sie deshalb auch keiner begraben …« (in der Ortschronik Groß Gandern – erschienen am 1. September 1977).

Klein Kirschbaum (heute Trześniów), 30 km von Wildenhagen entfernt. Die Geschichte wurde von Emmy Kleinschmidt geschildert und notariell beglaubigt. (Bundesarchiv Koblenz, Bericht vom 6. November 1953):

»Viele haben auch noch Selbstmord begangen. Unter anderen die Hebamme von Drossen, Frau Annegret Engel oder Engelke, geb. Großmann. Die hatte am 30. Dezember einen Unterscharführer geheiratet, der noch in voller SS-Uniform mit ihr zusammen war. Er hat sie beide erschossen …«

Graeden (Gradyń – existiert heute nicht mehr), 11 km von Wildenhagen entfernt. Lisebeth Kurzmann:

»Die nächste Tragödie ereignete sich im Hause des Bürgermeisters Beyer. Eindringende Russen schossen den Bürgermeister nieder und verletzten die Ehefrau tödlich (1. Februar 1945 abends). Am 3. Februar erhängte der Nachbar Ernst Winkelmann Frau Beyer, seine eigene Frau, seine verheiratete Tochter, seine beiden Enkelkinder und sich selbst in seiner Scheune« (aufgezeichnet am 30. April 1953, Bundesarchiv Koblenz).

Görlitz (Górzyca), 23 km von Wildenhagen entfernt. Die Ereignisse hat der ehemalige Bürgermeister Karl Moller am 22. Januar 1953 geschildert:

»Da die Frauen und Mädchen diesen Vergewaltigungen schutzlos ausgesetzt gewesen sind, haben sich eine Anzahl davon aus Scham und Verzweiflung das Leben genommen. Die Ehefrau des Schlächtermeisters hat aus diesem Grunde zuerst ihr dreijähriges Töchterchen erhangen und nachdem das Kind tot war, sich selber daneben gehangen. Die Ehefrau des Kinobesitzers Sohn hat sich mit ihren beiden jungen Töchtern, die in Küstrin die Schule besuchten, durch Öffnen der Pulsadern aus Verzweiflung das Leben genommen … Um die Schwester und die Tochter vor den vielen Vergewaltigungen zu schützen, ist der Bauer Hensche mit den beiden Frauen in das Wasser gegangen und es sind alle drei ertrunken. Der Bauer Georg Frey hat aus Verzweiflung zuerst seine beiden Kinder, beide schulpflichtig, und zuletzt sich selber erschossen.«

In dem grenznahen Betsche (heute Pszczew), 100 km von Wildenhagen entfernt, gab es nur wenige Selbstmörder. Die Menschen erinnern sich, dass morgens, als die Russen einmarschierten, im Fenster eines Hauses neben dem Markt ein älteres Ehepaar hing. Sie hatten sich am Fenstergriff aufgehängt. Die Rotarmisten wurden in diesem ersten germanischen Städtchen auf ihrem Weg von an den Türen angebrachten Zetteln überrascht. ›Polscha‹ lasen sie verblüfft.

Es war der Pole Franciszek Golc, ein Kaufmann aus dem Ort, der als Erster in kyrillischer Schönschrift ›Polen‹ an die Türen geschrieben hatte. Während des ganzen Abends rannten die Einwohner von Betsche zum Haus von Golc, um das russische Wort, das das Städtchen retten sollte, abzuschreiben.

Informationen über Selbstmorde fanden wir auch in anderen Quellen.

Der Arzt Dr. Stefan Kuczyński, Zeuge der letzten Tage der ›Festung Breslau‹, erinnerte sich, dass im Januar und Anfang Februar »eine Selbstmordepidemie herrschte. Ich sah Gehängte, Menschen, die mit Gas oder Drogen vergiftet wurden und solche, die sich die Pulsadern oder die Kehle durchgeschnitten hatten.«

Der Arzt Hans von Lehndorff erinnert sich an das Städtchen Wystruć in Ostpreußen:

»Überall wurde über Zyankali gesprochen, das die Apotheken in jeder Menge großzügig verteilten. Dabei stand es außer Frage, ob man überhaupt danach greifen sollte. Die Menschen debattierten nur noch über die notwendige Dosis, und das in einem leichten, lässigen Ton, wie sie zum Beispiel bis dahin über das Essen gesprochen haben.«

»In Grünberg (Zielona Góra) entschlossen sich in den vierzehn Tagen nach dem Einmarsch der Russen über fünfhundert Personen zum Selbstmord«, schreibt der Pfarrer Georg Gottwald, »ganze Familien, Männer, Frauen, Kinder. Ärzte, Justizbeamte, Fabrikanten und wohlhabende Bürger.«

Vor zwei Jahren setzte Adelheid Nagel mit den Frauen aus Wildenhagen eine Tafel in die Mauer der Kirche in Lubin ein: *Wir denken in Liebe und Trauer an all unsere Daheimgebliebenen, die in einen sinnlosen Tod gingen.*

»Warum sinnlos?«, fragen wir sie vor der Kirche. »Wer hat sich diese Inschrift ausgedacht?«

»Ich. Wir haben lange darüber gesprochen, uns sogar ein wenig gestritten. Der Tod ist sinnlos, wenn er nicht von sich aus kommt. Und man darf einem Kind nicht das Leben nehmen, auch wenn wir entsetzliche Angst haben.«

»Haben Sie es Ihrer Mutter später übel genommen, dass sie Sie aufhängen wollte?«

»Nie. Ich habe einen Brief gefunden, den sie ein paar Tage vor ihrem Tod an meinen Bruder geschrieben hat: ›Denkst Du nicht auch so? Eins ist sicher, wenn die deutschen Befehlshaber diese Walze nicht aufhalten, dann gnade uns Gott. Dann, das kann ich schon heute sagen, lebe wohl! Doch so lange ich noch hier bin, schreibe ich, damit du weißt, was mit uns ist.‹

Ich denke: Was für ein schweres Leben hatte sie, dass sie so enden musste! Ständig frage ich mich, warum die Frauen auf die Bäuerin Valentin gehört haben. Wie verzweifelt muss eine Mutter sein, die ihr Kind aufhängt? Sie hatte doch nicht nur mich, sondern noch andere Töchter, Enkel, einen Mann und einen Sohn im Krieg. Ich weiß keine Antwort.«

»Diese Nacht hat bestimmt irgendwelche Spuren in Ihrem Leben hinterlassen.«

»Ich weiß nicht. Vielleicht das Gefühl, dass ich ungewollt war. Doch nein, das war schon vorher. Vielleicht höre ich zu sehr darauf, was mir andere sagen und mache, was sie verlangen. Ihr habt auch gesagt: ›Erzähl‹, und ich habe erzählt. Vielleicht durch diesen Sauerstoffmangel, dieses Hin und Her – Leben, Tod, Leben – habe ich Kopfschmerzen und eine kaputte Wirbelsäule. Ich habe viel Böses erlebt, aber ich glaube, ich bin ein guter Mensch. Ich habe so gelebt, wie man es von mir verlangt hat.«

Rozalia Krzyśków aus der Gegend von Tarnopol lebt seit fünfundfünfzig Jahren in Lubin, im Haus mit der Jahreszahl 1923 und den Initialen KB (es gehörte dem Bauern Barsch). Sie ist achtundsiebzig Jahre alt und gehörte zu den ersten Polen, die sich im Dorf ansiedelten. Von den Selbstmorden wusste sie lange nichts: »Nur gleich nach dem Krieg, als mein Mann im Garten eine Grube für die Kartoffeln aushob, blieb er mit dem Spaten an einem Stofffetzen hängen. Zusammen mit dem Schwager grub er eine Frau aus. Die Tote hatte helle Haare, sie lag in einem weißen Kleid und mit schwarzen Schuhen da. Mein Mann und der Schwager zimmerten eine Kiste und vergruben sie auf dem deutschen Friedhof. Meine Schwester und ich zündeten eine Kerze an und stimmten ›Ewige Ruhe‹ an.

›Das Haus, in dem ich hing‹ gehört heute Mirosław Rak, dem Gemeindevorsteher von Lubin. Wir wollten den Dachboden sehen. Er ließ uns nicht rein. Auf den Hof auch nicht. Weder uns noch Adelheid. Von den Selbstmorden der deutschen Frauen hatte er vor ein paar Jahren gehört. »Aber das ist nicht meine Geschichte. Das ist mein Haus«, sagte er und ging in seinen Laden.

Wir danken dem Zentrum Karta für die Einsicht in Adelheid Nagels Erinnerungen.

Mitautorin: ANGELIKA KUŹNIAK

Bücher, die uns halfen, die Nacht von Wildenhagen zu verstehen:

ANDRZEJ SAKSON, *Stosunki narodowościowe na Warmii i Mazurach 1945–97* [Minderheitenbeziehungen in Ermland und Masuren 1945–97], Poznań, Instytut Zachodni, 1998.

BERNADETTA NITSCHKE, *Wysiedlenie ludności niemieckiej z Polski w latach 1945–1949* [Vertreibung und Aussiedlung der deutschen Bevölkerung aus Polen von 1945 bis 1949], Zielona Góra, Wydawnictwo WSP, 1999.

NORBERT ELIAS, Studien über die Deutschen. Machtkämpfe und Habitusentwicklung im 19. und 20. Jahrhundert, Frankfurt, Suhrkamp 1989.

CHRISTIAN GRAF VON KROCKOW, Die Stunde der Frauen, Stuttgart, DVA 1988.

MARIA PODLASEK, *Wypędzenie Niemców z terenów na wschód od Odry i Nysy Łużyckiej. Relacje świadków.* [Die Vertreibung der Deutschen aus den Gebieten östlich der Oder und der Lausitzer Neiße. Zeugenberichte.], Warszawa, Wydawnictwo Polsko-Niemieckie, 1995.

2000

DIE UFER IMMER NÄHER

Als der Warschauer Reporter Marian Brandys sich im Jahr 1957 zum Grenzort Gubin aufmachte, musste er die letzten fünf Kilometer vom Bahnhof bis zur Stadt mit der ›Kutsche von Mama Jabłońska‹ fahren. Den einfachen Bauernwagen mit einer darübergespannten Plane zog der Grauschimmel Moritz. Mama Jabłońska schaffte es, fünfzehn Reisende reinzuzwängen. Mit Kopftuch und in Stiefeln lief sie neben dem Pferd her, knallte mit der Peitsche und erzählte. Ihren Mann und die zwei Söhne hatten die Nazis ermordet, sie selbst war fünf Jahre in Ravensbrück. Flegel und Rabauken nahm sie nicht mit. »Ein Flegel bleibt ein Flegel, meine Herren und Damen – Amen«, sagte sie.

Vor dem Krieg gab es *ein* Guben. Am rechten Ufer eine Stadt wie ein Garten mit Pfarrkirche, Rathaus und zentralem Marktplatz. An den Hügeln, entlang der Neiße, Villen des reichen Bürgertums und der Fabrikbesitzer. Am linken Ufer – Fabriken. Nach dem Krieg drehten die beiden Teile derselben Stadt einander den Rücken zu: Gubin und Guben. Dazwischen – Stacheldraht und die Neiße.

Vierundvierzig Jahre nach Marian Brandys' Reise bin ich in Gubin.

47

Wie wohnt es sich in einer Eurostadt? Seit ein paar Jahren höre ich von der vorbildlichen deutsch-polnischen Zusammenarbeit. Ein gemeinsamer Fahneneid, ein gemeinsames Gas- und Klärwerk. Auszeichnungen des Europarats. Das Projekt einer gemeinsamen Stadt, präsentiert auf der Expo 2000.

Zwei grauhaarige Eurobürgerinnen sitzen auf einer Eurobank unter einem Eurobaum. Sie schauen über die Euro-Neiße zum Ufer der Europäischen Union und jammern. Seit dreißig Jahren leben sie in einem Wohnblock an der Grenzbrücke.

Die alte Dame mit der dicken Brille klagt, sie hätte nicht einen Pfennig Entschädigung bekommen, obwohl sie während des Krieges ein ganzes Jahr lang deutsche Gräben aushob. Sie lacht, weil sie sich daran erinnert, wie sie zu DDR-Zeiten auf der anderen Seite Schuhe für das Kind besorgte. »Die alten Schuhe – rums in den Mülleimer, die Neuen – aus dem Regal genommen und gleich angezogen. Man ging aus dem Laden, als ob nichts gewesen wäre. Der Mensch wusste sich zu helfen.«

Die Andere war fünfundzwanzig Jahre Pendlerin. Eine von den tausenden Polinnen, die jeden Tag zur Gubener Kunstfaserfabrik fuhren. »In dem Laden unseres Betriebs wollte uns die Deutsche kein Fleisch verkaufen. Sie sagte: ›Warum kauft ihr nicht bei euch, gefallen euch die leeren Regale nicht?‹ Vor Kurzem habe ich sie auf dem Markt getroffen. ›Na? Unsere leeren Regale gefallen euch wohl?‹ sagte ich zu ihr.«

Als Marian Brandys an die Neiße gekommen war, hatte sich das vom Krieg wenig zerstörte Guben schon wieder erholt. Man hatte sich sogar bereits eine passende Losung auf Polnisch für seine Spruchbänder ausgedacht:

»Oder-Neiße-Friedensgrenze«. Auf der polnischen Seite schreckten die Häuserruinen, obwohl im Zentrum schon seit vielen Jahren ein Steinbrecher roten Ziegelstaub aufwirbelte. Schließlich wandte sich der Vorsitzende der SED in Guben an den Sekretär der kommunistischen Partei in Gubin: »Beeilt euch, Genossen, denn ihr legt unsere ganze politische Arbeit lahm. Ihr benehmt euch immer noch so, als ob ihr nur vorläufig in der Stadt wärt.«

Das linke DDR-Ufer nannte man bald um in Wilhelm-Pieck- Stadt Guben, zu Ehren des Kommunisten und ersten Präsidenten der DDR, der in Guben zur Welt gekommen war. Allerdings auf der rechten, jetzt polnischen Seite, wo auch das Pieck-Museum stand. (Erst 2000 bemerkten die Gubener Ratsherren, dass Adolf Hitler noch immer einer der Ehrenbürger der Stadt war.)

Man kann an diesem Ort über die Grenze der Europäischen Union einen Stein werfen, und an schmaleren Stellen sogar eine Zigarettenschachtel. Deshalb werden hier nicht nur Zigaretten, sondern auch Menschen, Autos und Drogen geschmuggelt.

Zum deutsch-polnischen Wettbewerb über das Grenzgebiet, der vor Kurzem von den Soziologie-Instituten Poznań und dem deutschen Erkner organisiert wurde, schickte einer der Gubener die Schilderung seiner Liebe zu Urszula aus Gubin. In den achtziger Jahren war er Gymnasiast. Er besuchte manchmal das polnische Ufer und erinnert sich an »den scharfen Geruch, der gleich hinter der Grenze in der Luft lag. Es ist schwer zu beschreiben, woraus er sich zusammensetzte. Vielleicht war es der Rauch vom Kohlekraftwerk, manchmal Benzindunst, doch vermischt mit dem Geruch von Erde, Kompost und Verfaultem; mitunter roch es nach Küche, leicht süßlich, aber auch nach Bohnerwachs oder Formalin, nach Teer und nach so etwas wie Ausdünstungen von Tieren. All diese Komponenten vermischten sich so, dass ein neuer, besonderer Geruch entstand. Und obwohl die Luft unangenehm und ungesund war, mochte ich sie immer mehr.«

Der erste Gubin-Guben-Bürger ist Zbigniew Pantkowski, Mountainbiker und Deutschübersetzer. Er arbeitet im

Gubiner Büro der Euroregion. Zbigniew kam vor dreißig Jahren zur Welt, als sein Vater feierlich die Grenze zur DDR öffnete. Ryszard Pantkowski wurde im Frühling 1971 Vorsitzender des Gubiner Nationalrats. Sofort eilten die Parteifunktionäre aus der Wojewodschaft herbei, um die Stadt auf die Öffnung der Grenze vorzubereiten. Um die Devisenkassen einzurichten, um die Straßen zu ordnen, um die Laternen aufzustellen. Gubin wird ein Fenster zur Welt … Silvesternacht 1971–1972; unter den Füßen knirscht der Schnee, die Delegationen beider Städte (Armee, Miliz, Parteisekretäre, Bürgermeister) laufen zur Mitte der Brücke. Pantkowski kennt niemanden von der anderen Seite. Er überreicht einem Deutschen im Ledermantel und mit Hut Blumen. Später erfährt er, dass das Joachim Schmidt, der Bürgermeister von Guben, war. Sie haben sich nicht einmal richtig angeschaut. Krimsekt, Feuerwerk.

Die polnische Regierung propagierte damals weltliche Taufen. Diese bürgerten sich nicht ein, aber Pantkowski musste mit gutem Beispiel vorangehen. Er dachte, es wäre gut, Bürgermeister Schmidt zum Ehrenpaten seines Sohnes zu ernennen. Am 15. Januar fuhr an der Gubiner Behörde ein grüner Wolga aus der DDR vor. Kurze Feier, ein Gläschen Cognac, Kaffee. Der kleine Zbigniew machte in die Windel, also wurde er auf Papas Schreibtisch frisch gewickelt. Dann die Feier zu Hause, auf polnische Art. Koteletts, polnischer Krauttopf, den die Deutschen nicht kannten, Wodka und um Mitternacht noch Borschtsch. (Bei den Deutschen bleiben nach dem Abendessen nur Wodka und Bier auf dem Tisch; wie ungesund.)

Die Zusammenarbeit blühte. »Die Gubiner Gemeinde hat in Guben mit eigenem Gerät die Spazierwege im neuen Stadtpark asphaltiert«, schrieb nach Jahren Ryszard Pantkowski. »Die Arbeiter aus der Gubener Gemeinde haben in Gubin eine neue Technik gelernt, Holz zu verkleben. Die Dekorateure aus Guben halfen bei der Ausstattung der Schaufenster in Gubins Läden. Und ein Ergebnis der Zusammenarbeit im Gesundheitswesen beider Städte war die Vereinbarung über Bluttransfusionen in dringenden Fällen.«

Zbigniew Pantkowski erinnert sich an die Geburtstagsgeschenke von Onkel Joachim und Tante Gerda. DDR-Pyjamas, Hosen, Apfelsinen und Bananen, die es in Polen nicht gab. Ihm imponierte Franz, der Sohn der Schmidts, der Fallschirmspringer war und für jeden Sprung Geld bekam, bis er genug zusammen hatte für einen Trabant.

Im Juni 2001 spazierten Zbigniews Papa und Onkel Joachim wieder über die Grenzbrücke. Das deutsche Fernsehen drehte einen Film über ihre dreißigjährige Freundschaft. Onkel Joachim erzählte aus seinem Leben. Er kam in Guben zur Welt (auf der rechten Seite, heute Gubin), das Haus steht noch. Der Vater fiel im Krieg. Als Hitler Guben zur Festung erklärte, jagte die SS die Zivilisten ans linke Ufer. Schmidt erinnert sich, dass die Russen dreizehn Mal das Viertel auf der rechten Uferseite stürmten. Sie zerstörten die Stadt und blieben am Neißeufer stecken. Auf der linken Seite herrschte furchtbare Hungersnot. Joachim und seine Freunde stahlen sich auf die polnische Seite und suchten in Kellern nach Kartoffeln. »Unterwegs trafen wir einen Pferdewagen, voll mit Brot. Die polnischen Soldaten gaben uns zwei Brote und Speck, das werde ich nie vergessen«, erzählt Schmidt sichtlich gerührt in die Kamera.

Er ist gerade siebzig Jahre alt geworden. Bis heute ist er überzeugter Kommunist und Anhänger des Internationalismus.

Die letzten zwei Jahre kämpfte Ryszard Pantkowski um die Anerkennung Gubins als Kreisstadt. Er hatte sogar im Sejm, der polnischen Volksvertretung, eine Rede gehalten, doch ohne Erfolg. Jetzt sieht er die einzige Chance für Gubin in der Eurostadt; wenn die Frankfurter Straße und die ulica Westerplatte, mit der Brücke in der Mitte, zu einer einzigen Fußgängerzone verbunden werden.

Der Eurobürger Zbigniew Pantkowski kennt viele nette, junge Deutsche. Sie hören HipHop, manche wollen Polnisch lernen. Sie fangen meistens mit »cześć« und »k…« an (servus und Sch…). Sie gehen in die *Fabrik*, eine Kneipe mit schwarzen Wänden und laut dröhnender Live-Musik. Die Polen gehen auch dorthin.

Die deutschen Ladenbesitzer fangen an, die polnischen Kunden zu schätzen. Der Deutsche schaut auf jeden Pfennig und wird sich beim Einkauf auf vierzig Mark beschränken. Der Pole kommt mit der ganzen Familie: Für sich selbst holt er einen Marken-Trainingsanzug, für die Frau einen teuren Kosmetikartikel, für jedes Kind Adidas-Schuhe und noch eine Kleinigkeit für die Schwiegermutter. Er lässt fünfhundert Mark im Laden und ist trotzdem zufrieden, weil er an der Grenze vierzehn Prozent wiederbekommt. Doch es wird noch viel Wasser die Neiße runterfließen müssen, bis im deutschen Fernsehen nicht mehr solche Witze zu hören sind wie: »Fahr' in den Urlaub nach Polen, dein Auto ist schon dort«.

Sein Mountainbike nimmt Pantkowski mit in die Wohnung, weil es aus dem Keller oder vom Balkon gestohlen werden könnte. Zwei Jahre lang schraubte er es zusammen; die Teile kaufte er im Internet; alles in allem fast zehntausend Zloty[1]. Aber er hat schon ein Fahrrad im Wert von achttausend Mark gesehen, das ein Gubiner Dieb für vierhundert Mark anbot, weil er nicht wusste, was für ein Schmuckstück er da gestohlen hatte.

Die Gubener fahren mit alten Fahrrädern. Es lohnt sich nicht, ein teures Fahrrad zum Einkaufen zu nehmen, weil es verschwinden würde. Pantkowski sagt, auch unter den Fahrraddieben und Schmugglern würde die deutsch-polnische Zusammenarbeit blühen. Am besten liefen die Fahrradgeschäfte vor zwei Jahren. Auf der anderen Seite waren die deutschen Gauner mit riesigen Scheren oder mit flüssigem

---

1 Ein Zloty entsprach ca. 50 Pfennig (heute ca. 25 Cent)

Stickstoff zu Gange, um die Fahrradschlösser aufzubrechen. Der Schmuggel über die Grenze war leicht, weil in der Eurostadt alle mit Fahrrädern unterwegs sind. Um den Absatz kümmerten sich dann schon die polnischen Kollegen.

Die Verlobte des Eurobürgers Pantkowski heißt Iza. Auch sie arbeitet in der Euroregion. Ihr Nachname ist so polnisch, dass ihn kein Lehrer aussprechen konnte: Strzeszewska. Iza besuchte die Europaschule in Guben, ein deutsches Gymnasium, in dem seit acht Jahren auch polnische Schüler lernen. Zunächst waren es nur Jugendliche aus Gubin, jetzt kommen sie aus ganz Polen.

Ich besuchte die Europaschule an einem Tag, als neue Schüler aufgenommen wurden; alle nach der zweiten Klasse des polnischen Lyzeums. Sie kamen mit den Eltern, füllten Fragebögen aus. Sie mussten ihre Fächer, die Schwerpunkte und zwei Fremdsprachen wählen. Deutsch ist die Unterrichtssprache.

Der Vater eines Mädchens aus Szklarska Poręba schaut zu, wie seine Tochter in die Rubrik Fremdsprache ›Polnisch‹ schreibt.

»Was sagen Sie dazu?«, frage ich.

»Das ist doch keine Volksliste. Welche Zukunftschancen hat sie denn bei uns in Polen? Die Zukunft liegt in Europa.«

Die Idee einer Europaschule in Guben hatte der Direktor Dagobert Schwarz, nachdem er von einer Schulung in Sachsen gekommen war. Dort war jemand aus den alten Bundesländern und der erzählte von Schulen, in denen Deutsche mit Franzosen und Holländern gemeinsam lernen würden. Doch damals hatte noch niemand in der DDR davon gehört und es gab diesbezüglich keine Verordnungen. Schwarz hatte sich alles selbst ausgedacht, auch den Namen: *Europaschule Marie & Pierre Curie*. Das war die erste europäische Schule in Brandenburg, heute gibt es elf.

Schwarz, der Sohn einer armen Arbeiterin aus Guben, ist

Autodidakt. Nach der Hauptschule wurde er Elektromonteur. Jeden Monat kaufte er ein Buch. Abendgymnasium, nachgemachtes Abitur, Studium. Er lehrt Familienrecht. Den ersten Polen traf er an der Neiße gleich nach dem Krieg, auf einer Eisenbahnbrücke. Der kleine Schwarz lief über die Gleise und stahl Kohle, um zu überleben. Der magere Junge auf der anderen Seite tat das Gleiche. »Ich dachte, dass er genauso hungrig sein muss wie ich.«

Er war weder bei den Pionieren noch bei der FDJ, weil das bei seiner Mutter schlechte Erinnerungen hervorrief. Sein älterer Bruder war bei der Hitlerjugend gewesen und verbrachte sechs Jahre in einem sowjetischen Lager.

Es war nicht leicht, aus der früheren *Karl-Marx-Schule* in Guben die Europaschule zu machen. 1991 schlossen alle größeren Arbeitsbetriebe. Plötzlich entließ die Gubener Kunstfaserfabrik siebentausend Arbeiter. Die Hutfabrik wurde geschlossen, angeblich die größte in Europa; zehn Millionen Hüte und Mützen pro Jahr. Die Arbeitslosigkeit wuchs und die Ostdeutschen machten die polnische *Solidarność* für alles verantwortlich. »Du mit deinen Polacken nimmst unseren deutschen Kindern die Lehrstellen weg«, sagten sie zu Schwarz. Und die Polen warfen ihm vor, dass er ihre Kinder germanisieren wolle. Als das japanische Fernsehen in die Schule kam, erklärte Wojtek aus Gubin den Japanern: »Wir sind weder polnische noch deutsche Schüler, sondern europäische.« Das gefiel Schwarz und er wiederholt es bei jeder Gelegenheit.

1995 schrieben sich in der Europaschule nur fünf Deutsche für den Polnischunterricht ein. Schwarz machte in Guben die Runde und überzeugte noch zwölf weitere. Heute entscheidet sich ein Drittel der deutschen Schüler für die Fremdsprache Polnisch als Pflichtfach.

Iza Strzeszewska kam 1993 in die deutsche Schule.

Es war die erste polnische Klasse. »Damals gab es keine Integration. Weihnachten haben wir ein Treffen mit polnischem Essen organisiert und luden die Deutschen ein. Nur drei kamen, wir mussten die polnischen Teigtäschchen wegschmeißen.

Einmal verdroschen sie Daniel, einen Polen, in der Pause, weil er sich mit einer Deutschen traf; das halbe Gesicht war blau. Die Lehrerin, eine Deutsche, brach in Tränen aus. Sie entschuldigte sich für alle Deutschen. Ich weiß noch, dass derjenige, der ihn geschlagen hatte, Lars Schöne hieß, wir nannten ihn den ›schönen Lars‹. Direktor Schwarz, ein wunderbarer Mensch, überließ ihn Daniel, der entscheiden sollte, ob man Lars von der Schule werfen oder bei der Polizei anzeigen solle. Doch Daniel erließ ihm die Strafe und es gab keine deutsch-polnischen Prügeleien mehr.

Wir Mädchen litten dagegen in Sport. Meistens spielten wir Handball. Die Polinnen gegen die Deutschen. Es ging um die orangefarbenen Westen, die uns der Sportlehrer gab, damit sich die Mannschaften unterschieden. Wir sahen aus wie Straßenkehrer und rebellierten: ›Sollen doch die Deutschen das anziehen.‹ Die Anderen verstanden nicht und dachten, wir wollten nicht spielen. Da hörten wir: ›polnische Schweine‹. Alle Mädchen weinten.

Warum sie uns so behandelt haben? Vielleicht aus Neid, weil die Polen jeden Monat fünfundzwanzig Mark Taschengeld bekamen und für den Bus und das Mittagessen nichts bezahlen mussten. Alles aus den Mitteln des deutschen Ministeriums.«

Nach der Arbeit geht Iza ins Gubener Schwimmbad, obwohl es teurer ist als das in Gubin. Aber in Guben ist es sauberer.

Früher waren ihr die Unterschiede zwischen den Deutschen und Polen nicht bewusst. »Wir schummelten. Hier eine gefälschte Entschuldigung, da irgendwelche Erklärungen, dass die Oma gestorben sei oder der Onkel beerdigt wurde. Die Lehrer waren klasse. Sie sagten: ›Aus den Schulstatistiken geht hervor, dass in Polen sehr viele Menschen sterben, manche sogar ein paar Mal.‹ Die Deutschen sind ehrlich, sie wissen nicht, wie man schummelt. Wenn der Deutsche bei einem Test etwas nicht weiß, dann wird er nicht abschreiben. So hat er's gelernt.«

Maciek aus Gubin sagt, es habe sich viel verändert, nachdem Iza die Euroschule verlassen hat. Anfangs waren es die ›farbigen‹ Deutschen – Mosambikaner, Kubaner, Vietnamesen – die in den Pausen auf dem Schulhof zu den anderen Kontakt suchten. Zu DDR-Zeiten arbeiteten ihre Eltern mit den Polen in der Kunstfaserfabrik zusammen. Jetzt sind es die Deutschen selbst, die ankommen. »Schade, dass Sie unseren Mathelehrer nicht gesehen haben. Kahl rasiert, Springerstiefel mit weißen Schnürsenkeln. Ein echter Skin. Einmal bei 'ner Disco in der *Fabrik* lief Techno, da seh' ich, dass dieser Skin herumzappelt. Nach ein paar Bier war ich etwas entspannter und frag ihn: ›Europaschule, Tod dem Rassismus! Und der Lehrer ein Skin?‹ Er lachte nur. Cooler Typ. Er sagte, bei den Skins gäbe es verschiedene Gruppen. Er würde nicht zu denjenigen gehören, die Ausländer verprügelten. Er gab mir seine Handynummer und wollte, dass ich neben seinen Namen ›Hilfe‹ reinschreibe. Falls ich mit den Gubener Skins Probleme haben sollte, könnte ich anrufen, er würde das mit ihnen schon regeln.«

Vielleicht gäbe es heute die Eurostadt nicht, wenn sich vor zwanzig Jahren ›Fiedzia‹ Fiedorowicz, Fußballer beim Gubiner Verein *Carina* (früher *Granica*), nicht in eine Germanistin aus Zielona Góra verliebt hätte, die in der Gubiner Gesamtschule unterrichtete.

Bis zur Grenzöffnung lernte in Gubin niemand Deutsch. An der Neiße endete Polen und somit die Welt, was nützte es also Deutsch zu lernen.

Heute sind sich in Gubin alle einig, dass Czesław Fiedorowicz der Schöpfer der Eurostadt ist.

Der Eurovater wohnt nicht in der Eurostadt. Seit Jahren lebt er in Zielona Góra, und selbst als Bürgermeister pendelte er während zwei Amtsperioden nach Gubin.

Die Idee einer Eurostadt entstand, weil Fiedorowicz die Pläne der Gubener beunruhigten.

Zwei Jahre nach der Vereinigung Deutschlands begannen sie, das neue Stadtzentrum weit von der Neiße entfernt zu bauen. So hätte sich Guben noch mehr von seinem Stadtteil auf der rechten Uferseite abgewandt. »Dabei«, erklärt Fiedorowicz, »unterscheidet sich Gubin-Guben von anderen durch die Grenze geteilten Städten, wie Słubice - Frankfurt oder Zgorzelec - Görlitz dadurch, dass das alte Stadtzentrum mit Rathaus und Pfarrkirche auf der rechten Seite liegt.«

Das war die Chance für Gubin. Fiedorowicz überzeugte die Deutschen, dass es besser sei, ein gemeinsames, neues Zentrum zu bauen, das beide Städte verbinde.

Fiedorowiczs Vision: »In ein paar Jahren wird über das linke und rechte Eurostadtufer nur ein Bürgermeister regieren, einmal ein Deutscher, einmal ein Pole, der vom gemeinsamen Parlament gewählt wird. Eine Stadtbehörde muss nicht gebaut werden, weil das Rathaus auf der polnischen Seite steht, man muss es nur anpassen. Die deutschen Bürger werden es zu den Ämtern nicht weiter haben als die polnischen. Ein Arbeitsamt, gemeinsame Schulen mit polnischer und deutscher Sprache.«

Das Zentrum der Zusammenkünfte in der Eurostadt wird die drei Hektar große Insel auf der Neiße sein. Bis 1946 standen dort ein Theater und das Denkmal einer Gubener Schauspielerin und Sängerin, in die Goethe verliebt gewesen war. Jetzt ist die Insel zugewachsen; bis vor Kurzem täuschten die örtlichen Schlepper ihre Kunden aus Asien, indem sie ihnen weismachten, hier seien sie schon am deutschen Ufer.

Für fünfhundertachtzigtausend Zloty (davon vierhunderttausend von der deutsch-polnischen Stiftung) baute Gubin eine kleine Brücke zur Insel. Die Deutschen haben auch schon ein Projekt für ihre Brücke, aber sie werden sie erst bauen, wenn Polen in die EU kommt.

Fiedorowicz sagt, es gäbe keine Eurostadt, wenn der Gubener Bürgermeister Gottfried Hain nicht gewesen wäre. »Ein mutiger Mann. Es gehört Mut dazu, etwas zu tun, wovon die Enkel einen Nutzen haben werden. Deshalb hat er das Ritterkreuz vom polnischen Präsidenten bekommen.«

Und 2000 hat der deutsche Präsident den beiden Eurostadtvätern das Bundesverdienstkreuz am Bande verliehen, eine der höchsten Auszeichnungen der BRD.

Ich gratulierte Bürgermeister Hain zu seinem vierten Sohn und zum siebenten Kind; er zieht noch zwei fremde Kinder groß. Schon das achte Jahr führt er die Geschäfte am linken Ufer. Hain ist Jahrgang '56, stammt aus Nowy Bytom bei Zabrze, aus einer schlesischen Baptistenfamilie. 1957 zog die Familie in die DDR. In einem kleinen Städtchen wurde er groß und mit sechzehn Jahren kam er in die Wilhelm-Pieck-Stadt Guben.

Die Grenze war schon offen, Hain besuchte Gubin und kaufte eine Musikpostkarte. »Yellow river, yellow river …«, summt der Bürgermeister. Die Postkarte schickte er seinem Mädchen. Damals war er zum ersten Mal auf der polnischen Seite.

Hain war an der technischen Fachschule der Kunstfaserbetriebe, wo viele Polen arbeiteten. Er versichert, dass er immer Sympathie für sie empfand. Mit dem Großvater besuchte er das Haus in Zielona Góra, das mal seiner Familie mütterlicherseits gehörte; die Hausherren luden zum Kaffee ein, dann beteten sie gemeinsam für das Wohlergehen des Hauses und seiner Bewohner.

Bis zur Wiedervereinigung war Hain Krankenpfleger im Gubener Krankenhaus. Er studierte auch Theologie und leitete den Seelsorgedienst bei der Armee.

Dann zog er ins Gemeindeamt und lehrte Verwaltungsrecht. Er ist Vorsitzender der Baptisten-Gemeinde in Guben. Nach 1990 konnten die Familien der Vertriebenen viertausend Mark Entschädigung beantragen. Er zögerte, doch seine Schwester überzeugte ihn und er bekam das Geld.

In Guben begann er die Vertriebenen zu verstehen. »Ein Drittel der Einwohner von Guben sind Vertriebene von der rechten Uferseite, doch diejenigen, die ihre Häuser besetzten, sind auch Vertriebene und sie wussten lange nicht, ob sie dort bleiben würden. Zwar sprachen wir zu DDR-Zeiten immer von Brüderlichkeit und von der Friedensgrenze an Oder und Neiße, aber diese Grenze wurde erst 1991 offiziell anerkannt. Also ist diese Situation einer geteilten Stadt nicht normal.«

Vor Kurzem hatte Hain Unannehmlichkeiten. In Guben kursierte ein Referendumsantrag über die Abberufung des Bürgermeisters. Der Antrag fiel durch, weil es zu wenige Unterschriften gab, doch die Vorwürfe sind immer noch zu hören. Dass er nur an die Zusammenarbeit mit den Polen denke und die wirtschaftlichen Fragen vergesse. Bei einem Stadtfest warf dem Bürgermeister ein junger Deutscher mit Bierglas in der Hand vor, er hätte eine Kläranlage am polnischen Ufer gebaut und den Polen McDonald's überlassen. Hain sagt, es sei nicht seine Schuld, denn am deutschen Ufer wäre schon alles vorbereitet gewesen; der Ort, der Vertrag … Und fünf Minuten vor Schluss entschied sich die McDonald's-Zentrale für das günstigere, polnische Ufer. McDonald's fand seinen Platz auf dem früheren Parkplatz der verfallenen Schuhfabrik *Carina*. Die meisten Kunden sind junge Deutsche, sie zahlen mit Mark.

Auf den Straßen von Gubin sprachen mich meine Landsleute an: »Zigarettki bytte«, und auf dem Weg zur deutschen Seite lief ich an Schüsseln mit Wasser vorbei, in denen Aufziehfischchen zappelten, und hörte ein höfliches: »Für Kinder«. Ich überlegte, was ich zum Teufel an mir hätte, dass mich die Bewohner der polnischen Uferseite für einen Bewohner des linken Ufers hielten. Sie rühmen sich doch, einen Deutschen auf einen Kilometer erkennen zu können. Es stellte sich heraus, dass ich – schmächtig, leicht ergraut und mit kurz geschnittenem Bart – der Typ eines DDR-Intellektuellen bin, der nach der Wiedervereinigung, wie ein Rentner, ein recht gutes Leben führt und ein gefragter Kunde ist. So einer kauft Spargel, Erdbeeren und isst ein polnisches Schaschlik. Es warten auf ihn: ein Friseur, ein Zahnarzt, Kunstwerke aus Leder, Rattanmöbel, Zigaretten, ausgestopfte Vögel, Blumenkästen aus Holz, Mineralwasser, Vorhänge aus Holzperlen ... Wenn ein Deutscher heimkehrt und an der Grenze in der Schlange wartet, spielt ein Gubiner Akkordeonspieler für ihn süße Melodien.

Der Pensionär und der Rentner vom rechten Ufer nagen dagegen am Hungertuch. Die Armen aus Gubin schleifen gebrauchte Kühlschränke und Waschmaschinen von den Straßen, gehen putzen auf der anderen Uferseite der Neiße. Sie nehmen vom Deutschen Roten Kreuz die Klamotten und verkaufen sie in Gubin. Sie sammeln Pfifferlinge in deutschen Wäldern – weil die polnischen schon alle leer gesammelt sind – und verkaufen sie den Deutschen.

Abends habe ich mich nicht sicher gefühlt, wenn ich zum deutschen Ufer der Eurostadt rübergelaufen bin. Guben hat einen schlechten Ruf. Vor zwei Jahren veranstalteten ein paar junge Deutsche nach der Disco Jagd auf Asylanten. Einen Algerier jagten sie zu der neuen Siedlung. Er rannte zwischen den Blöcken, schrie nach Hilfe. Die Türen waren verschlossen. Als er mit dem Fuß eine Scheibe eintrat, schnitt er sich die Schlagader auf. Er verblutete auf der Treppe. In ganz Deutschland berichteten die Medien sehr kritisch über Guben. Dass man der Stadt die Europaflagge wegnehmen sollte.

Doch eins über die Rübe habe ich nicht bekommen, obwohl ich mich in Seitenstraßen herumtrieb. In einem Gubener Kaffee, wo ich in meiner slawischen Sprache zischte, hörte ich von der Kellnerin ein freundliches »Proche« (Bitte) und »Dzenkuje« (Danke).

Guben wird deutlich älter und die Stadt vereinsamt. Die Arbeitslosigkeit erreicht achtundzwanzig Prozent (auf der rechten Uferseite sind es über dreißig Prozent). Die Jungen ziehen weg, suchen Arbeit in den westlichen Bundesländern.

Wenn sie etwas finden, bekommen sie fünftausend Mark für den Umzug. Siebentausend Gubener sind schon abgereist. Die Wohnblocks stehen leer, ihre Instandhaltung kostet. »Sollen doch die Gubiner dort einziehen«, hatte Bürgermeister Fiedorowicz vorgeschlagen, »denn in Gubin fehlt es an Wohnungen.«

»Bei uns sind die Mieten hoch. Die Polen können sich das nicht leisten«, hörte er von den Deutschen.

»Ihr habt doch Wohngeld«, ließen die Polen nicht locker. Damit waren die deutschen Genossenschaftler nicht einverstanden.

»Dann sollen polnische Fachleute – Klempner, Elektriker – die polnischen Wohnungen in Guben betreuen. Polnische Telefonleitungen könnten gelegt werden. So wird es günstiger.«

»Das Arbeitsamt wird keine Zustimmung geben, Polen in Guben zu beschäftigen, weil die Arbeitslosigkeit in Brandenburg zu hoch ist.«

Also begannen die Deutschen die leeren Gebäude niederzureißen. Als der erste Wohnblock zusammengestürzt war, stellte sich das als eine teure Methode heraus. »Vielleicht sollte man die Platten nehmen und sie wie Würfelhäuser am polnischen Ufer aufstellen?«, kam es den Deutschen in den Sinn. »Ihr werdet nur für den Transport bezahlen.«

»Der Transport von Wohnblocks«, seufzt Hain, »war technisch schon möglich, doch die Gubiner wollten nicht darin wohnen. Ich verstehe das. Die Menschen fliehen aus den Blöcken und hier wird ihnen eine riesige Platte aus zweiter Hand angeboten.«

Bürgermeister Hain träumt von einem gemeinsamen Krankenhaus. Von einem neuen Schwimmbad, egal auf welcher Seite, aber von einer deutsch-polnischen Gesellschaft verwaltet. Von einem Bahnhof. »Die Städte beginnen zusammenzuwachsen«, sagt er.

»Womit?«

»Mit dem Klärwerk.«

Als Gubener Bürger zahlt Hain für einen Kubikmeter Abwasser sechs Mark und ein paar Pfennige. Beim alten Klärwerk zahlte er fünf vierzig, doch es erfüllte nicht die Umweltschutznormen. »Wenn wir ein Klärwerk alleine gebaut hätten, dann würden wir für einen Kubikmeter Abwasser eine Mark und vierzig Pfennige mehr bezahlen«, rechnet er vor.

»Der einzige Ort auf der Welt, wo sich die deutsche Sch... mit der polnischen vermischt«, scherzte ein Gubiner Taxifahrer. Die Abwässer vermischen sich auf der polnischen Seite, weil das Klärwerk am rechten Ufer der Eurostadt gebaut wurde.

Vierundzwanzig Stunden am Tag zählt der Computer, wie viele Abwässer von jenseits der Neiße einfließen und wie viele aus Polen. Guben produziert fast fünftausend, und Gubin an die viertausend Kubikmeter. Dann mischen sich die Abwässer. Die Besichtigung des neuen Klärwerks dauerte eine Stunde. (Aus dem alten wurde ein Museum gemacht). Den größten Abfall fängt ein Sieb auf (Kondome aus den Gubiner Privatclubs, Bonbonpapier, einmal sogar zwanzig Mark). Im letzten Auffangbecken schwimmen Karpfen.

Der Schlamm der Abwässer wird auf den Feldern beim Getreideanbau genutzt und das Biogas erwärmt die Gebäude. Das Klärwerk wird von dem Betrieb für Abwasserreinigung Gubin-Guben GmbH geleitet. Zwei Vorsitzende, alle Dokumente in zwei Sprachen. Die fünfzehn Angestellten sind Polen, die in Deutschland geschult wurden, der Dolmetscher arbeitet halbtags. Durchschnittsgehalt Brutto: zweitausendsechshundert Zloty. Die deutsche Seite hat eine Zweidrittel-, die polnische eine Eindrittel-Beteiligung, aber gleiches Stimmrecht. Es gibt keine Probleme mit der Aufteilung der Gewinne, weil die Gesellschaft als eine Non-Profit-GmbH eingetragen wurde.

Ich wanderte vom rechten Ufer zum linken und zurück. Als ich abends von der deutschen Seite zurückkam, öffnete gleich hinter dem Übergang ein polnischer Taxifahrer weit die Wagentür mit der Reklame eines Gubiner Bordells und sprach mich im gubinisch-gubenschen Dialekt an. Er hielt mich für einen bedürftigen Nachbarn von der anderen Seite.

Als Marian Brandys mit der ›Kutsche von Mama Jabłońska‹ fuhr, gab es gerade ein Taxi in Gubin. Es war wählerisch, was die Fahrtstrecken anging, denn ein paar Straßen haben einen steilen Anstieg und der Motor machte nicht immer mit. Heute gibt es in der achtzehntausend Einwohner zählenden Stadt hundert Taxis (in Guben mit achtundzwanzigtausend Einwohnern zwanzig). Also wetteifern die Fahrer am polnischen Ufer um ihre Gäste. Der beste Kunde ist einer, der aufs Vögeln aus ist. Der beliebteste Taxistand ist deshalb an der Neiße, neben der Grenzbrücke. Die Fahrer sagen: »Ich stehe auf dem Wasser«. Sie haben sich in ›Gerade‹ und ›Ungerade‹ aufgeteilt. Einmal stehen die mit den geraden Zahlen ›auf dem Wasser‹ und am nächsten Tag die mit den ungeraden. Die Jagd auf einen ›Bumsbruder‹ ist schwere Arbeit. Die ersten Taxis stehen schon mittags ›auf dem Wasser‹ und bleiben dort bis zum Abend. »Heute habe ich nichts verdient«, klagt der Besitzer eines Mercedes mit geraden Zahlen. Das kann ganz schön nervenaufreibend sein, denn manchmal sucht ein Stammkunde nach der Reklame seines bevorzugten Privatclubs auf der Wagentür, anstatt sich an die Reihenfolge der Taxis zu halten.

Gubiner Polizisten sagen, die örtlichen Freudenhäuser seien Geldwäschereien, derer sich gewisse Gruppen außerhalb von Gubin bedienen würden. Das ist eine Frontstadt, wo verschiedene Interessen aufeinandertreffen. Deshalb hat jemand im Herbst *Miki* erschossen, einen hiesigen ›Sex-Businessman‹. Er starb vor seinem Haus.

Die erste Gubiner Club hieß *Mimoza*; ein kleines Holzhaus, zwei enge Räume, der Kassierer in der Küche. Im ersten, größeren Raum saßen die Mädchen und am Tisch trugen sich die Kunden zwei Wochen im Voraus in eine Liste ein. »Jetzt läuft der Kunde gemütlich am Abend mit dem Hund und in Hauslatschen über die Brücke, um angeblich das Tier auszuführen. Dann fährt er mit dem Taxi hin. Das Hündchen wartet im Salon auf den Herren.«

Auf der ›Sexlandkarte Polens‹, die man vor einiger Zeit an den Tankstellen kaufen konnte, ist auch Gubin vermerkt. Ich versuchte festzustellen, wie viele solche Häuser es in der Eurostadt gibt. Am deutschen Ufer findet man kein einziges, denn – so erklärte mir ein Polizist aus Gubin – in Deutschland darf es in Städten mit bis zu fünfzigtausend Einwohnern keine Freudenhäuser geben. Und in Gubin? »Höchstens fünfzehn«, sagt ein Taxifahrer. »Wir wissen das ja am besten. Davon kommen zehn Häuser noch einigermaßen über die Runden. Früher hatte jedes fünfzehn Mädchen, und jetzt sind es höchstens drei, weil man sie doch aushalten muss. Alles geht den Bach runter in Gubin. Wenn ich einen ›Bumsbruder‹ vorfahre, dann verbeugt sich der Clubbesitzer vor mir, weil die Mädchen hungrig sind und der Deutsche für sie etwas kaufen wird. Wie sich diese Typen in die Ukrainerinnen verlieben!«

Ich beklagte mich bei den Taxifahrern ›auf dem Wasser‹, ich würde mich nicht besonders gut fühlen und hätte es mit dem Herzen, dabei musste ich noch zur anderen Uferseite laufen. »Falls Sie auf der Brücke umkippen sollten«, rieten sie mir, »dann kriechen Sie besser auf die polnische Seite, weil sonst Ihre Familie ein Problem haben wird. In der Mitte ist eine Linie. Die Beine können in Guben liegen, doch der größere Teil des Körpers sollte in Gubin sein, weil man sonst den Leichnam über Berlin holen muss. Einmal, als wir einen toten Gubiner transportierten, haben sie uns an der Grenze drei Mal abgewiesen, bevor er bei uns beerdigt werden konnte, weil ständig irgendein Papier gefehlt hat. Oder als dieses Mädchen mitten auf der Neiße schwamm, erinnert ihr euch? Die Wasserleiche von Gubinek. Auf der einen Seite wir mit Bootshaken, auf der anderen die Deutschen. Sie rannten auf der Brücke hin und her und schauten, wohin die Strömung das Mädchen treiben wird. Sehen Sie, angeblich ist das eine Eurostadt, dabei reicht ein kleiner Herzinfarkt auf der falschen Seite und schon haben wir internationale Verwicklungen.

Doch mit den Rettungswagen läuft es jetzt ganz gut. Wenn ein Deutscher auf dem Markt zusammenbricht, und gewöhnlich möchte er in sein Krankenhaus, dann fährt ihn ein polnischer Rettungswagen mit Blaulicht über die Grenze, ohne in der Schlange warten zu müssen.«

Seit den letzten Wahlen wird der polnische Teil der Eurostadt von der Linken regiert. Von den vierundzwanzig Sitzen im Stadtrat hat die SLD (Bund der Demokratischen Linken) einundzwanzig. Lech Kiertyczak, der Vorsitzende des Stadt- und Gemeindekreises der SLD, ist das zweite Jahr Bürgermeister von Gubin. Er ist gebürtiger Gubiner, Sohn eines hiesigen Milizionärs. Der Vater zog 1948 nach Gubin, er kam aus dem Gebiet der heutigen Ukraine. Kiertyczak kann sich noch an die Trümmer des alten Gubin erinnern und an die ›Kutsche der Jabłońska‹. Der alte Gaul Moritz lief mit beim Umzug am 1. Mai und kniete vor der Ehrentribüne nieder. Elend ging er zugrunde, weil ein paar Halbstarke seinen Stall angezündet hatten. Lech und seine Kumpel schlichen sich ans Neißeufer und schossen mit Steinschleudern die Scheiben der Gubener Wollfabrik am deutschen Ufer kaputt. Als Pantkowski die Grenze öffnete, war Lech achtzehn Jahre alt und leistete gerade seinen Dienst bei der Armee ab. Ein paar Tage später hatte er Heimaturlaub. Die beiden Städte feierten noch die Grenzöffnung. Die Deutschen liefen in Gubin herum, die Polen saßen in den Gubener Bierlokalen. Kiertyczak erinnert sich, dass er und seine Kumpel mit deutschen Mädchen unter der Grenzbrücke herumknutschten. Am nächsten Morgen erfuhr er von seiner Familie, dass er in der Nacht mit einem Deutschen nach Hause gekommen war. Der Deutsche verliebte sich unsterblich in Alicja, Lechs Schwester. Vier Jahre später war die Hochzeit. Der Bräutigam – ein Protestant. Die Erlaubnis zur Vermählung erteilte noch Kardinal Wojtyła. Die Jungvermählten zogen auf die deutsche Seite. Alicja war Verkäuferin in einem deutschen Geschäft. Kiertyczak verübelt ein wenig der Schwester, dass sie vor vier Jahren die polnische Staatsbürgerschaft aufgegeben hat. Doch als in Gubin nur Essig in den Ladenregalen stand, war es gut, eine Schwester auf der anderen Uferseite zu haben. Als Vorsitzender der Baugenossenschaft *Nowa Era* (Neues Zeitalter) verdiente Lech achtundvierzigtausend alte Zloty im Monat, doch nach der Grenzöffnung 1990, als in Gubin wirtschaftlich das Eldorado begann, schmiss er den Vorsitz, weil er am Stand auf dem Markt drei Mal so viel bekam. Er handelte mit Anglerzubehör, Zigaretten und Fressalien. Geschickt investierte er in die Läden seiner Siedlung. Auf den Bürgermeistersessel kam er direkt aus dem Gemüsegeschäft. Jetzt läuft der Laden auf seine Frau, der eine Sohn besitzt die Drogerie, der andere den Kiosk mit der Lottoannahmestelle.

Der diesjährige Etat von Gubin beläuft sich auf sechsundzwanzig Millionen Zloty, darin sind sieben Millionen für Bildungszuschüsse enthalten. (Der Etat von Guben liegt bei fünfzig Millionen Mark). Gubin, das immer auch ein Militärstützpunkt war, wird in diesem Jahr alle Soldaten verlieren. Die Einheit wird aufgelöst. »Ein schwerer Schlag für die Stadt. Die Arbeitslosenzahlen werden steigen und die Einnahmen sinken. Das Jahreseinkommen der bei uns stationierten Armee«, berechnete der Bürgermeister, »belief sich auf vierzehn Millionen Zloty. Dieses Geld wird Gubin verlassen. Wir sind zu Minister Komorowski gefahren, der sagte: ›Beschwert euch nicht, ihr habt die Grenze‹. Alle meinen, das sei eine Goldader. Vor fünf Jahren nahm die Stadt aus dem Markthandel vierzehn Millionen Zloty ein – in diesem Jahr waren es nur zwei Millionen.«

Kiertyczak hofft, dass es gelingen wird, aus einem Teil der

Kasernen ein Gefängnis für fünfhundert Insassen zu machen; immerhin würde das ein paar Arbeitsplätze schaffen. In den anderen Kasernen wird vielleicht einmal eine Studentensiedlung entstehen.

Eine Firma aus Gorzów kaufte die Gebäude der ehemaligen Schuhfabrik *Carina*. Die sechste Tankstelle der Stadt und ein Produktionsbetrieb für etwa hundert Angestellte sollen eröffnet werden. Die Bekleidungsfirma *Goflan* kämpft ums Überleben und will mit einer deutschen Firma der gleichen Branche fusionieren.

Gubins Chance sieht Kiertyczak in der Eurostadt. Er freute sich, als die deutsche Seite die Idee des Verbands *Eurostadt Guben-Gubin* vorbrachte. Es soll ein Verband sein, aber eigentlich auch zwei. Um an das Eurogeld auf dieser und der anderen Seite zu kommen, werden in Guben und Gubin Zwillingsverbände mit dem gleichen Namen, mit der gleichen Satzung und der gleichen Verwaltung entstehen. Nur: auf der polnischen Uferseite wird der Bürgermeister von Gubin Verbandsvorsitzender sein, der Stellvertreter der Bürgermeister von Guben und auf der deutschen Uferseite umgekehrt. Der Verband wird Gelder aus verschiedenen Quellen übernehmen können. »Da kommen zum Beispiel Leute von einer deutschen Firma. Die legen hier auf den Schreibtisch fünfzigtausend Mark und sagen, das sei für die Beleuchtung der Insel. Dann haben wir das Problem, was wir damit machen sollen. Bis heute weiß ich nicht, ob es laut Gesetz in Ordnung war, dass wir das angenommen haben. Aber die Lampen stehen.«

Czesław Fiedorowicz schätzt, dass er in acht Jahren als Gubiner Bürgermeister der Stadt zweihundert Millionen Zloty einbrachte (aus der Europäischen Union und aus Deutschland). Er ist einer der Vorsitzenden der Organisation Euroregion *Spree-Neiße-Bobr*, die auf beiden Seiten der Neiße aktiv ist und in der Eurostadt zwei Filialen hat.

Eine in Gubin, die andere in Guben.

Sie arbeiten an derselben Sache; der Aufteilung der Hilfsmittel aus der Europäischen Union. Dieses Eurogeld kommt aus einer Quelle, aber schon ab Brüssel fließt es in zwei verschiedenen Strömen an die Neiße. Zum linken Ufer fließen riesige Mittel von *INTERREG*, zum rechten bescheidenere von *PHARE*. An der Neiße treffen sie zusammen, und obwohl sie derselben Quelle entspringen und für gemeinsame deutsch-polnische, grenzüberschreitende Projekte vorgesehen sind, schaffen sie es nicht, alleine über die die Grenze zu fließen. Wenn also die Angler aus Gubin mit ihren Kollegen von der anderen Seite einen gemeinsamen Wettkampf organisieren, beantragen sie im Gubiner Büro der Euroregion das Projekt ›Goldfisch‹. In der Rubrik ›Voraussichtliche, grenzüberschreitende Auswirkung‹ schreiben sie: Erfahrungsaustausch sowie die Aufnahme partnerschaftlicher Zusammenarbeit … durch das Auslosen der Anglerstandplätze und gemeinsame Mahlzeiten. Dazu die Unterschriften der deutschen Angler, die bezeugen, dass die Zusammenarbeit blüht. Also bekommen sie die Unterstützung. Dann eine ähnliche Veranstaltung am deutschen Ufer; der Projektantrag im deutschen Büro mit den Unterschriften der polnischen Kollegen und das Eurogeld von der anderen Seite.

»Das ist so, als ob jemand die Geldscheine einmal aus der rechten und einmal aus der linken Tasche herausziehen würde«, habe ich für mich gedacht, »obwohl es dieselbe Hose ist. Vielleicht hat das ja irgendwo in den höheren Etagen einen Sinn, doch wenn man beobachtet, wie sich unsere Nachbarn an der Neiße verbiegen müssen …«

Ein Goldfisch schwimmt langsam.

Das erste Kommunikationsmittel zwischen Guben und Gubin war eine MP. Wenn es etwas Wichtiges gab, das der anderen Seite übermittelt werden musste, dann trat ein Soldat ans Ufer, ballerte drei Serien in den Himmel und wartete, bis jemand von gegenüber erschien.

Die ersten Briefe von Gubin nach Guben flogen über die

Neiße: Anlässlich des 1. Mai wurden die Stacheldrahtver-
haue an der Grenze entfernt und die Proletarier von Gubin
und Guben stellten sich entlang des Neißeufers auf, um ihre
Freundschaft zu manifestieren. Damals war das die einzige
Gelegenheit, einen Brief über die Neiße zu werfen. Man
wickelte einen Stein in den Brief ein, band etwas Schnur
drum herum und schleuderte die Sendung auf die andere
Seite. Wenn man zu schwach geworfen hatte, ging der Brief
mit dem Stein für immer unter. Es durfte auch niemand am
Kopf getroffen werden, sonst wäre das ein Grenzzwischenfall
gewesen. Nach ein paar Wochen kam die Antwort. So wurden die ersten Bekanntschaften geschlossen.

Heute braucht ein Brief von einem Ufer zum anderen
eine Woche über Warschau. Auf die Antwort muss man genauso lange warten.

Um sprachliche Missverständnisse zu vermeiden, haben
die Feuerwehrmänner beider Seiten vorgefertigte Formulare, die in einen deutschen und einen polnischen Abschnitt
unterteilt sind. Wenn der Wald brennt, dann kreuzt der
Diensthabende die entsprechende Stelle an; wenn die Unterstützung von fünf Einheiten notwendig ist, schreibt er
eine Fünf in die entsprechende Rubrik und faxt das For-
mular rüber.

Die Polizisten haben es schwerer. »Wir hatten ein direktes
Telefon zum Gubener Kommissariat. Ich nahm den Hörer
ab und sagte: ›Hör mal Hans, wir haben die und die Sache.‹
Jetzt haben sie uns eine internationale Leitung gelegt. Das
ist teuer«, klagt Andrzej Mrozowski, Kommandant des Gubiner Kommissariats. »Es ist also besser, schnell zu Fuß über
die Brücke zu laufen und die Sache so zu besprechen. Obwohl das nicht ganz legal ist, denn jeden unserer Grenzüber-
gänge müssten wir der Kreiskommandantur melden, und
die der Kommandantur der Wojewodschaft.«

Hier, an den zwei Grenzufern, sieht man, wie viele zwi-
schenstaatliche Angelegenheiten noch nicht ausgefeilt sind.
Es fehlt an Verordnungen. Nehmen wir an, ein Pole stiehlt

ein Auto in Guben. Die Deutschen verfolgen ihn, doch nur bis zur Grenze, weiter dürfen sie nicht. »Der fährt über die Grenze und obwohl wir davon wissen, können wir nichts tun, weil wir keine offizielle Anzeige vorliegen haben«, sagt Mrozowski. »Oder wir brauchen schnell die Fingerabdrücke eines Deutschen und die Autodaten, weil wir vermuten, dass er den Wagen im Osten verkauft hat und obendrein auch noch die Versicherung abkassieren möchte. Formell müsste das wohl über Interpol laufen. Doch wir haben unsere gubinisch-gubenschen Methoden, die ich Ihnen nicht verraten werde. Dank dieser ist letztes Jahr die Verbrechensrate bei uns um zwölf Prozent gesunken.«

Seit vierzig Jahren organisiert Gubin das Stadtfest *Frühling an der Neiße*. Seit dreißig Jahren gemeinsam mit Guben. In diesem Jahr war Präsident Kwaśniewski der Ehrenpatron des *Frühlings*. In seinem Grußwort gratulierte er den Gubinern und Gubenern zu ihrer Zusammenarbeit: »Das gemeinsame Konzept der Eurostadt Gubin-Guben ist ein Beispiel für die Verwirklichung der Idee von Städten über die Grenzen hinweg …«, sagte der Stellvertreter des Präsidenten. Beifall.

In Gubin arbeiten alle mit den Deutschen zusammen; Kleingärtner, Philatelisten, Angler, Chormitglieder, Handballerinnen, Taubenzüchter, Invaliden und Rentner, Dichter und Taucher. Seit drei Jahren ist der Frauenverein Guben/Gubin *Nysa* aktiv. Christine Knapik, Rätin aus Guben, schaute einmal bei dem kleinen Laden von Sabina Siwek in Gubin vorbei. Es stellte sich heraus, dass sie zusammen in der Gubener Kunstfaserfabrik gearbeitet hatten. Heute zählt der Verein hundertachtzehn Frauen (achtunddreißig Deutsche, der Rest sind Gubinerinnen. Ein Treffen pro Monat, Kaffee, Ausflüge, Konzerte). Die Kleingärtner aus den Żwirek-Gärten in Gubin sagen, sie seien schon in Europa, weil sie nicht – wie alle anderen in Polen – den Tag des Kleingärtners im September, sondern gemeinsam mit den

Kleingärtnern aus Guben das Blumenfest im Juni feiern. Auf europäische Art.

Irmgard Schneider ist Vorsitzende der *Grauen Panther* aus Guben. Sie ist achtundsechzig Jahre alt. »Trotz der grauen Haare sind wir voller Energie, wie die Panther, und wir wollen diese Kraft den Jungen vermitteln«, sagt sie und sucht in ihrer Handtasche nach dem klingelnden Handy. In Guben gibt es vierzig *Graue Panther*. Schneider, Gubener Rätin, sorgt sich um die Arbeitslosigkeit, die in beiden Städten herrscht. Sie möchte jungen Menschen zeigen, dass man in Guben leben und eine Arbeit haben kann. Ihre Organisation wirbt für Wassererhitzer, die mit Solarenergie angetrieben und auf den Dächern der Wohnhäuser aufgestellt werden. Ich habe *Waraschke* getrunken, einen köstlichen Apfelwein, den Irmgard Schneider mit ihrem Mann und befreundeten Kleingärtnern produziert hat (vierundvierzigtausend Flaschen mit eigenem Etikett). Sie verkauften ihn auf der Grenzbrücke während des *Frühlings an der Neiße*. Sie möchten die Weintraditionen der Stadt wieder beleben. Angeblich sei das Klima dafür günstig.

Irmgard Schneider lebt für die Vision der Eurostadt. Sie arbeitet mit den Senioren aus Gubin zusammen. Letztes Jahr, just nach einem Abendessen anlässlich des ›Tags des Seniors‹, wurden sie und ihr Mann in Gubin überfallen. Die Straßenräuber entrissen ihr die Handtasche und schlugen ihren Mann zusammen. Er wurde operiert und hatte Probleme mit einem Auge. Irmgard ist überzeugt, dass das keine Polen waren. Sie hat alles in einem Brief an Ministerpräsident Stolpe und an den Innenminister beschrieben. Sie möchte, dass die Eurostadt bis zum Eintritt Polens in die EU vom Osten her von einer Art ersten Grenze umgeben wird. Auf diese Art sollen Verbrecher aufgehalten werden, damit sich in beiden Städten die europäische Zusammenarbeit friedlich und ohne Störfaktoren von außen entfalten kann. Die Regierung von Brandenburg sollte dabei helfen, indem sie der Gubiner Polizei modernes Gerät zur Verfügung stellt.

Konrad Grossmann, ein sympathischer Deutscher, der in Hains Behörde für die Zusammenarbeit der Eurostadt verantwortlich ist, meint, die Polen und die Deutschen seien in einer Phase ihrer Zusammenarbeit, in der die Holländer und Deutschen in den fünfziger Jahren waren.

»Die Grenze zwischen Guben und Gubin war zu lange geschlossen. Auf der Brücke stand ein Schlagbaum. Man konnte nicht einmal auf die andere Seite rüberschauen. Und nach der Vereinigung Deutschlands sind die DDR-Bürger nicht mehr nach Polen in den Urlaub gefahren, sondern wollten Mallorca und Tunesien sehen. Über so viele Jahre gab es nicht einmal Kontakte, die wenigstens die Sprachkenntnisse der Leute verbessert hätten. Das muss sich erst entwickeln.«

Grossmann sagt, den älteren Gubenern sei die Zusammenarbeit mit Gubin ziemlich gleichgültig. »Sollen doch die Politiker zusammenarbeiten, wenn sie wollen.« So ist auch die Einstellung auf der anderen Seite. »Deshalb müssen wir den jungen Menschen beibringen, wie man zusammenlebt. Dann wird der Deutsche lernen, dass der Pole nicht stiehlt, und der Pole, dass der Deutsche kein Nazi ist. Das sind Stereotype, die in den Köpfen der Eltern geistern. Vielleicht werden aus den Zusammentreffen der jungen Leute neue Beziehungen entstehen. Sie werden selbst entscheiden, an welchem Ufer sie ihr Haus aufstellen wollen.

»Heute«, fügt er hinzu, »haben diese Städte keine große Anziehungskraft. Es gibt also die Befürchtung, dass Europa unsere Städte überspringen könnte.«

Am schlechtesten stellt sich die wirtschaftliche Zusammenarbeit der Firmen an beiden Ufern dar. Bei dem Projekt Eurostadt entstand das Unterprojekt Eurozentrum. Ein spezielles Büro in Guben, das Partner für polnische und deutsche Firmen sucht. Zum Beispiel fand eine Möbelfirma aus Nowa Sola einen Produzenten für Wohnzimmergarnituren in Guben über das Eurozentrum. Der Deutsche nahm polnische Möbel in sein Angebot auf. Immer mehr polnische

Firmen gründen auf der deutschen Seite Gesellschaften nach dem deutschen Handelsrecht, vor allem Transport- und Baufirmen. Sie möchten schon mit einem Bein in Deutschland stehen und warten auf die EU, um dann richtig loszulegen.

Trotz vieler Versuche gelang es nicht, die Firmen aus Guben und Gubin miteinander zu verbinden. Nur manchmal näht die angeschlagene *Goflan* Mützen für die Handelsgesellschaft, die die insolvente Gubener Hutfabrik übernommen hat. »Die Deutschen haben eine etwas verzerrte Vorstellung von der billigen Arbeitskraft in Polen«, sagt Estera Kuhlmann, die Chefin des Eurozentrums. »Natürlich ist die Arbeit in Polen billiger, doch wenn der polnische Vertragspartner gute Sachen zu einem bestimmten Termin produzieren soll, dann geht das auch nicht für den halben Preis.«

Während ich wohlbehalten an das polnische Ufer zurückkehrte, erblickte ich einen Dybuk. (In der jüdischen Tradition ist das ein böser Geist, der sich im Menschen einnistet, um ihn zu beherrschen.) Das letzte Gebäude auf der deutschen Seite, direkt an der Neiße. In den Fenstern der oberen Etage große Lettern: D Y B U K, unten im Schaufenster Gedichtbändchen polnischer Dichter, Plakate von Wajdas Filmen. In einem leeren Saal des oberen Stockwerks stellt sich Peter Krüger, ein riesiger Deutscher, als Schauspieler und Theaterregisseur vor. Ein Berliner, während des Krieges in Barlinek geboren. Er ist bei der Aktion *Tolerantes Brandenburg* aktiv. Krüger kam nach dem Tod des Algeriers nach Gubin. »Ich schaute mir die verlassenen Fabriken der jüdischen Unternehmer an und dachte, man muss in dieser Stadt, in der es keinen einzigen Juden mehr gibt, jüdische Geschichten erzählen.«

Er fand ein paar Schauspielamateure in Guben und Jungs aus der Landwirtschaftsschule in Gubin. Sie führten das Stück *Der Dybuk* auf und präsentierten es in Krakau. Im

73

Januar inszenierten sie *Die Totenfeier* von Mickiewicz. Sie zeigen polnische Filme, wie *Korczak* und *Herr Thadäus*. Sie wachen über den Stein, der an der Stelle steht, wo der Algerier starb. Er wurde schon sieben Mal geschändet. »In jeder Grenzstadt gibt es irgendeine Nazigruppe. Sie wissen nicht, dass die Polen auf der anderen Seite des Flusses auch aus ihren Häusern vertrieben wurden. Bürgermeister Hain erzählt schöne Geschichten über die deutsch-polnische Zusammenarbeit, aber das ist oberflächlich, das sind Schlagwörter. Er sieht nicht, was sich in diesen Köpfen tut.«

Krüger träumt von einer deutsch-polnischen Schauspielschule in Guben. Die Jungs aus Gubin sind sehr begabt, haben gerade das Abitur gemacht und man könnte sie weiter bilden; Lehrer aus Berlin und Breslau holen. Die Stadt würde aufleben. In den verlassenen Hallen der Gubener Wollfabrik will Krüger eine Art Tauschbörse für polnische Firmen einrichten. Am schnellsten kam eine Antwort aus Łódź, einer Stadt, die nicht nur ein Zentrum der Bekleidungsindustrie ist, sondern auch eine Stadt des Theaters, des Films, der Künste. »Es geht darum, das wirkliche Polen zu zeigen, und nicht nur seine Fratze an der Grenze, die meine Landsleute an der Neiße kennen. Wenn ich diesen Schund sehe, den sie auf dem Gubiner Marktplatz kaufen, dann wird mir schlecht. Sie sind ratlos und leiden unter dem DDR-Syndrom; sitzen da, tun nichts und warten auf den Staat. Wir haben *Dybuk* aus dem Nichts geschaffen. Alle denken, ich würde mit Juden Geschäfte machen und deshalb hätte ich Geld. Dabei stimmt das nicht. Guben schläft immer mehr ein. An jeder Grenze pulsiert das Leben und hier ist nach siebzehn Uhr nichts mehr los. Gut, dass in Gubin die Geschäfte länger offen sind. Dort ist wenigstens in den Bordellen etwas los. Die Polen versuchen selbst etwas auf die Beine zu stellen, sie kommen zurecht.«

Vor ein paar Jahren sagte ein Taxifahrer aus Guben zu Krüger: »Wenn Polen in die EU kommt, dann kaufen wir dieses Gubin innerhalb eines Tages auf.«

Vor Kurzem fuhr Krüger wieder mit dem Taxi durch Guben: »Wenn die Grenze der EU auf der Neiße nicht mehr da ist«, sagte der Fahrer, »dann werden uns die aus Gubin auffressen. Sie werden noch an meine Worte denken.«

Ich danke Frau Krystyna Kaczmarek-Skóra, Lehrerin am Gubiner Gymnasium und an der Europaschule, für ihre Hilfe.
2001

MUTTERHERZ, TOCHTERHERZ

Die Siedlung *Kwiecie* bei Międzyrzecze kann man nur auf sehr genauen Landkarten finden. Ein Gutshaus mit roten Eichen; der Park auf der einen, der Vorhof auf der anderen Seite. Gegenüber: Schweinestall und Viehstall. Den Vorhof umschlossen Schäferei und Brennerei. In der Mitte stand ein hoher, gemauerter Taubenschlag, in der Form eines achtkantigen Turms mit Flanken.

Vor dem Krieg war dies das kleine, deutsche Landgut *Hohenbirken*. Bis zur polnischen Grenze waren es damals zwanzig Kilometer.

Im langen Gesindehaus lebten fünf Familien. Die Wrembels mit fünf Töchtern, die Mazurkiewiczs mit ihren Söhnen und die Baums. Am anderen Ende des Gebäudes Pakulska, zu der sich Wrembel in den Nächten schlich, und die kleine Blondine Roberg mit ihren Kindern. Niemand kann sich genau erinnern, wer im anderen Gesindehaus wohnte; sicher die Kaczmareks und die Familie des Eisenbahners Reszka, den später die Kosaken im Hain umbrachten.

Bevor die Rotarmisten kamen, glich auf dem Gut ein Tag dem anderen. Alle arbeiteten auf den Feldern. An den Nachmittagen spielten die Kinder neben dem Taubenschlag.

Die Rotarmisten erzählten später, dass sie mit der Erlaubnis ihres Befehlshabers in den eroberten deutschen Gebieten zwei Wochen lang machen konnten, was ihnen gefiel. Also töteten sie für ein Paar Schuhe, legten Feuer wegen eines Porträts von Hitler, vergewaltigten und stahlen Uhren und Fahrräder.

Als sie nach *Hohenbirken* kamen, stellten sie gleich die Wrembels und die Reszkas an die Wand des Viehstalls. Wie Glucken drückten die Mütter ihre Kinder an sich. Ein russischer Offizier rettete ihnen das Leben; er kam mit einem Geländefahrzeug von Międzyrzecze angerast und schon vom Wald her schrie er: »Nicht schießen!«

Im oberen Stockwerk des Haupthauses wohnte das ältere Ehepaar Neiseman aus Berlin. Sie um die fünfzig, er sechzig Jahre alt. Sie kamen nach *Hohenbirken* 1943 oder 1944, nachdem die Flugzeuge der Alliierten ihre Tabakfabrik zerbombt hatten. Sie hatten nie Kinder gehabt, erst in *Hohenbirken* wurde ihr Sohn geboren. Alle in der Gegend hörten davon, was für ein Wunder geschehen war und was für ein Glück die Neisemans heimgesucht hatte. Als die Russen kamen, wiesen sie Neiseman an, sich um die Schäferei zu kümmern.

Seitdem hielt jemand Tag und Nacht Wache auf dem Dachboden des Guts und schaute, ob Rotarmisten aus der Richtung von Międzyrzecze kamen. Wenn sie kamen, dann flohen alle Mädchen und jungen Frauen zwischen die Eichen und weiter in den Wald hinein. Nur die Neisemans konnten mit ihrem kleinen Jungen nicht flüchten. Also drangen die angetrunkenen Soldaten in das Gutshaus ein und machten sich über die Neiseman her. Ihr Mann stand hilflos in der Ecke und drückte das Kind an sich.

An einem Sonntag, es war schon Mai, ging Neiseman nicht in die Schäferei; die Schafe blökten, als ob ihnen jemand das Fell über die Ohren gezogen hätte. Die Leute brachen die Tür zum Haupthaus auf und rannten ins obere Stockwerk. Die Neisemans hingen in der Küche am Fenster;

er am Scharnier auf der einen Seite, sie auf der anderen und ihr fünfmonatiger Sohn in der Mitte am Fenstergriff. Hinter den Erwachsenen kamen die Kinder aus den Gesindehäusern angerannt, um zu sehen, was passiert war. Lisa Wrembel kam als Letzte. Sie kann sich an das Blut erinnern, das aus den Schnitten an den Handgelenken der Gehenkten tropfte und sich über den frisch gewienerten Boden verteilte. Auf dem Herd brannte Rührei an.

Lisa kam als Letzte angerannt, weil sie einen schweren hölzernen, mit Korbweide verzierten Kinderwagen schieben musste. Sie ließ ihn vor dem Haupthaus stehen. Aus dem Wagen schaute die kleine, hellhaarige Ingrid Wrembel heraus. Falls sie damals nach oben schaute, konnte sie dort die drei Körper im Fenster hängen sehen.

Irena, die Tochter von Stanisława

Heute ist das kleine Mädchen aus dem Kinderwagen vierundfünfzig Jahre alt. Frau Irena wohnt in Gorzów. Sie kann sich weder an die Neisemans noch an *Hohenbirken* erinnern. Nicht einmal daran, dass sie vor langer Zeit nur deutsch gesprochen hat.

Solange sie sich erinnern kann, war sie immer die Irusia, Tochter des Försters Stefan Kazimierczak und seiner Frau Stanisława aus Lipki Wielkie, bei denen sich zum Nachmittagstee alle mit Rang und Namen im Ort einfanden: Pfarrer, Apotheker, Lehrer, Ingenieur.

Frau Irena hat üppige – man würde sagen – rubensartige Körperrundungen. Sie ist Kranführerin von Beruf. Fünfzehn Jahre fuhr sie auf Schienen in einem kleinen Kabäuschen hin und her, das mehr als zehn Meter über der Erde hing.

Ihre Lebensgeschichte erzählt sie mir in ihrer kleinen Wohnung in Gorzów. Sie hat es sich auf der Couch zwischen kleinen Kissen bequem gemacht. An der Wand gegenüber steht eine Schrankwand mit Fernseher, Kristallgläsern und Andenken aus Kołobrzeg.

Neben ihr sitzt Herr Stanisław, Frau Irenas zweiter Mann. Klein, schmächtig, von Beruf Klempner. Auch seine erste Ehe wurde geschieden. Herr Stanisław spielt Waldhorn im Blasorchester der Feuerwehr. Er war es, der Irena überredet hat, nach ihren Verwandten zu suchen. Im Mai, nach vierundfünfzig Jahren, erfuhr Irena, dass sie noch eine zweite Familie hat und dass ihre leibliche Mutter noch lebt. Sie wohnt irgendwo in Serbien, in einem kleinen Bergdorf.

»Und so«, überlegt Irena, »habe ich alles doppelt: zwei Mütter, zwei Väter, zwei Taufen, zwei Geburtsorte, zwei Familien und sogar zwei Ehemänner.«

Wann begann sie daran zu zweifeln, ob sie die Tochter des Försters Kazimierczak ist?

Das war in der vierten Klasse. Irka Kazimierczak ging in Lipki Wielkie zur Schule. Ihre Cousine Halina aus dem benachbarten Dorf kam in die gleiche Klasse.

»Einmal brachte ich einen Ball mit. Die Kinder nahmen ihn mir weg und ich hatte Angst, sie würden ihn kaputt machen. Schon als Kind ging ich sehr achtsam mit Dingen um und deshalb beschwerte ich mich bei der Lehrerin. Da wurde Halina wütend und rief: ›Du bist ein Findling, eine blöde Deutsche und keine Polin!‹

Ich komme nach Hause, Mutter stellt mir Mittagessen hin, doch ich rühr' nichts an.

›Was hast du, Irusia?‹

›Wie ist das mit mir? Halina sagt, dass ich ein Findling bin, dass ich den Deutschen weggenommen wurde.‹

›Was redest du da? Das ist doch Blödsinn. Du gehörst zu uns, du hast doch unseren Namen, und Halina schwätzt so, weil sie neidisch ist.‹

Und da nahmen meine Eltern meine ganzen Zeugnisse ab der ersten Klasse, gingen zum Schuldirektor und der strich in der Rubrik ›Geburtsort‹ Berlin durch und schrieb Słaboszewo rein.«

Irena zeigt das Zeugnis aus der ersten Klasse: Kazimierczak Irena, geboren am 21. Juni 1943 in Berlin. Berlin ist durchgestrichen und durch Słaboszewo ersetzt, Gemeinde Mogilno. »Ich glaube, damals haben sie auch meine Geburtsurkunde ändern lassen.«

Einmal hörte sie, wie sich ihre Eltern unterhielten: »Wenn wir es ihr sagen, wird sie weglaufen.« Aber sie war sich nicht sicher, ob sie sich nicht verhört hatte.

Außerdem hatte sie keine Zeit für solchen Unsinn. Sie half auf dem Bauernhof. Schon seit ihrem fünften Lebensjahr musste sie auf sieben Kühe aufpassen. »Oh, diesen Monstern musste ich ganz schön hinterher laufen.«

Morgens vor der Schule brachte sie die Tiere auf die Weide. Nach der Schule Mittagessen und dann wieder auf die Wiese. Bis zum Abend. Hausaufgaben machte sie draußen. Manches Mal schlief sie dabei ein: Sie wacht auf, und die Kühe sind verschwunden. Weil sie vor Mutter Angst hatte, rannte sie den Vater holen. Auf Fahrrädern suchten sie zu zweit die ganze Gegend nach den Kühen ab.

Die Mutter war strenger als der Vater, liebte aber Irka, beide Eltern liebten sie sehr. Irena weiß noch, wie sich die Mutter mit einem Messer auf die Beamten von der Staatssicherheit stürzte. Sie zieht den Rock hoch, zeigt eine große, weiße Narbe unterhalb des Knies.

»Damals war ich in der ersten Klasse. Wir zogen in ein anderes Haus um. Vater lud die Möbel auf einen Wagen und ließ mich den Pferdezaum halten. Sie kamen aus dem Birkenwäldchen angefahren, waren betrunken. Der Geländewagen fuhr im Zickzack, von einem Zaun zum anderen. Sie bogen ab, direkt auf mich zu. Ich wich zurück, blieb aber mit dem Mantel an dem Fahrzeug hängen. Sie zogen mich ungefähr zwanzig Meter mit sich, bis zur dicken Kiefer. Ich erinnere mich noch, wie ich gegen den Baum schlug; glücklicherweise mit den Beinen, nicht mit dem Kopf. Ich lag da, wie tot. Später wurde mir erzählt, dass Mutter nach dem Küchenmesser schnappte und diesen Typen an die Gurgel wollte. Sie hatte keine Angst. ›Wenn mir das Kind nicht wieder zur Besinnung kommt, steche ich euch ab‹, schrie sie.

Sie liebte mich – deshalb hat sie alle meine echten Papiere vernichtet.«

Mutter Kazimierczak lag im Sterben, als Irena in der siebenten Klasse war. Zur Kartoffelernte sah es schon schlecht um sie aus, sie verließ das Bett nicht mehr. Die Kartoffeln sammelten sie zu zweit auf; Irka und Vater. Sie erinnert sich wie er den Sack über die Schulter warf und neben ihr stehen blieb: »Der Doktor sagte, dass Mutter es bis Weihnachten nicht mehr schafft – Unterleibskrebs.«

Irena kreiste um das Bett der Mutter, wollte fragen, wie das nun wirklich mit ihr gewesen war.

»Aber ich hatte Angst vor Mutter und davor, dass sie mit mir schimpfen würde. Ich konnte ihr das nicht antun.«

Kurz vor ihrem Tod sagte die Mutter zu Irena: »Bleib ein gutes Mädchen, sonst reiße ich dir den Kopf ab.«

»In ihrer letzten Stunde schaute sie mich an. Sie wollte wie immer ›Irusia‹ sagen, aber ihre Kräfte versagten. Nur ein ›I…‹ brachte sie heraus.«

Sie hatte das Geheimnis mit ins Grab genommen.

Der Vater wollte nichts sagen. »Du gehörst zu uns und damit basta.«

Erst die Tante hatte sich verplappert. Sie wollte Irena mit ihrem Sohn Zdzisław verkuppeln, weil er nur die Irka zur Frau wollte. »Ich wollte ihn aber nicht«, erzählt Irena. »›Wie?‹, sage ich zur Tante, ›Soll ich etwa einen Blutsverwandten heiraten?‹ Darauf die Tante: ›Was ist er denn schon für ein Verwandter für dich? Stanisława, deine Mutter, hat dich von fremden Leuten genommen, als du drei warst. Wenn dein Vater nach dem Tabak griff, bist du immer auf seinen Schoß gekrabbelt und hast auf Deutsch gerufen: Tabak weg, Tabak weg! Deine Mutter ärgerte es sehr, dass du nur deutsch geschwätzt hast.‹«

»Und von wem haben sie mich genommen?«, fragte dann

Irka. Aber das wusste die Tante nicht. Außerdem hatte Irena damals auch keinen Kopf dafür nachzuprüfen, wer sie wirklich war und ob das stimmte, was die Tante gesagt hatte. Vielleicht schwätzte die nur so, damit Irka ihren Sohn heiratete.

Irena wohnte mit ihrem Vater zusammen. Sie hatte Erfolg bei den jungen Männern; eine hoch gewachsene Blondine mit guter Figur. »Mit einfachen Arbeitern ließ ich mich nicht ein.« Im Dorf hieß es, Irena sei wählerisch wie eine Gräfin.

Sie raste durch Lipki Wielkie auf einer alten deutschen DKW. Sie stibitzte dem Vater das Motorrad und flitzte damit über das Kopfsteinpflaster des Dorfes.

»Das Motorrad hatte keinen Drehzahlmesser, dafür gab es fünf Gänge am Tank. Jeder wollte nur einmal mit mir fahren, danach nicht mehr. Ich gab Gas bis zum Anschlag, dass die Bäume nur so vorbeirauschten. Dann fing der Passagier zu betteln an, ich soll doch anhalten.

Wegen solcher Dummheiten nahm die Miliz Vater den Führerschein ab, weil er auf seine Tochter nicht aufpassen konnte. Da musste ich schließlich den Motorrad-Führerschein selbst machen. Als die jüngste in Lipki, aber ich hatte ihn.«

Doch sie lernte nie ein Auto zu fahren. Ein Kollege versuchte es ihr auf einem großen LKW Marke *Kamaz* beizubringen. Nachdem sie bei Lipki ein paar Birken umgefahren hatte, gab sie auf.

»Meine Ehe war nicht besonders gut. Aber Kazimierczak hatte zum zweiten Mal geheiratet und ich hatte die Stiefmutter und ihr Geschwätz satt. Ich wollte einen guten Jungen zum Mann, aber an jedem fand ich etwas, das mir nicht gefiel, und meine Stiefmutter lachte darüber.

Ich fragte Vater:

›Wie lange muss ich noch mit den Kühen auf die Weide?‹

›Bis du heiratest.‹

Da hab' ich eben geheiratet, gleich als ich achtzehn wurde. Ich nahm den Erstbesten. Er gefiel mir nicht und zu alt war er auch, aber ich hab's gemacht, nur um nicht mehr mit der Stiefmutter zusammenzuwohnen.

Zwanzig Jahre lang plagte ich mich herum. Neun Jahre schuftete ich wie eine Sklavin auf dem Hof der Schwiegereltern. Oh ja, damals hab ich's dick abgekriegt. Die Schwiegermutter hatte sieben Hektar, aber weder ein Pferd noch einen Wagen. Um zu säen, zu ernten, zu pflügen, oder nur um Holz zum Heizen zu besorgen, musste ich immer drei Tage die Woche bei den Bauern arbeiten. Einen Tag für das Pferd, einen für den Wagen und einen für den Bauern selbst, weil er das Pferd allein nicht weggeben wollte. Und so rackerte ich mich ganze drei Tage in der Woche auf einem fremden Feld ab.

Eine Zehn-Liter-Milchkanne musste ich mit bloßen Händen drei Kilometer weit bis zur Molkerei schleppen, bis mir Vater ein Damenfahrrad geliehen hat.

Wenn ich alles erzählen würde, würde es für ein Buch reichen und die Leute würden lesen und weinen.

Als Mitgift habe ich eine Kuh, eine Sau und Hühner mitgebracht. Aber die Kuh haben sie mir verkümmern lassen, weil die Kuh von der Schwiegermutter mit den Hörnern auf meine losgegangen war, als sie trächtig wurde. Und meine Hühner musste ich markieren, ich schnitt ihnen die Schwänzchen und Flügel kürzer. Und täglich hab' ich sie abgetastet, weil die Schwiegermutter mir die Eier stahl.

Bei Tanzabenden im Depot ließ mich mein Mann an der Wand sitzen, zusammen mit denen, die niemand aufforderte. Ich musste zusehen, wie er sich mit anderen Weibern amüsierte. Dabei war ich hübsch, schlank, hatte eine gute Figur. Zu anderen Leuten an den Tisch konnte ich mich nicht setzen, und wenn sich jemand für mich interessierte, forderte ihn mein Mann gleich zum Kampf auf. Mein Ehemann war abscheulich. Später habe ich erfahren, dass er schon als kleiner Junge seinem Vater einen Ziegel auf den

Kopf gehauen hat und seine Schwester mit der Mistgabel ums Haus jagte.

Er schlug mich. Ich habe eine kranke Wirbelsäule, weil er gegen mein Steißbein getreten hat.

Er kannte meine Geschichte, wusste, dass ich meine Mutter suchte. Doch das interessierte ihn nicht. Wenn er getrunken hat, schrie er, dass mit Findlingen keiner Mitleid haben sollte. Das war wirklich bitter.

Neben dem Haus stand ein großer Kirschbaum. So nah, dass die Zweige ans Fester schlugen. Ich nahm die Wäscheleine und kletterte auf den dicksten Ast. Und ich wäre heute nicht mehr hier, wenn ich nicht zu meinem kleinen Andrzej, dem ältesten Sohn rübergeschaut hätte. Damals war er um die zwei Jahre alt. Man konnte ihn durch die Scheibe sehen, wie er in seinem Bettchen lag. Und so hockte ich auf diesem Ast – das Seil war schon dran – und starrte das Kind an. Da, glaube ich, bemerkte mich mein Ehemann in der Spiegelung der Scheibe. Er kam angerannt und zog mich vom Baum runter.

Ein anderes Mal schluckte ich 'ne Menge Tabletten. Er hat es gemerkt, steckte mir die Finger in den Hals und ich hab' alles wieder ausgekotzt. Er brauchte ja eine Sklavin.

Dann verkauften mein Mann und die Schwiegermutter den Hof und ich musste meinen Vater bitten, dass er uns aufnimmt. Vater und die Stiefmutter mit ihren Kindern wohnten dann in einem Zimmer, und ich mit meinen drei Kindern, meinem Mann und der Schwiegermutter im anderen. Die neue Wohnung in Gorzów hat die Schwiegermutter nicht mehr gesehen. Sie hatte einen Schlaganfall und starb auf der Couch.

Mit der Zeit wurde ich irgendwie hart. Ich habe mich sogar mit meinem Mann geschlagen. Als ich noch unverheiratet war, brauchte mich nur jemand schief anzuschauen – schon stand ich in der Ecke und heulte. So weich war ich. Jetzt nicht mehr, jetzt würde ich mich nicht unterkriegen lassen und Auge um Auge kämpfen.

Schließlich habe ich es nicht mehr ausgehalten. Es war gerade Ostern. Ich hatte alles für die Feiertage vorbereitet, da schoss ihm wieder etwas durch den Kopf und er fing an, mich zu schlagen. Ich ging so wie ich stand, in einem Kleid, ohne Geld. Ich habe ein Zimmer gemietet. Eine Frau hatte eins, das leer stand. ›Der Schrank steht auf dem Dachboden‹, sagte sie, ›und die Couch in der Gartenlaube ist dreckig.‹

Ich brauchte keinen Schrank für ein Kleid und die Couch habe ich sauber gemacht. Als mir mein Sohn ein Glas vorbeibrachte, weil ich nicht einmal etwas zum Trinken hatte, hat ihn mein Mann verprügelt.«

Fünfzehn Jahre lang kletterte Irena die Stahltreppen hinauf – zehn, zwanzig, manchmal auch dreißig Meter hoch.

Irka, die Kranführerin, hatte zwei Hakenarbeiter unter sich, die unten die Ladung festmachten.

»Die verdammten Hundesöhne mochten mich. Morgens setzten sie sich auf die Treppe, damit ich nicht hochsteigen konnte. Auf die Stufen stellten sie ein großes Glas Wodka und einen Kaffee. Ich musste es austrinken, sonst hätten sie mich nicht raufgelassen. Aber ich habe einen starken Kopf.

Einmal seh' ich, dass sich der Himmel verdunkelt, also schreie ich nach unten: ›He Jungs, Schluss für heute, ein Gewitter zieht auf‹. Darauf sie: ›Noch eine Platte, Irka, dann sind wir fertig.‹ Also gut. Ich hatte mit meiner Platte gerade die Hälfte des Wegs hinter mir. Da tut's einen Schlag und meine Kabine setzt sich in Bewegung. Bremse, Fehlanzeige. Der Gang für die entgegengesetzte Richtung – obwohl das verboten ist – Fehlanzeige, die Funken sprühen nur so und ich rase auf Gedeih und Verderb hinab. Ich schlug mit der Kabine so fest auf, dass sich der Prellbock verbogen hat.

Mir ist nie was Ernstes passiert und ich habe auch nicht viel angerichtet; aber meine Kolleginnen haben einiges mitgemacht. Eine brach einem Arbeiter das Bein, einem anderen zerquetschte sie die Finger und hat dabei selbst ganz schön was abbekommen.

Vor fünf Jahren bin ich in Rente gegangen, weil ich zum Schluss ein paar Mal in der Führerkabine ohnmächtig geworden bin. Ich habe ein schwaches Herz.«

Ingrid, die Tochter der Wrembels?

Stefan Kazimierczak, Irenas Stiefvater, starb vor sechs Jahren.

Als er im Sterben lag, sagte sie: »Jetzt vor dem Tod sag mir die Wahrheit.«

Und er sagte sie ihr.

»Du bist ein Pflegekind, deine leibliche Mutter lebt nicht mehr, du warst bei deinem Großvater in *Hohenbirken*. Sie hießen Werner oder Werbel, irgendwie so. Ihr wart sehr arm und dein Großvater war kein guter Mensch. Ich habe selbst gesehen, wie er ein rohes Ei ausgetrunken hat und die Schale unter den Ofen warf. Du bist auf allen Vieren darunter gekrochen und hast die Schalen ausgeleckt.«

»Habe ich meinen echten Namen?«

»Ja, nur dass sie dich auf Deutsch Ingrid nannten.«

Frau Irena ist überzeugt, dass die Stiefmutter ihr geholfen hat, ihre leibliche Mutter zu finden.

»Am 8. Mai, am Namenstag von Stanisława, bin ich wie jedes Jahr zu ihrem Grab gegangen. Ich schimpfte mit ihr: ›Du hast alle meine Dokumente vernichtet und wegen dir kann ich meine echte Mutter nicht finden. Du musst mir jetzt helfen.‹ Weil meine Mutter, ich meine die Stiefmutter, mir gesagt hat, ich kann immer auf sie zählen und sie wird mir immer helfen. In der Nacht nach ihrem Tod hat sie mir das gesagt; sie kam an mein Bett: ›Rück mal ein Stück, Irusia, ich will mich neben dich legen.‹

Da sag' ich zu ihr, sie soll gehen, weil ich mich vor Toten fürchten würde. Und da sagte sie: ›Hab' keine Angst, ich werde dir immer helfen.‹ Ich wachte völlig verheult auf und lag ganz auf die eine Seite gedrängt, weil ich ihr doch Platz gemacht habe. Sie ist oft so zu mir gekommen und legte sich neben mich. Vater sagte, dass er einmal nachts ihre weiße Gestalt gesehen hätte, wie sie sich über das Bett beugte und meine Bettdecke zurechtrückte.

Oder das: Ich backe abends einen Kuchen. Am nächsten Morgen stehe ich auf, und die Ecken sind ganz gerade abgeschnitten, als ob jemand von dem Kuchen schon probiert hätte.

Na ja, und später hat sie mir dann auch geholfen, ein paar Mal.

Einmal wollte mir ein Junge an die Wäsche. ›Oh Mama, hilf mir, ich kann nicht mehr‹, sagte ich.

Da gab es an der Tür einen Knall, so laut, als ob jemand einen Felsbrocken dagegen geworfen hätte. Der Junge wurde bleich, die Haare standen ihm zu Berge und er sprang aus dem Zimmer. Ich habe ihn bis heute nicht wieder gesehen.

Und in diesem Jahr, im Mai am Grab, habe ich Stanisława auch beschworen, dass sie mir hilft, meine Mutter zu finden.

Und glauben Sie's oder nicht; am nächsten Tag ruft der Cyraniak aus Międzyrzecze an, dass er meine Mutter gefunden hat.

Es gibt also eine übernatürliche Kraft.«

So richtig zu suchen begann Irena vor fünf Jahren, als sie schon mit Herrn Stanisław zusammen war. Vorher war keine Zeit dafür; drei Kinder, der erste Mann sah es nicht gerne.

»Einmal gab es so eine Fernsehsendung *Suchbriefkasten.* Da lasen sie die Namen von Menschen vor, die verloren gegangen sind. Ich schaute mir das immer an und dachte: ›Gott, wenn ich wenigstens meinen Nachnamen kennen würde.‹

Oder dieses Programm *Wer auch immer etwas gesehen hat, wer auch immer etwas weiß.* Wenn ich seh wie die sich begegnen, wie die sich begrüßen, dann fang' ich gleich zu heulen an.«

Einmal durchsuchte sie den ganzen Dachboden in Lipki Wielkie, fand aber nichts. Auch in Słaboszewo suchte sie nach ihren Papieren und bekam vom Gemeindeamt die Antwort, dass »die Dokumente von Irena Kazimierczak von den Besatzern vernichtet wurden«.

Sie fragte im Archiv von Gorzów nach.

Man konnte ihr dort zwar nicht helfen, stellte aber den Kontakt zu Stefan Cyraniak aus Międzyrzecze her, einem pensionierten Lehrer und Amateurhistoriker, der im *Międzyrzecze Kurier* an die Geschichte der Stadt erinnert.

Im Januar überredete Cyraniak Irena, eine Anzeige mit dem Titel ›Wer auch immer etwas weiß …‹ im *Kurier* aufzugeben. Irena schrieb in die Anzeige, sie würde eine Familie ›mit dem Namen Werner, Werbel oder so ähnlich‹ suchen, und soweit sie sich erinnern könnte, hätte man sie in ihrer Kindheit Ingrid gerufen.

Niemand meldete sich.

Cyraniak begann selbst zu suchen. Seine Frau hatte eine ähnliche Lebensgeschichte und drei Mütter: die leibliche, eine Polin, die sich auf dem Flugplatz bei Lwów in einen polnischen Flieger verliebt hatte; eine Ukrainerin, die sich des kleinen Mädchens annahm, als die Mutter im September 1939 fliehen musste; und eine zweite Polin, die Stiefmutter, mit der sie nach dem Krieg in den Westen Polens (die früheren deutschen Ostgebiete) kam. Ihre erste Mutter fand Frau Cyraniak nach vierzig Jahren durch das Rote Kreuz. Deshalb war ihr Mann von Irenas Erzählung gleich gerührt und mit ganzem Herzen dabei, als es darum ging, das Geheimnis ihres Lebens zu lüften. In den Stadtbüchern von 1946 fand er die Familie des Försters Kazimierczak – zwei Personen; eine Frau und ein Mann. Etwas weiter unten war die Familie des Waldarbeiters Wrembel aus *Hohenbirken* bei Międzyrzecze eingetragen; ein Mann und sechs Frauen. Der Name klang ähnlich wie der, den Irenas Vater erwähnt hatte. Cyraniak und Irena gaben eine zweite Anzeige im *Kurier* auf: »Wer kannte die Familie Wrembel aus *Hohenbirken*, der heutigen Siedlung *Kwiecie*?«

Es meldete sich Krystyna Szymczakowa, geborene Reszka, aus einer alteingesessenen Familie des Ortes. Sie hatte in *Hohenbirken* gewohnt und konnte sich an den Gutsarbeiter erinnern. Ihr Haus stand seinem gegenüber. »Das war eine laute Familie, ständig gab es Geschrei. Und Wrembel war ein gemeiner Mensch«, erinnerte sich die Szymczakowa. »Damals gab es Lebensmittelkarten und einmal in der Woche musste ich nach der Schule in der Stadt die Einkäufe machen. Wenn ich mit meinen Freundinnen nach Hause zurücklief, lauerte uns Wrembel hinter den Weidezweigen auf, als ob er uns etwas antun wollte. Er jagte uns, bis wir unsere Einkäufe verloren, und dann nahm er alles mit. Aber die Töchter von Wrembel mochte ich, ich glaube, es waren fünf. Ich erinnere mich an Gertrude, Maria und Elisabeth, wir spielten am Taubenschlag. Maria wohnt bis heute bei Międzyrzecze, in Kęszyca.«

Cyraniak: »Das war eine gute Nachricht. Wir fuhren mit Frau Irena zu Maria. Ein unglaubliches Treffen. Eine verblüffende Ähnlichkeit, sie sahen wie Schwestern aus. Ich sagte zu Maria, wir hätten ihre jüngste Schwester, Irena, Ingrid mitgebracht.«

Doch sie erinnerte sich an keine Schwester mit dem Namen Ingrid.

Sie zählte alle ihre Schwestern auf: »Marta ist im Ausland, Gertrude im Grab, Elisabeth bei Koszalin, Erika in Słupsk und wo Anna ist weiß niemand. Von einer Ingrid weiß ich nichts.«

Irena erinnert sich: »Maria empfing mich unten vor dem Wohnblock, wie eine Fremde. Sie hat mich nicht mal reingebeten. Ich gab auf, Ende, wieder nichts. Das war nicht meine Familie. Ich kam mit leeren Händen nach Gorzów zurück.«

Doch die Kommunionsfeier stand vor der Tür und Maria lud Irena ein. »Elisabeth und Erika werden kommen, vielleicht wissen die etwas.«

Ingrid, die Tochter von Marta

Stefan Cyraniak suchte weiter. Von der Szymczakowa hatte er erfahren, dass Wrembel Katholik war. Er ging zum Probst und im Taufregister fand er zwei Einträge.

Der erste: »Wrembel Erika, 7. Juli 1941 in *Hohenbirken,* Tochter von Wojciech und Maria«.

»Als ich den zweiten Eintrag sah, sprang mir mein Herz bis zum Hals: ›21. Juni 1943. Wrembel Ingrid, geboren in Berlin‹. In der Rubrik ›Mutter‹ war nicht mehr Maria Wrembel angegeben, sondern Marta, die älteste Tochter der Wrembels. Die Rubrik ›Vater‹ war leer.«

Stefan Cyraniak hat Tränen in den Augen: »Irena suchte nach Schwestern, fand aber ihre Tanten. Es hat sich herausgestellt, dass sie die Tochter von Marta war, der ältesten Tochter von Wrembel«.

Sie trafen sich alle bei der Kommunionsfeier.

Irena: »Mein Herz sagte mir, das ist meine Familie. Sie schauten mich an und weinten: ›Marta, Marta. Sie sieht der Mutter ähnlich, es lässt sich nicht verleugnen.‹«

Irena hat Tante Elisabeth, genannt Ela, besonders lieb gewonnen. Das ist die kleine Lisa aus *Hohenbirken*, die am Sonntag, als sich die Neisemans erhängten, den Kinderwagen mit Ingrid schob. Sie wohnt in einem Dorf bei Koszalin. Ihr ganzes Leben hat sie in der LPG gearbeitet, jetzt reist sie herum und besucht die Familie; zwei Wochen die Cousine, dann eine Woche die Schwester ihres Mannes und zwei Wochen Irena in Gorzów. Sie kennt viele Geschichten. Meistens fängt sie so an: »Und weißt du was, Irena?« Ihre heisere Stimme klingt monoton. »Unser Direktor, der war schon in Ordnung. Einmal hat er einen Betriebsausflug in die DDR organisiert. An der Grenze wurde der ganze Bus kontrolliert. Und zwar gründlich, bis zur Unterhose. Und weißt du was? Alle konnten weiter, nur die Frau des Direktors musste zurück, weil sie in ihrem Büstenhalter etwas gefunden haben.«

Ela erinnert sich, dass die älteste Schwester, Marta, 1941 von *Hohenbirken* zum Arbeitsdienst nach Deutschland gefahren ist. Dann brachte sie von dort einen Säugling mit, ein Mädchen, und fuhr wieder zurück. Alle Schwestern kümmerten sich um die Kleine. Doch Marta kam nicht wieder. Eine ihrer Bekannten brachte die Nachricht, sie sei während eines Bombenangriffs in Berlin umgekommen.

Dann, nach dem Krieg, so erinnert sich Ela – das muss 1946 gewesen sein, weil die Neisemans aus *Hohenbirken* nicht mehr lebten – kam der Förster Kazimierczak in einer Kutsche zu den Wrembels und nahm die kleine Ingrid mit. Er wollte nicht einmal ihre Kleidchen einpacken, weil sie alles neu bekommen sollte. »Vater hat sie hergegeben. Er sagte, wir sollten nicht rumheulen, sie würde es dort besser haben. Wir haben alle geweint und Maria hat geschrieen, er solle Ingrid nicht weggeben. Da verpasste er ihr eins mit der Peitsche und sie ist aufs Feld gelaufen, um sich dort auszuweinen.«

Cyraniak prüfte nach; in den Dokumenten des Staatlichen Amts für Repatriierung in Międzyrzecze gibt es einen kurzen Eintrag: »Die Familie Kazimierczak aus Mogilno, ein Mann und eine Frau, kein Kind«. Und im Verzeichnis der Sachen, die in die neuen Westgebiete Polens mitgebracht wurden, sind zu finden: »Zwei Garnituren Kinderbettwäsche und ein Kinderbettchen«. »Wahrscheinlich ist ihr Kind gestorben«, vermutet Cyraniak. »Sie nahmen Ingrid mit und zogen sofort nach Lipki Wielkie weiter, um die Spuren zu verwischen.«

Irena wurde Ende Juni 1943 geboren und schon im Juli wurde sie in Międzyrzecze getauft.

Sie hat errechnet, dass sie mit ihrer Mutter nur ein paar Wochen zusammen war. Während der nächsten vierundfünfzig Jahre sahen sie sich dann nicht mehr.

Irena, die Tochter von Maruscha

Marta tauchte erst Anfang der sechziger Jahre wieder auf. Sie schickte einen Brief aus Jugoslawien.

Tante Ela seufzt: »Irena, weißt du was? Wenn ich ehrlich bin, dann haben wir uns alle nach dem Krieg aus den Augen verloren und konnten uns nicht wiederfinden. Von Anna weiß man bis heute nicht, wo sie ist.«

Elisabeth war zwei Mal bei Marta, sie ist mit Freundinnen aus der LPG auf einen serbischen Basar gefahren, um dort zu handeln. Doch Martas Geschichte kennt sie nicht gut. Sie weiß, dass die Schwester fünfundsiebzig Jahre alt ist und in einem kleinen Dorf lebt. Marta hatte einen Weinberg. Zwei Mal war sie in Polen gewesen, suchte nach ihrer Tochter und weinte: »Wo ist mein Kind, was habt ihr mit meinem Kind gemacht?« Sie schrieb an das Rote Kreuz. Es antwortete, das Mädchen sei unter unbekannten Umständen umgekommen. Sie gab auch eine Anzeige in mehreren Zeitungen auf. Jetzt ist sie Witwe. Den Weinberg hat sie verloren und lebt in Armut. Elisabeth hat ihr Päckchen geschickt.

Im Mai, zwei Tage nach der Kommunionsfeier, bei der Irena ihre Tanten wiedergefunden hatte, setzte sie gemeinsam mit Ela einen Brief auf. »Marta, deine Tochter ist aufgetaucht«, diktierte Irena auf Polnisch und Tante Ela übertrug es ins Deutsche, um wiederzugeben, was Irena sagte; so, dass Marta es verstehen konnte.

»Wie kann das sein?«, wundert sich Irena. »Früher habe ich nur deutsch gesprochen und jetzt kein einziges Wort. Ich wusste nicht einmal, dass ich es überhaupt konnte.«

Zwei Wochen später kam ein Brief, an Elisabeth adressiert. Dieser Moment ist sogar auf einem Foto festgehalten. Irena in einem Strohhut, die Augen vom Weinen gerötet, daneben Tante Ela über ein Blatt Papier gebeugt: »Lisa, als ich den Brief erhalten habe und das Foto gesehen habe, bin ich umgefallen. Mein Herz erzitterte und ich kann keine Ruhe mehr finden. Grüße meine Tochter von ganzem Herzen. Wie sehr möchte ich sie sehen. Ich sage dir, dass ich sie sehen möchte, weil ich mich so furchtbar nach ihr sehne. Sag ihr, dass ich sehr alt bin. Grüße meine Tochter von ganzem Herzen. Marta«.

Die meiste Zeit verbringt Irena im Schrebergarten. Fünf Beete, ein paar Schritte von ihrem Wohnblock entfernt, das ist ihr Königreich. Erdbeeren, Zinnien, Samtblumen, Astern, Dahlien, Rosen (die in diesem Winter erfroren), Kürbisse. Knöterich umrankt die kleine Gartenlaube, die Irena und ihr Mann aus Blech vom Schrottplatz zusammengezimmert haben. Drinnen kleideten sie es mit allem Möglichen aus: Brettern und Teilen einer alten Schrankwand. Die Laube ist immer offen; so wird ein Dieb vielleicht eine Weile herumsitzen und wieder gehen, anstatt einzubrechen. Zwischen den Beeten schaukeln an Metallstangen Mineralwasserflaschen aus Plastik. Sie schlagen gegen die Stangen und sollen Maulwürfe und Nagetiere erschrecken.

Irena setzt sich in die Laube, schaut auf ihren Wohnblock und denkt nach.

»Manchmal, wenn mir alles zu schwer wurde, dachte ich, vielleicht würde es mir irgendwo mit meiner Mutter besser gehen. Doch die Szymczakowa sagt, ich soll es nicht bereuen, denn wenn ich bei den Wrembels geblieben wäre, wäre es mir schlechter ergangen, vielleicht würde ich schon lange nicht mehr leben. Bei den Wrembels herrschte Armut. Tante Ela hat selbst erzählt, wie ihr Vater sie verdroschen hat, weil sie auf eine Feier gegangen war und dabei ihre Turnschuhe kaputt gemacht hat.«

Irena überlegt auch, wem sie ähnlicher sei. »Von wem habe ich mehr. Wahrscheinlich doch von den Kazimierczaks. Ich mag Ordnung und schöne Dinge, Kristallgläser, schöne Bilder, so wie sie Mutter Kazimierczak mochte. Man sollte über Verwandte nicht schlecht reden, aber meine echte Familie hat mich ein wenig enttäuscht. Nicht alle, aber sie sind irgendwie anders. Seh'n Sie: Obwohl wir nicht dasselbe Blut hatten, hängt doch so viel an der Erziehung.«

Irena fragt sich, was sie jetzt so umhertreibt. Sie war noch nie in einem anderen Land gewesen. In Polen ist sie auch nicht viel gereist. Zwei Mal nur ist sie nach Warschau gefahren, als Stanisław mit einer Delegation dort war.

»Und jetzt zieht es mich in die Welt hinaus. Ich kenne diese Frau doch überhaupt nicht, ich habe sie noch nie gesehen, jemand anders hat mich großgezogen.

Doch etwas zieht mich dahin, damit ich ihr wenigstens einmal in die Augen schaue. Wer würde denn seine Mutter nicht sehen wollen? Ich sage immer: Und wenn es die schlechteste Mutter ist, aber es ist die Mutter.«

»Doch wie wird es sein«, überlegt Irena, »wenn wir uns treffen? Ich weiß es nicht. Ich werde zur Salzsäule erstarren und nur dastehen. Diesen Moment kann ich mir einfach nicht vorstellen. Je näher er kommt, umso mehr vermischt sich alles: Bitterkeit, Schmerz, Glück.«

Wir planen, Marta zu besuchen. Die Zeitung *Gazeta Wyborcza,* für die ich schreibe, kommt für die Kosten auf, weil Irena sich die Reise nicht leisten kann. Tante Ela kommt auch mit.

Irena greift nach ihren liebsten Musikkassetten. Auf einem Blatt hat sie ein kleines Verzeichnis der Lieder gemacht. Ich soll eins aussuchen und wähle Nummer 32 – *Mutterherz.* Irena, sichtlich zufrieden, schaltet den Kassettenrekorder ein. Wir hören eine süße Mädchenstimme:

Für dein Herz so groß,
für die Liebe so inniglich,
schenk' ich dir diese Kassette, Mama
und sie ist nur für dich.

Für die Nächte ohne Schlaf
dass du mich hast geboren unter Schmerzen,
dafür dank' ich dir mit diesem Lied
von ganzem Herzen.

Und dann Irenas Lieblingslied:

Einst hatte ich eine Mutter,
heut' fehlt von ihr jede Spur,
und aus den früheren Jahren
blieb ein vergilbtes Foto nur.
Du bist gegangen, lang ist's her
und ich wein' hier an deinem Grab zwei Tränen,
sie wiegen so schwer.

»Über eine Sache bin ich froh«, sagt Irena durch die Tränen, »dass ich jetzt eine Familie habe und nicht mehr alleine bin. Man kann gar nicht beschreiben, wie furchtbar das für einen Menschen ist, wenn er sein ganzes Leben allein ist.«

»Und von Ihrer echten Mutter haben Sie nie geträumt?«, frage ich Irena.

»Nein. Oder ich habe es nicht erkannt. Jetzt, vor zwei Wochen, sind die Kazimierczaks zu mir gekommen, alle beide, Mutter und Vater. Mein Gott, es sollte keine Waisenkinder auf der Welt geben. Ich hatte das Leben einer Waisen. Doch jetzt möchte ich lange leben.«

Irena hat drei Söhne und sieben Enkel. Sie hat auch zwei Rattenpinscher: Mutter Psotka und Tochter Misia. Als Psotka warf, musste man einen Kaiserschnitt machen. Die Hündinnen sind unzertrennlich; wo die Mutter ist, ist auch die Tochter.

Vor der Abfahrt sind wir bei Irena. Herr Stanisław sitzt bei den Koffern. Irka ist bei der Nachbarin, wo sie mit einem Lockenstab an ihrer Frisur arbeitet. Mit Lockenwicklern auf dem Kopf erzählt Tante Ela ihre Geschichten. Misia und Psotka sind unruhig, sie spüren, dass Frauchen wegfahren wird.

Irena kommt von der Nachbarin zurück. Sie legt goldene Ohrringe in Herzform an.

»Und wenn Marta sagt: ›Das ist nicht mein Kind, meins war klein‹«, scherzt sie. »Wie soll ich sie begrüßen? Ich weiß nicht, aber wahrscheinlich werde ich sie fragen, warum sie mich nicht gefunden hat. Sie hat doch ihre Mutter und Schwester wiedergefunden, mich aber nicht.«

»Was haben ihr denn Mutter und Schwester gesagt?«

»Angeblich, dass ich gestorben bin.«

»Na eben«, versuche ich Martas Verhalten zu erklären. »Wahrscheinlich hatten sie Angst zu sagen, dass ihre Familie die kleine Irusia zu fremden Leuten weggegeben hat. Und deshalb haben sie gesagt, Sie seien gestorben.«

»Ihr Herz hätte es ihr sagen müssen, dass ich noch lebe.

Man sagt, ein Kind sollte man nicht mit einem Hund vergleichen, aber ich erzähle Ihnen, wie das mit meiner Hündin war. Ich musste für einen Monat ins Krankenhaus. Mein Sohn und die Schwiegertochter kümmerten sich solange um das Haus. Sie hatten ein kleines Kind, doch unsere Hündin bellte immer, wenn sie jemanden im Treppenhaus hörte, wie das Hunde eben so machen. Da warfen sie das Tier einfach vor die Tür, weil es das Kind weckte. Die Hündin irrte in der Siedlung herum, suchte nach ihrem Frauchen. Schließlich war sie verschollen. Ich komme zurück und frage, wo meine Hündin ist. Da sagt mir mein Sohn, sie wäre gestorben. Doch ich spürte, dass das nicht stimmte, dass sie noch lebte. ›Wo hast du sie denn vergraben?‹, frage ich den Sohn. ›Ich habe sie in den Müll geworfen.‹ Ich begann zu suchen, ganz systematisch. Schließlich fand ich sie bei einer Frau, die sich ihrer angenommen hatte. Ich weinte und die Hündin vergoss auch Tränen. Und diese Frau und ihre Kinder weinten auch. Sie gaben mir das Tier zurück und bis heute kommen sie uns besuchen.«

Von Irenas Einzimmerwohnung in Gorzów bis zu Martas Haus im serbischen Siokovac fahren wir vierundzwanzig Stunden und zwanzig Minuten. Zuerst mit dem polnischen Fiat von Herrn Stanisław zum Bahnhof, dann die ganze Nacht mit dem Zug zum Warschauer Hauptbahnhof. Dann wieder mit dem Zug bis Belgrad, mit einmal Umsteigen in

Budapest. Weiter mit einem serbischen Bus nach Süden, bis zu der hunderttausend Einwohner zählenden Stadt Jagodina und von dort aus für zehn Mark mit dem Taxi nach Siokovac.

Vor dem Fenster des Zuges die Vororte von Budapest. Noch über vierhundert Kilometer, bis wir bei Marta sind.

Irena zu Ela:

»Tante, meine rechte Hand juckt, warum?«

»Du wirst jemanden begrüßen.«

»Und mein rechtes Auge juckt auch.«

»Dann wirst du weinen.«

»Und ich habe ein Haar im Mund.«

»Das heißt, du wirst jemanden küssen.«

»Stimmt alles, Tantchen«, freut sich Irena. Sie hat Geschenke für die Mutter: Strumpfhosen, warme Unterhosen, Medikamente, polnische Konserven, und das Wichtigste: ein Herz mit der englischen Aufschrift *Cupid from the bottom of one's heart.* Als sie es im Laden gesehen hatte, wusste sie sofort, dass sie es kaufen musste. »Es hat mir am besten gefallen, weil es so von Herzen ist.«

Eine Plastikschachtel in der Form eines Herzens. Innen drin eine Spieluhr mit Deckel – auch in der Form eines Herzens. Hebt man den Deckel an, ertönt Musik und eine Scheibe mit tanzender Ballerina dreht sich. Daneben ein zweiter, kleiner Deckel mit einem goldenen, vom Pfeil durchbohrten Herzen. Darunter ein kleines Geheimfach.

Um zu Marta zu kommen, muss man an der orthodoxen Kirche des Heiligen Sawa abbiegen. Die Serben sagen stolz: »Sawa, unser Heiligtum – Serbiens Ruhm«. Das Taxi fährt in eine nicht asphaltierte Dorfstraße ein. Dann kommt ein mit weißen Steinchen ausgestreuter Weg. Siokovac, ein Bergdorf in der Region Schumadia, hundertdreißig Kilometer südlich von Belgrad, hat zweitausend Einwohner, ein Geschäft, einen Tanzsaal und eine Schule mit vier Klassen. Martas Haus, von Weinreben umrankt, steht in einem Garten. Auf einem Pfad, der mit weißen Steinchen, Ziegelstücken und dem vom Haus abfallenden Putz ausgelegt ist, steht Marta. Gebeugt, auf einen Stock gestützt. Zum Treffen mit ihrer Tochter trägt sie einen gestrickten Pullover, ein Tuch mit bunten Blumen drauf, eine Schürze, die sie den ganzen Tag umhat, graue Strümpfe und Gummilatschen.

Sie versucht zu erraten, welche wohl Ingrid ist.

Sie weinen, umarmen sich, aber irgendwie ungeschickt, als ob Marta nicht verstehen könnte, dass ihre kleine Tochter so groß ist, und Irena, als ob sie nicht glauben könnte, dass dieses ausgemergelte Großmütterchen ihre leibliche Mutter ist.

Dann beginnt Marta zu wehklagen: »Oh Majku! Oh du meine Majku!«

»Hättest du gedacht, dass wir uns doch noch wiedersehen?«, fragt Irena als Erstes.

Marta versteht nicht, Tante Ela muss es auf Deutsch wiederholen.

»Jeden Tag, immer hab' ich an dich gedacht«, antwortet Marta über die Tante.

Sie schluchzen wieder. Am besten spricht Marta Serbisch, etwas schlechter Deutsch und nur ein wenig Polnisch. Wenn sie mit uns redet, bringt sie ständig die Sprachen durcheinander.

»Mir kommt alles durcheinander, wie in einer Zigeunertasch«, lacht sie.

Durch die Küche laufen Mäuse. Marta flucht auf Serbisch und versucht eine Maus, mit dem Schuh zu zertreten. Irena springt voller Abscheu zur Seite.

Marta lebt in größter Armut, im ganzen Haus brennt nur eine Glühbirne. Sie kocht nicht, spart das Brennholz für den Winter auf. Alle Mahlzeiten isst sie kalt. Sie lebt von dem, was sie sammelt und auf dem Basar einnimmt. Jetzt wartet sie, bis die Feigen reif werden.

In Martas Küche, unter dem Ofen, liegen kleine Abfälle zum Feuermachen, daneben ein Stoß dünner Zweige und abgenagte, vertrocknete Maiskolben. Etwas weiter dickere Zweige und dann alles durcheinander: leere Konservendosen, getrocknete Kerne, Papiere, ein bemaltes Osterei aus Holz, Kartons. Die Wände sind schmutzig und rissig. Über den zwei Betten hängen Fotos, die mit Folie überzogen sind, an der Fliegendreck klebt. Auf den Fotos: Marta und ihr jugoslawischer Ehemann Stanoje Vidojevic. Daneben Martas Mutter – Irkas Großmutter – Maria Wrembel im Sarg, 1979. Marta hatte es nicht geschafft zur Beerdigung zu fahren, später schickten ihr die Schwestern das Foto.

»Ich wollte mir die Kehle durchschneiden, als ich Mutter im Sarg gesehen habe.«

Sie hat auch ein Foto vom Vater. Unter Wrembels Nase schaut ein kleiner Schnurbart hervor, gestutzt wie bei Hitler. Damals war das Mode.

»Albert, der Vater, war ein Teufel«, sagt Marta. »Er hat uns viel geschlagen. Jetzt sollte man Vater und Mutter verdreschen, dass sie mein Kind weggegeben haben.«

Durch die offene Küchentür hört man Zikaden.

Marta erzählt ihre Geschichte. Wir sind wieder in *Hohenbirken*, einer kleinen, deutschen, im Wald versteckten Siedlung bei Międzyrzecze.

Eine junge Frau, die älteste Tochter der Wrembels, und wohl die hübscheste, fährt zum Arbeitsdienst. Es ist das Jahr 1941. Sie ist siebzehn Jahre alt und hat sieben Klassen auf einer deutschen Schule hinter sich. Sie hat genug vom Elternhaus, von der Armut und dem Vater, der niemanden in Ruhe gelassen hat und nachts zur Nachbarin rannte. Später hat er dieser Nachbarin sogar ein Kind gemacht und seiner Frau auch. Die Leute lachten, weil Wrembels Frau und seine Geliebte mit dicken Bäuchen zusammen aufs Feld gingen.

Es gab einen Skandal, weil man sich erzählte, Wrembel sei Deutscher, und Pakulska war eine Polin, die im Reich Zwangsarbeit leisten musste. Für die Beziehung zu ihr drohte Wrembel die Ostfront, also ging er eines Nachts über die Wiesen bei Głębokie, dorthin, wo die nächstgelegenen Bahngleise waren. Er legte die Hand auf die Gleise, und die Lokomotive schnitt sie unterhalb des Ellenbogens ab. Später, im Krankenhaus, amputierten sie höher, direkt an der Schulter. Wieder lachten die Leute in *Hohenbirken*, weil Wrembel so dumm war, den Ärmel seiner Jacke hochzukrempeln. Die Deutschen erkannten sofort den Schwindel; dass Wrembel sich selbst verstümmelt hatte, weil die Hand ab war und der Ärmel noch ganz. Doch schließlich entging er der Strafe. Die älteren Einwohner von Międzyrzecze erinnern sich noch an den griesgrämigen Alten, der nach dem Krieg in der Garncarska-Straße wohnte. Er faltete seinen Jackenärmel in der Mitte und warf ihn über die Schulter.

Damals, 1941, ist Marta nicht weit gefahren. Sie arbeitete auf einem Bauernhof bei Berlin. Dort lernte sie Johann kennen, einen großen, blonden Jungen. Er gehörte zu den Malters und war der Neffe der Hofbesitzerin. Angeblich sieht ihm Irena ähnlich. Sie ist auch groß und kräftig, hat helle Haare. Von Marta hat sie die vollen Lippen und die herausstehenden Backenknochen.

Johann war sehr erschrocken, als Marta schwanger wurde, er wollte das Kind nicht. In Berlin kam es zur Welt. »Oh, was hab' ich mich gequält bei deiner Geburt«, sagt Marta zu Ingrid.

Sie brachte das Kind mit dem Zug nach *Hohenbirken*. Es war schon warm, Anfang Juli. Als sie mit einem unehelichen Kind nach Hause kam, wollte sie der Vater umbringen. Zum ersten Mal hörte Marta, wie ihre Mutter den Vater anschrie.

Sie überredete die Eltern, sich um die Kleine zu kümmern, weil sie dort, wo sie arbeitete, kein Kind haben konnte. Sie taufte Ingrid in Międzyrzecze und fuhr wieder zurück. Marta sollte dort auch Johann wiedertreffen, der inzwischen bei der Wehrmacht war. Während eines Heimaturlaubs heirateten sie.

Marta zeigt ihren deutschen Pass. Marta Malter, Beruf: Arbeiterin. Sie hat schon vergessen, wie oft sie Ingrid besucht hatte. Sie erinnert sich nur an das letzte Mal, Ende 1943 oder Anfang 1944. Sie hatte zwei freie Tage erfleht und kam nach *Hohenbirken*. Es war kalt, die kleine Ingrid war krank und Marta blieb. Einen Monat später wurde sie von der Polizei geholt. »Bei uns zu Hause in *Hohenbirken* stand eine weiße Wiege«, sagt Marta. »Das letzte Mal habe ich Ingrid in dieser Wiege gesehen.« Fünfzig Jahre lang hatte sie dann dieses Bild vor Augen: Ingrid in der weißen Wiege.

Sie träumte oft von der Kleinen, aber da hatte immer ihre Mutter das Mädchen auf dem Arm. Marta rief: »Mama, halt das Kind, lass es nicht fallen.«

»Hab' keine Angst«, beruhigte sie die Mutter.

Und dann wachte Marta auf.

Sie wunderte sich, wie die Polizei sie in *Hohenbirken* finden konnte; vielleicht hatte sie einer der Nachbarn denunziert? Sie schleiften Marta aus dem Haus und brachten sie in ein Lager. Den Namen weiß sie nicht mehr. Sie erinnert sich an eine Baracke und dass »alle auf dem Boden schliefen, wie Schweine«. Sie wurden von den Russen befreit.

Marta erfuhr, dass Johann bei Berlin umgekommen war.

Sie versuchte, nach Polen durchzukommen, doch als Angehörige des Reichs, Marta Malter, wurde sie zurückgeschickt.

Sie schrieb Briefe, doch die kamen zurück, weil die Wrembels nach dem Krieg nach Międzyrzecze umgezogen waren. Sie weiß nicht mehr, wie sie nach Ratingen bei Düsseldorf gekommen ist.

Zunächst arbeitete sie in einer Fabrik für Glasgeschirr; sie verpackte es in Kisten. Dann – in einer Motor- und Fahrradfabrik – bereitete sie mit Schmirgelpapier das Blech für die Lackierung vor. Damals kannte sie schon Stanoje, einen Jugoslawen aus Siokovac. Er war Chef der Küche, die für die Alliierten kochte. Sie lernten sich beim Kartoffelschälen kennen. Er war Witwer, seine Frau war gleich nach dem Krieg gestorben.

Von der Fahrt müde, legt sich Irena aufs Bett. »Redet nur weiter und ich werde mich ein wenig ausstrecken, weil's mich umhaut wie einen Arbeiter nach dem Zahltag.«

Stanoje hatte schon drei erwachsene Söhne in Siokovac.

1957 kam der Mittlere nach Ratingen. Er lud den Vater zur Taufe seines Erstgeborenen ein.

Marta dachte, sie würden für acht Tage fahren, aber Stanoje hatte sich Geld geliehen, und für sein ganzes Erspartes kaufte er neue Kleider, Bettwäsche und sogar ein Fahrrad.

Das alles nahm der Sohn mit, damit sie es leichter hatten. Er fuhr früher zurück.

Als sie nach Siokovac kamen, erfuhren Marta und Stanoje, dass die Koffer mit den neuen Sachen auf der Reise verloren gegangen waren. Beide verdächtigten den Sohn, er hätte sie bestohlen. Marta wollte zurück, doch es stellte sich heraus, dass Stanoje in Deutschland unterschrieben hatte, er würde für immer weggehen und nicht mehr zurückkommen. Sie hatten nichts. In Siokovac erinnert man sich an Marta, als sie das erste Mal den mit weißen Steinen ausgelegten Weg entlanglief.

»Sie sah wie ein Star aus«, sagen die Leute. Schwarzes Kleid mit Spitze, ein neuer Hut, schöne Schuhe mit kleinem Absatz und eine Handtasche. Selbst der Beamte, der sie anmeldete, sagte zu Stanoje, er hätte eine wunderschöne Ehefrau mitgebracht, in ganz Siokovac gäbe es keine schönere. Doch was hatte sie davon? Der schöne Star pflügte schon am nächsten Tag einen fremden Acker. Stanoje und sie verdingten sich bei einem Bauern.

Aus Marta wurde Maruscha, die Bauersfrau aus Siokovac. Sie heirateten, eine Hochzeitsfeier gab es nicht. Marta konvertierte zur orthodoxen Kirche. Nach einiger Zeit hatten sie es zu etwas gebracht. Sie besaßen eine Kuh, vier Schweine, fünfzehn Hühner und einen kleinen Weinberg hinter dem Friedhof. Die Leute im Dorf mögen Marta, selbst die Kinder, die wir an der Haltestelle getroffen haben, wussten, wo Oma Maruscha wohnt.

Die jugoslawische Staatsangehörigkeit bekam sie 1969. Dann konnte sie nach Polen reisen. Marta fand ihre Familie in Międzyrzecze wieder. Sie fragte die Mutter und die älteste Schwester, Gertrude, nach Ingrid. Sie sagten, das Mädchen sei krank geworden, sie hätten es ins Krankenhaus gebracht und von dort aus hätte es eine Frau mitgenommen. Man wüsste nicht, wer sie war. Ein anderes Mal sagten sie, Irka würde nicht mehr leben, sie wäre gestorben.

Marta ließ ihre Tochter durch das Rote Kreuz suchen, doch ohne Erfolg. Dann war sie 1983 in Polen, für zwei Tage. Sie weinte und fragte ständig: »Was habt ihr mit meinem Kind gemacht?« Sie hatte keine anderen Kinder, nur Ingrid. Die Ärzte hatten bei ihr eine Geschwulst gefunden und die Gebärmutter entfernt.

Marta sitzt in der Mitte der Küche und stützt sich auf ihren Stock. Sie ist in Gedanken, murmelt etwas auf Serbisch. Irka dreht sich im Bett auf die andere Seite. Draußen ist es schon dunkel. Das Feuer im Ofen wirft Lichtstreifen auf das mit Falten übersäte Gesicht von Maruscha.

Dieses Feuer hatten sie zusammen angezündet, Mutter und Tochter. In dieser Nacht konnten beide nicht einschlafen. Mehrere Male kam Marta in die Küche zurück, setzte sich auf Irkas Bett, streichelte ihr Gesicht. »Ingrid, meine Tochter, mein Kind«, flüsterte sie.

Marta träumte von Gänsen. »Gänschen – weiß und wunderschön.« Sie lief ihnen hinterher, wollte sie einfangen, aber sie schlugen mit ihren großen, weißen Flügeln und rannten davon.

Irena träumte, dass sie ein schönes, weißes Kleid anzogen hatte und so herausgeputzt irgendwohin ging.

Morgens weckt mich Zigarettenrauch, der von Martas Zimmer herüberzieht. Oma Maruscha fängt den Tag mit einer *Partner* oder *Best* an, den in Serbien beliebten Zigarettenmarken. Wenn sie abends zu Bett geht, raucht sie auch eine.

Nach dem Frühstück treffe ich Irena an der Gartenpforte. Sie lehnt am Zaun, der so alt ist, dass er sich zur Straße neigt. Sie schaut auf den kleinen Stall aus Lehm und Häcksel, auf das Haspelrad am vierzehn Meter tiefen Brunnen.

»Wissen Sie, ich hätte nie gedacht, dass ich meine leibliche Mutter in so einem Dreck wiederfinden würde. Das ist doch ein Elend ohne Ende.«

Doch der Garten gefällt Irka. Im rissigen Boden wächst alles. Auch die Gegend gefällt ihr. Die Menschen in Siokovac leben bescheiden. Sie fahren mit alten Traktoren ohne Kabinen herum und mit Autos Marke *Zastawa 750*. Sie verkaufen Weintrauben, Nüsse, Mais, bauen Weizen an. Das Brot im Dorf ist weiß und sehr weich. Die Luft ist rein und klar, am Horizont erkennt man die Berge. Die Menschen sind herzlich, von morgens bis abends werden wir von unbekannten Großmütterchen und Großvätern gegrüßt: »Dobro utro!«

Sie laden uns zu einem guten Kaffee ein, den sie nur in kleinen Tassen trinken. Das Rezept für vier Tassen: Man nehme einen knappen halben Liter Wasser und zwei kleine Löffel Zucker (nachher süßt man den Kaffee nicht mehr). Aufkochen lassen und fünf kleine Löffel gut gemahlenen Kaffee dazu geben. Aufkochen lassen, umrühren und mit dem Bodensatz in die Tassen füllen. Über ihren Kaffee sagen die Serben: »Er ist schwarz wie die Hölle, stark wie der Tod und süß wie die Liebe.«

Stark ist auch Rakija, ein serbischer, selbst gebrannter Schnaps aus Weintrauben oder Pflaumen. Ein Liter bei der Nachbarin Razumenka kostet zwanzig Dinar, also ungefähr zwölf Zloty. Die Flasche muss man selbst mitbringen.

In Siokovac gab es keinen Krieg, nur die Siokovacer Söhne, die ›Soldaten‹, waren in den Krieg nach Bosnien gezogen und kamen nicht zurück. Oder sie kamen zurück und beobachten jetzt misstrauisch jeden Fremden.

Irena gefällt der Friedhof von Siokovac. Als wir zum Grab von Stanoje gehen, haben wir den Eindruck, dass uns dutzende Gesichter beobachten würden. Auf jedem Grab ist ein Porträt oder eine Büste des Verstorbenen. Von Weitem sieht es so aus, als ob das Fotos wären. Erst aus der Nähe kann man erkennen, dass es meisterhafte Zeichnungen auf Stein sind. Gewöhnlich sind es Doppelgräber mit Bildern auf den Grabsteinen; zum Beispiel von Großvater und Großmutter: sie mit Kopftuch weilt noch unter den Lebenden, er mit Mütze liegt schon seit ein paar Jahren unter der Erde. Auf dem Bild des Nachbargrabs spielt einer fröhlich auf dem Akkordeon. Dahinter ein leicht kahler Mann im gestreiften Matrosenhemd. Noch weiter ein nachdenklicher Fünfzigjähriger, der seinen Vierbeiner, einen Boxer, streichelt.

Zwei Gräber weiter findet ein kleines Fest statt. Schon vorhin haben wir auf den Gräbern Löffel, Gabeln und Flaschen bemerkt. Die Familie des Verstorbenen schaukelt auf der Hängekette, die das Grab umringt. Ihre Füße treten die Erde fest, unter der der Tote liegt. Auf dem Grab, wie auf einem Tisch: eine große Torte, Kaffee, Rakija. Sie trinken, reden, die Reste gießen sie aufs Grab.

Solche Feste zu Ehren des Toten gibt es zur Beerdigung, vierzig Tage danach, ein halbes und ein ganzes Jahr nach seinem Tod. Während des ersten Jahres sollten die nahen Verwandten jeden Tag zum Friedhof kommen.

Im Juni hatte Oma Maruscha einen Traum. »Eine weiße Taube flog; hoch und wunderschön flog sie, dann fing sie an, sich nach unten fallen zu lassen, immer tiefer und tiefer kreiste sie. Schließlich setzte sie sich hier drauf«, Marta rückt ihr Kopftuch zurecht. »Dann wachte ich auf und morgens brachte mir der Briefträger einen Brief aus Polen, von Ela.« Als sie den Umschlag aufmachte, fiel ein Farbfoto heraus. Eine Frau, helle Haare. »Vielleicht ist das meine Ingrid, schoss es mir durch den Kopf. Das hab' ich oft gedacht, wenn ich auf der Straße eine Frau gesehen habe, die mir bekannt vorkam.«

Aufgeregt überflog sie den Brief und konnte nichts finden. Doch da bemerkte sie, dass Ela auf der Rückseite des Fotos etwas geschrieben hatte: »Marta, das ist deine Tochter.«

»Da bin ich umgefallen«, sagt Marta.

Jetzt steht das Bild in der Küche auf dem Tisch.

Irka und Marta schauen Fotos an. Sie scheinen sich gut zu verstehen, Tante Ela muss nicht mehr übersetzen.

»Weißt du, wer das ist?«, fragt Irena.

»Ein Mädchen«, sagt Marta.

»Nein, ich bin das, da war ich sechs.«

»Gütiger Gott!«

»Und das?«

»Das bist du.«

»Gut.«

»Und das?«

»Ich weiß nicht.«

»Ich bin das.«

»Mein Gott, wenn Mutter leben würde und das alles sehen könnte.«

»Und das ist Tereska, Violetka und Marysia mit Danusia. Und das ist dein jüngster Urenkel, Bartek.«

Marta küsst die Fotos. »Dass sie immer lebendig, gesund und glücklich bleiben. Mein Gott! Mein Gott!«

Noch vor Kurzem hatte Marta niemanden, jetzt hat sie eine Tochter, drei Enkel und sieben Urenkel.

»Sie hatte keine Familie, nicht einen Menschen«, sagt Tante Ela heiser, »und jetzt kommt man da ganz durcheinander.«

Marta flucht in drei Sprachen.

Wenn sie gute Laune hat, ruft sie: »Jo kukumene, jo kukumene.«

Wenn sie traurig ist, jammert sie: »Majke, majke.«

Die schlimmsten Flüche kommen auf Polnisch: »Du Hurensohn, du elender, Dieb, du Spion.« Die sind für die Söhne von Stanoje reserviert. Sie hasst sie und sagt, sie hätten ihren Mann umgebracht. Vor acht Jahren ist er den ältesten besuchen gegangen und nicht wiedergekommen. Der hatte etwas zu ihm gesagt und Stanoje ist umgefallen, Schlaganfall, war gelähmt, konnte nicht mehr sprechen und starb nach einer Woche. Damals verkaufte Maruscha das Fahrrad, das Radio und den Schrank, damit sie ihren Mann beerdigen konnte.

Später, als sie sich das Bein gebrochen hatte und drei Monate im Krankenhaus lag, haben sie Stanojes Söhne bestohlen. Sie zählt auf, was sie ihr alles genommen haben: zwei Kissen, einen Einkaufskorb, einen Rechen, eine Pflanzenkelle, einen Spiegel, den vorrätigen Zucker und Nudeln, einen Wasserhahn und sechs Meter Gartenschlauch.

Am Abend schaut Cwieta vorbei. Sie kümmert sich um Marta, die sie wie eine Tochter behandelt. Als Marta das Telegramm aus Polen bekam, steckte sie es unters Hemd und hinkte zur Cwieta rüber. Nur ihr erzählte sie, dass ihre Tochter kommen würde.

Cwieta, eine Kroatin aus Split, hatte einen Serben aus Siokovac geheiratet. Vor vier Jahren verlor sie ihren Sohn. Moslemische Bosnier hatten ihn in Frankfurt am Main erschossen, weil er eine Kappe mit serbischen Farben auf dem Kopf trug. Jetzt ist sie gekommen, um Marta den Blutdruck zu messen. Sie legt ihr das Gerät an, macht es lauter, man hört Martas Herz. Irka schiebt den Arm herüber, um ihren Blutdruck zu messen, weil auch sie Probleme mit dem Herzen hat. Im nächsten Moment ein ähnliches Piepsen.

Cwieta: »Das Herz der Tochter ist wie das Herz der Mutter, es schlägt genauso.«

Am Tag der Abfahrt legt Irena morgens zwei Herztabletten auf den Küchentisch, eine für sich selbst, die andere für die Mutter. Den ganzen Vormittag versuchen Irena und Tante Ela Marta zu überreden, nach Polen mitzukommen.

Tante Ela: »Dein Mann liegt zwei Meter unter der Erde, was hält dich noch hier? Fahr zu deiner Tochter.«

»Ich kann nicht nach Polen fahren, denn wenn ich weg bin, werden Stanojes Söhne alles stehlen.«

»Was sollen sie dir denn wegnehmen, wenn du nichts hast außer der Armut?«

Auch die Nachbarin Rada redet ihr zu: »Maruscha, fahr zu deinen Leuten, du bist doch allein. Jetzt läufst du noch, läufst, aber wenn du fällst, wer wird dir dann ein Glas Wasser geben?«

Ich erinnere mich noch an die letzte Szene dieser Reise. Mutter und Tochter stehen auf dem Busbahnhof. Marta, im Blumentuch, legt ihren Kopf auf Irenas Brust. Sie weinen, aber jetzt umarmen sie sich richtig. Hinter ihnen der weiß-rote Autobus mit der großen Aufschrift *Jugoprevoz*.

Ich erinnere mich auch an Maruschas trauriges Gesicht, als sie mir ein paar Worte auf Serbisch beibrachte:

»Wie sagt man auf Serbisch: Mutterherz?«

»Majkino serce.«

»Und: Tochterherz?«

»Cierkino serce. In Serbien sagt man: cierka majkino serce i majka cierkono serce, owako i onako. (Die Tochter ist das Herz der Mutter und die Mutter das Herz der Tochter, so und so.)

1997

DIE ABENTEUER DES BRAVEN SOLDATEN MANFRED

Ich könnte wie Jaroslav Hašek beginnen. »Eine große Zeit erfordert große Menschen. Es gibt verkannte, bescheidene Helden, ohne den Ruhm und ohne die Geschichte eines Napoleon. Eine Analyse ihres Charakters würde selbst den Ruhm eines Alexander von Mazedonien in den Schatten stellen. Heute werdet ihr einen vom Leben erschöpften Menschen antreffen, der selbst nicht weiß, was er eigentlich in der Geschichte der neuen, großen Zeit bedeutet. Bescheiden geht er seines Weges, belästigt niemanden, und auch er wird nicht belästigt von Journalisten, die Interviews von ihm verlangen. Wenn ihr ihn fragen wolltet, wie er heißt, würde er euch schlicht und bescheiden antworten: Ich bin *Malutki*[2]«.

Hätte ihn seine Mutter zwanzig Jahre später zur Welt gebracht, wäre er wahrscheinlich ein Hippie geworden, der das Leben liebt und Schmetterlinge mag. Und wäre er erst vor Kurzem zur Welt gekommen, wäre er wohl ein echter Freak. Einer, der die Freiheit liebt. Immer unterwegs mit einem dieser grünen Leinenrucksäcke.

---

2 der Kleine

Ich habe so eine Ahnung, nein, ich bin mir sicher, dass eines Tages alle Freaks – Hausbesetzer, Punks, Anarchisten, Pazifisten – eine internationale Sammlung organisieren und *Malutki* ein Denkmal setzen werden.

Wie man ihn erkennen kann? Sein Aussehen variiert. Schätzungsweise ist er über siebzig. Mal zwirbelt er seinen Schnurrbart wie Salvador Dali, mal lässt er ihn wachsen wie Kaiser Franz Joseph. Oder der Schnurrbart ist gestutzt, der Kopf vorne kahl und hinten reichen die Haare bis zu den Schultern. Das letzte Mal, als ich ihn sah, trug er wieder einen üppigen, langen Bart bis zu den Hüften, der Kopf war kahl rasiert, doch hinten hing ein kleines Büschel gefärbter Haare.

Soldat Manfred Zänker (24. Pionierbataillon, 154. Infanteriedivision der Wehrmacht) eilte zum Markt, weil man in Sandomierz die besten Erdbeeren am Rathaus bekam. Jeden Tag kam er hier vorbei. Anfang Juni des Jahres 1944 gab es Berge von Erdbeeren. An seinem Rücken hüpfte das Gewehr. Seine Stiefel schlugen fest auf das Straßenpflaster, während er in einem fort das polnische Wort für Erdbeere wiederholte: »Truskawka, truskawka«. Er kannte schon viele polnische Wörter, sogar ganze Sätze: »Ein Mädchen wurde krank und ging zum Arzt ganz bang'; doch dieser sagte ihr: Der Anton saß auf dir.« Der Pionier war zwanzig Jahre alt, er beaufsichtigte Polen, die Schützengräben aushoben. Ein sehr guter Dienst, denn es gab keinen Drill; du sitzt herum und hältst ein Schwätzchen. Sie passten zu sechst auf die Polen auf, aber zu dritt hätte gereicht, weil sowieso keiner abhaute. Manchmal, um die Zeit totzuschlagen, gingen sie aufs Feld und schossen auf Hasen.

Er kann sich noch an sein erstes Langohr erinnern. Auf hundert Meter Entfernung: Zänker zielte, der Hase schlug einen Purzelbaum, lebte aber noch. Pyka gab ihm den Rest und zerbrach dabei seinen Gewehrkolben. Karol Georg Pyka war ein Kumpel aus der Wehrmacht, ein Schlesier aus Kattowitz. Und das Gewehr war eine Mauser 98k, die typische Waffe eines deutschen Infanteristen (Kaliber 7,92 mm, nicht ganz 4 kg, das Magazin für fünf Patronen). Pyka hatte Angst, mit einem kaputten Gewehr in die Kaserne zurückzukehren, also gingen er und Zänker zum nächsten Bauern und baten ihn, die Waffe zu reparieren. Der Bauer sagte nichts, warf den beiden Deutschen nur böse Blicke zu, doch den Kolben reparierte er fachmännisch.

Diesen ersten Hasen nahm Zänker mit nach Sachsen, weil er vom nächsten Tag an Urlaub hatte und nach Hause fuhr. Die Mutter lachte über ihn: »Da fährt er mit einem Hasen durchs ganze Generalgouvernement[3]! Dabei kann ich bei Lehmann auf der anderen Straßenseite gehäutete, mit Speck gespickte Hasen kaufen, fertig für den Kochtopf!«

Als er nach fünf Tagen wieder auf dem Weg nach Sandomierz war, musste er immer wieder an Mutters Ratschläge denken: »Spiel nicht den Helden, denke nur daran, wie du deine Haut retten kannst. Und ernähre dich gesund«.

Er war also auf dem Weg zum Rathaus, um Erdbeeren zu kaufen, und wunderte sich, dass niemand auf der Straße war. Auf dem Markt schaute er in einem Buchladen vorbei. »Oh, Karl May auf Polnisch! Wie viel kostet der?«, fragte Manfred.

Die junge Verkäuferin antwortete nicht, blass schaute sie zu der Mauer des Rathauses. Erst jetzt bemerkte er, dass der Markt leer war; weder Händlerinnen noch Erdbeeren, nur eine riesige rote Pfütze vor dem Rathaus.

Eine Hinrichtung; wieder hatten sie irgendwelche Polen erschossen. Die Leichen waren schon weggebracht worden.

Zbigniew Kabata, einst Professor an der *Simon Fraser University* in Burnaby, Kanada, heute im Ruhestand, ist ein weltberühmter Parasitologe (beschäftigt sich mit Parasiten

---

3 Das von deutschen Truppen ab 1939 besetzte Gebiet Polens, das dem Deutschen Reich nicht eingegliedert wurde.

der Meeresfische) und wohnt auf *Vancouver Island* in der Stadt Nanaimo, was in der Sprache der Indianer ›Quelle der Macht‹ bedeutet. Vor Jahren hat Professor Kabata die Vorgänge während einer Partisanenaktion niedergeschrieben, die vor einem halben Jahrhundert das besetzte Sandomierz erschüttert hatten. 1943 war Kabata neunzehn Jahre alt und so jung, wie er aussah, bekam er bei den Partisanen das Pseudonym *Bobo*. Er war bei der berühmten Abteilung *Jędrusie*. Abgesehen von dem Kampfbataillon des legendären *Hubal* war das die erste Partisanengruppe in Polen.

Im Oktober 1943 bekam die Jędrusie-Abteilung von der AK[4] den Auftrag, Gestapospitzel Zygmunt Gaszyński zu liquidieren, der trotz eines im Untergrund längst gefällten Urteils immer wieder entkommen war. Die Aktion sollten *Bobo* und *Fala* (Janusz Lipski, ein erfahrener Untergrundkämpfer) ausführen. Fünf Tage lang folgten sie dem Spitzel. »Wie soll der Mensch durch die Stadt laufen, wenn er kilometerweit nach Wald stinkt. Ich trug eine zerschlissene, weiß-rot karierte Hose und Stiefel, die aussahen wie eine Ziehharmonika.« Der Sandomierzer Spionagedienst der AK informierte die beiden, dass der Spitzel am Sonntag, dem 24. Oktober an einem Fußballspiel teilnehmen würde. Die örtliche Wehrmacht spielte gegen die Genossenschaft *Rolnik* in Sandomierz. Die Zuschauermenge war mit uniformierten Soldaten aus den umliegenden Kasernen gespickt. Alle Unteroffiziere trugen kurze Feuerwaffen. Es stand 2:2 als *Bobo* und *Fala* eintrafen. »Ich fühlte jeden einzelnen Muskel in mir. Lauf weg, lauf weg, du wirst sterben – pochte es in meinem Kopf.« In der Pause wurden die Spieler von den Zuschauern umringt. »Ich hatte schon den Spielfeldrasen unter den Füßen, war ganz nahe an der Mannschaft, in der Gaszyński alle um einen Kopf überragte. Von der anderen

---

4 Abk. für Armia Krajowa, zu Deutsch: Heimatarmee. Polnische Untergrundarmee im Zweiten Weltkrieg, die sich gleich nach der Kapitulation Polens 1939 (zunächst unter anderem Namen) formierte und gegen die deutschen Besatzer kämpfte.

Seite näherte sich gerade seine Frau. Eine schlanke Blondine mit einem melodischen Gang. Über die Köpfe der anderen hinweg warf sie ihm ein Päckchen zu, das er mit einer geschickten, sportlichen Handbewegung auffing. Es waren Äpfel. Er verteilte sie unter seinen Kollegen. Wir drängten uns vor. [...] Nur noch ein kleiner Junge, dahinter der massive Rücken. Mit einer Hand schob ich den Jungen zur Seite, mit der anderen griff ich in die Jackentasche. Die Pistole war schon entsichert. Der Lauf beschrieb einen kleinen Bogen. Rundherum ängstlich aufgerissene Augen und Münder. Schuss, Schuss in die Wirbelsäule«.

In der allgemeinen Panik gelang es *Bobo* und *Fala* zu fliehen. Im Laufschritt kamen sie zu ihrem Waldquartier zurück und sahen aus der Ferne, wie im Stadion erschrockene Spieler und der Schiedsrichter in seinen dunkelblauen Shorts auf dem Rasen herumliefen.

Als *Bobo* auf Gaszyński schoss, war Soldat Manfred Zänker dreihundert Meter vom Stadion entfernt. Er saß in der Kasernenbaracke und las *1000 Wörter auf Polnisch*. Seit er ein Kind war, konnte er Fußball nicht ausstehen. Später erzählten die Kameraden, dass polnische Banditen vor den Augen des ganzen Bataillons einen Spieler getötet hätten.

Manfred Zänker hat heute drei Adressen. Eine gemütliche, kleine Wohnung im bayerischen Kaufbeuren. Eine Einzimmerwohnung im Zentrum Berlins. Und die dritte Adresse, oder vielleicht die erste, ist das Zimmer 196 (mit Dusche und Kühlschrank) im Sanatorium *Włókniarz* in Busko Zdrój. Ich habe ein paar Tage im Zimmer 195 gewohnt. Seit neun Jahren kommt Zänker hierher. Er zahlt fürs ganze Jahr im Voraus. Wenn er nicht da ist, betritt niemand sein Zimmer. An den Wänden Fotos: von den früheren Chanson- und Schlagerstars Anna German und Krzysztof Cwynar, vom Kulturpalast in Warschau. Dann AK-Partisanen: *Bobo* Kabata, *Roszak* aus der Abteilung von *Stary*. Das Foto eines Schmetterlings. Und dann noch eine

Verordnung des Zaren Peter I.: »Der Untergebene sollte vor dem Antlitz des Vorgesetzten ein elendes und beschränktes Aussehen annehmen, damit er mit seiner Auffassung der Dinge den Vorgesetzten nicht durcheinanderbringe.«

Zänker ist gerade achtundsiebzig Jahre alt geworden. Er lebt allein, vor dreißig Jahren haben er und seine Frau sich scheiden lassen. Zwei erwachsene Söhne wohnen in Berlin, die Tochter Gabriela arbeitet für einen Touristikkonzern und begleitet Urlauber, wenn sie auf Kamelen umherreiten.

Zänker spricht ganz gut Polnisch und hervorragend Russisch. Während unseres Gesprächs mischte er beide Sprachen. Er fluchte auf Russisch; neun Jahre hatte er in Sibirien verbracht. Doch eins nach dem anderen, bei Manfred Zänkers Lebenslauf kann man leicht durcheinanderkommen.

Ein Deutscher aus Sachsen. Geboren 1924 in Bautzen. Der einzige Sohn von Oswin Zänker, einem im Landkreis Bautzen bekannten Nazi, der bei der örtlichen NSDAP politischer Leiter für Handel und Handwerk war. Am 1. Mai 1934, einem Feiertag der Nationalsozialisten, ließ Oswin den zehnjährigen Manfred beim Jungvolk – dem Kindergarten der Hitlerjugend – einschreiben. Der Junge lehnte sich auf, weil er Drill hasste. Dafür liebte er die Natur, sammelte Schmetterlinge und beobachtete Vögel. Doch der Vater glaubte fest daran, dass eine Karriere nur dann möglich sei, wenn man zur NSDAP gehörte. »Er wollte das Beste für mich. In seiner Kindheit hatte er selbst die Eltern verloren. Er hat eine Lehre als Schmied gemacht, während der Weimarer Republik war er einfacher Feldwebel bei der Armee. Erst nach der Machtergreifung Hitlers 1933 ging es für ihn aufwärts. Er hatte ein Geschäft: Bettwäsche, Kissen, Federbetten – alles, was man für ein Bett braucht. Als Kunden in den Laden kamen, die wir kannten, sagte ich wie immer: ›Guten Morgen‹, doch Vater griff nach meinem Arm, hob ihn hoch und befahl mir, ›Heil Hitler!‹ zu sagen.«

Als Manfred im März 1938 wie alle anderen Vierzehnjährigen vom Jungvolk zur Hitlerjugend wechselte, hatte Hitler gerade Österreich besetzt. Mittwochs und samstags fanden nach dem Schulunterricht Lehrgänge über die Nationalsozialistische Partei statt. Der Träumer Manfred, der mit seinen Schmetterlingen beschäftigt war, hasste das: »Was ging mich irgendein Putsch von Hitler in München an?«

Jeden zweiten Sonntag, um acht Uhr früh, wurden hundert Knaben aus der HJ über einen Platz gejagt: »Achtung! Werft euch nieder!«, schrien ihre Kommandanten, die nur ein paar Jahre älter waren. Wenn der junge Zänker nicht hinging, kamen sie angerannt und beschwerten sich bei seinem Vater.

Im März 1939, als Hitler die Tschechoslowakei besetzte, flog der kleine Manfred von der Schule, weil er zusammen mit einem Schulfreund dem alten Langweiler von Englischlehrer an Fastnacht einen dummen Streich gespielt hatte. Die Jungen hatten Feuerwerkskörper auf der Haustreppe des Lehrers verteilt – vom Erdgeschoss bis zum letzten Stockwerk. Manfred drehte die Sicherung raus und sein Freund zündete die Lunte. Es war die Hölle. Eine Frau wurde ohnmächtig. Der Lehrer verdächtigte die Bäckerlehrlinge aus der Nachbarschaft, die seiner Tochter nachstiegen. Doch ein Junge aus Manfreds Klasse verriet die beiden Missetäter und der Direktor sagte: »Zänker, du bist es nicht wert, auf diese Schule zu gehen.«

Ein Jahr lang, während Hitler nacheinander Polen, Belgien und Frankreich besetzte, machte Manfred ein Praktikum in einem Warenhaus. Doch es sah nicht so aus, als ob der Junge ein guter Kaufmann werden würde, also holte ihn der Vater wieder nach Hause und als Hitler die Sowjetunion angriff, besuchte Manfred das Gymnasium.

Im Februar 1942, als Manfred Zänker achtzehn Jahre alt wurde, bekam er die schriftliche Aufforderung, sich bei einem Arbeitstrupp in Hexengrund bei Danzig zu melden. Manfred beschloss zu fliehen. »Immer nach dem Mittagessen döste Papa ein Stündchen auf dem Sofa. Ich lag auf einem zweiten und zwischen uns stand ein Stuhl mit Vaters

Sakko, in dem seine Brieftasche steckte. Jeden Tag nahm ich eine Banknote heraus; zehn, zwanzig, fünfzig Mark. Über zwei Monate kam eine ganz schöne Summe zusammen.«

Anstatt nach Hexengrund zu fahren, stieg Manfred in einen Zug Richtung Schweiz. »Ich wollte um Asyl bitten. Solche Ideen können nur einem Achtzehnjährigen einfallen«, lacht Zänker und sein Lachen ist ansteckend und ein wenig verrückt. »Die Schweizer hätten mich doch wieder den Deutschen übergeben.«

Er fuhr nach Bregenz am Bodensee. Sie schnappten ihn an der ›Grünen Grenze‹. Dann saß er drei Monate im Gefängnis von Feldkirch. »Wissen Sie, ich hatte Glück, dass Vater ein NSDAP-Funktionär war und genug Kohle hatte. Er engagierte einen guten Anwalt. Dem Richter versuchte ich ganz gerissen weiszumachen, dass ich gar nicht auf der Flucht gewesen war, sondern mich über die Schweiz und Marseille zum Afrikakorps durchschlagen wollte, um an der Seite von Marschall Rommel zu kämpfen.«

Zwei Österreicher, die zusammen mit Zänker gesessen hatten, bekamen für ihren Fluchtversuch zwei Jahre Zwangsarbeit. Er aber sei ein harmloser Fantast, erklärte der Richter. Er gab ihm drei Monate – wobei die Zeit im Arrest angerechnet wurde – und ließ ihn nach einer Woche wieder laufen. Damit Manfred nicht gleich wieder abhaute, holte ihn der Vater, zusammen mit dem Kommandanten des Arbeitstrupps in Frauenstein bei Dresden, aus dem Gefängnis ab. Das war am 9. November, dem Jahrestag des Münchner Putsches von 1923, einem Volksfeiertag. Auf dem Münchner Bahnhof verfolgten die Menschen gebannt eine Rede Hitlers, die im Radio übertragen wurde. Alle Arme nach oben gestreckt, tiefe Rührung. Nur Manfred verzog das Gesicht, als der Führer zu kreischen begann. Wahrscheinlich wurde ihm damals klar, dass er diesen Hitler schon lange nicht mochte. Vielleicht wegen des Vaters, vielleicht auch wegen des Drills.

In Frauenstein war er sieben Monate. Feldarbeit und Drill. Er simulierte Fieber, indem er am Thermometer rieb. Das ist gar nicht so leicht. »Es muss siebenunddreißig Komma sieben Grad sein, na, höchstens Komma acht.« Zänker zwirbelt an seinem Schnurrbart. »Das reicht, damit man nicht zum Dienst muss. Aber auf keinen Fall achtunddreißig Grad, weil sich dann der Puls verändert, was leicht zu prüfen ist.«

Doch der Feldscher glaubte ihm nicht. Er holte Zänker ins Arztzimmer, gab ihm das Thermometer und beobachtete ihn. »Miss jetzt. Oh, normale Temperatur! Zänker, du Simulant, ab zur Arbeit!«

»Doch ich war nicht blöd. Ich kaufte in der Apotheke das gleiche Thermometer für vier Mark. Auf der Toilette rieb ich in aller Ruhe an ihm, steckte es unter die Achsel und ab zum Feldscher: ›Ich bin krank, Herr Doktor.‹

›Na dann setz dich mal, du Früchtchen‹, und er gibt mir das Thermometer. Ich hatte jetzt zwei unter der Achsel und zog das heraus, an dem ich vorher gerieben hatte.

Wieder konnte ich faul herumliegen, anstatt zum Dienst zu gehen. Wenn Temperatur gemessen wurde, wechselte ich einfach das Thermometer aus. Sie wussten nicht, was mir fehlte und brachten mich ins Stadtkrankenhaus. Ich wurde von Ordensschwestern betreut. Wenn mir der Arzt auf den Bauch drückte – ›Tut's da weh?‹ – schrie ich so laut, dass es das ganze Krankenhaus mitbekam. Ich habe so ein Theater gemacht, dass sie vermuteten, mein gesunder Blinddarm sei entzündet, und schickten mich in ein Krankenhaus nach Freiburg.«

Während Zänker in Frauenstein an Thermometern rieb, begannen die Deutschen an der Ostfront schwer einzustecken. »Und nach der Niederlage in Stalingrad«, erinnert er sich, »hatte ich schon keinen Blinddarm mehr.«

Er kam im Juni von dem Arbeitstrupp zurück und am 26. Juli 1943 wurde er Soldat des 24. Pionierbataillons

(154. Infanteriedivision), das in Riesa bei Dresden stationiert worden war (die Alliierten waren schon auf Sizilien,
bei Kursk hatten die sowjetischen Panzer mit der Gegenof-
fensive begonnen). Da sagte er sich: Manfred, es hat keinen
Sinn jetzt abzuhauen, weil sie dich erschießen oder ins Kon-
zentrationslager stecken werden.

Wie bei jeder Armee kamen zunächst die Schulungen
und Übungen dran. Aus den verschiedenen Bereichen der
Pionierarbeit entschied sich Manfred für Sprengstoff, weil
er dabei nicht so schwer arbeiten musste wie zum Beispiel
beim Bau von Brücken oder Übergängen. Der Drill hielt
sich auch in Grenzen. Zänker musste nur gut zuhören, um
später nichts durcheinanderzubringen. Es wurde gezeigt,
wie eine Hundertgrammladung eine Birke umhaut. »Es gab
eine graue, lange und eine rote, kurze Zündschnur. Die eine
brennt langsam, der Meter in zehn Sekunden, aber die andere ist ein roter Teufel; bei ihr knallt es sofort!«

Anfang September wurde das Pionierbataillon nach
Przemyśl verlegt, einer Festung aus dem Ersten Weltkrieg.
Wieder Drill und Übungen, und wieder rieb Manfred am
Thermometer. Es klappte; zwei Wochen durfte er im Laza-
rett liegen. »Ein Engel muss mir geholfen haben, weil der
Oberarzt gekommen ist und mehrere Kranke – mich eingeschlossen – ins Militärsanatorium nach Krynica geschickt
hat. Wissen Sie, dorthin, wo die Villa von dem berühmten
Opernsänger Jan Kiepura steht. In dem Sanatorium waren
zweihundert Kranke und leicht Verletzte von der Ostfront.
Man behielt uns ein paar Wochen da und dann ging's wieder an die Front. Ich habe dort hervorragend gelebt«, kichert
Zänker. »Nach der Kur hatte jeder Kranke noch zwei Wochen Heimaturlaub und bekam zwei Tage für die Reise, zusammen sechzehn Tage. Ich habe alles ausgenutzt. Während
eines Dienstjahres bei der Wehrmacht im Generalgouvernement war ich vier Mal im Urlaub, nur das Gewehr und die
Uniform störten ein wenig.

Vater freute sich immer, dass er mich lebend wiedersah,

doch er sagte ständig: ›Wir müssen kämpfen, Manfred!‹ Aber einmal hörte ich heimlich mit, wie er sich mit seinen Kollegen unterhielt: ›Wenn wir den Krieg verlieren, dann müssen wir uns den Strick umlegen.‹ Viele haben das getan. Auch Vater hat sich erhängt, im Oktober 1945, in seinem Zimmer.«

Tadeusz Pfeiffer aus Sandomierz sah Zänker zum ersten Mal, als er vor dem Bataillonsstab Wache hielt und den Eingang kontrollierte; ein Riesenkerl mit dem Gesicht eines Kindes. Einmal hatte Manfred eine Polin reingelassen, die flehte, sie müsse zum Kommandanten. Es war verboten, Zivilisten ohne Befehl durchzulassen. Der Kommandant schrie über den ganzen Flur: »Welcher Idiot hat sie reingelassen? Zänker! Zänker!« Manfred bekam fünf Tage Arrest.

Vor Kurzem bin ich mit Manfred nach Sandomierz gefahren. Wir gingen zusammen mit Pfeiffer in ein Restaurant am Markt. Die Ortsansässigen nennen Herrn Tadeusz den heiligen Franziskus von Sandomierz. Er füttert alle obdachlosen Tiere, ist der Vorsitzende der Sandomierzer Gesellschaft der Tierfreunde und der Chef der Sandomierzer Kombattanten. Zänker bestellte eine polnische Mehlsuppe und Pfeiffer erzählte beim Tee.

Das Pionierbataillon aus Riesa, das im September 1943 von Przemyśl verlegt worden war, sollte in Sandomierz Schützengräben ausheben. Die Deutschen nahmen Polen zum Graben und brauchten für die Registrierung der Leute und die Dokumentation jemanden, der Deutsch sprach. Der Spionagedienst der AK im Bezirk Sandomierz schickte den jungen Pfeiffer, der seit 1940 für ihre Abteilung arbeitete. Seine Mutter Irena führte einen Mittagstisch in der Żeromski-Straße. Sie war im Untergrund die Stellvertreterin des Nachrichtendienstleiters. Wenn die Jungs aus dem Wald auftauchten, um einen Spitzel zu erledigen, holten sie sich die Waffe bei Frau Irena. Die AK gab Pfeiffer den Befehl, den Bataillonsstab zu erkunden und Pläne des Gebäudes anzufertigen, falls man während der Aktion *Burza*[5] Sandomierz hätte einnehmen müssen.

»Einmal sprach mich Manfred an, ob ich ihm einen Brief auf Polnisch schreiben könnte, weil er während seiner Wache ein hübsches Mädchen gesehen hatte; die schöne Hania. Er war sehr verliebt. Er diktierte mir die Briefe und wenn sie zurückschrieb, übersetzte ich sie ins Deutsche. Damit fing es an.«

»Hania war so alt wie ich«, Zänker wischt sich die Suppe vom Schnurrbart. »Sie machte mir Tee, manchmal ein belegtes Brot. Ihre Mutter saß dabei und unterhielt sich mit uns.«

»Er sagte mir nicht direkt, dass er mit zwei Kumpeln aus der Wehrmacht abhauen wollte«, erzählt Pfeiffer, »aber er zeigte mir die Briefe seiner Mutter. Sie gab ihm klar zu verstehen, dass er sein Leben retten sollte. Wir begannen zu reden. Er hat ja eine slawische Seele: leichtgläubig, sensibel, gefühlsbetont. Mein Chef, Major Leon Torliński, Offizier im Spionagedienst mit Konspirationsnamen *Kret*, war vor dem Krieg in Deutschland tätig. ›Halt deine Begeisterung im Zaum, Tadeusz, das muss man mit kühlem Kopf angehen‹, sagte er, als ich ihm berichtete, dass ich einen Deutschen an der Angel hätte, der zu unserer Seite wechseln wollte. Lange beobachtete ich Manfred, verwickelte ihn in Gespräche, um herauszufinden, was er wirklich über den Krieg und Hitler dachte. Er war zwanzig Jahre alt und noch sehr naiv und kindlich. Ich musste die Informationen vorsichtig dosieren, weil er so furchtbar enthusiastisch war. Als er schon wusste, dass er zu den Partisanen gehen würde, stürzte er in die Kantine meiner Mutter, packte sie an der Taille und rief: ›Frau Irene, wir gehen in den Wald!‹ Er konnte uns alle auffliegen lassen. Seine zwei Kumpel aus der

---

5 Sturm: Aktion der AK, die den Warschauer Aufstand am 1.8.1944 einleitete.

Wehrmacht, den Schlesier Pyka und Robert Thomann aus Lothringen, ließen wir nichts über den Untergrund wissen. Manfred dagegen war beim Nachrichtendienst.«

Kret sprach mit Manfred das erste Mal Anfang Juni 1944, ein paar Tage nachdem der Soldat Zänker auf dem Markt Erdbeeren kaufen wollte und am Rathaus die Blutlache gesehen hatte (am 6. Juni waren die Alliierten in der Normandie gelandet).

Schon damals war Zänker fest entschlossen. Sie trafen sich in der Kantine von Frau Pfeiffer, weil man von dort aus in drei verschiedene Richtungen flüchten konnte. *Kret* stellte harte Bedingungen; drei der neuesten Maschinengewehre MG-42.

»Sie fragen, warum ich mich dann später im Wald mit Pyka geschlagen habe?«, Zänker streicht sich über den langen Bart. »Eine dumme Geschichte. Diese Knarren zu besorgen war sehr leicht. Von der Baracke unserer Kompanie bis zum Zaun waren es ungefähr fünfzig Meter. Die erste MG-42 brachte ich gleich nach Mitternacht nach draußen, in der Kaserne war es dunkel, alle schliefen. Es war die neueste Erfindung der deutschen Armee. Das Gewehr feuerte tausendzweihundert Mal in der Minute. Die Kompanie hatte ungefähr sechs davon. Sie standen an der Wand neben den Schlafenden, denn jeder Schütze musste seine Waffe bei sich haben. Ich wickelte das Gewehr in eine Decke und ab über den Zaun. Dort warteten Partisanen mit zwei Wagen. Dann noch mal zwei MGs, alles in allem zwanzig Minuten und das war's. Damals muss ich nicht nur einen, sondern ein paar Schutzengel gehabt haben, weil niemand wach wurde. Es lief so gut, dass ich noch fünf Walther-Pistolen P38 rausgebracht habe. Die Munition für die MGs war leider im Magazinlager eingeschlossen. Nachdem ich alles rausgetragen hatte, gab ich meinen Kumpeln ein Zeichen. Wir warfen Decken auf den Stacheldrahtzaun und schon waren wir auf der anderen Seite.

Später hat Pyka meine Brieftasche gestohlen. Wahrscheinlich dachte er, ich hätte die Gewehre den Jędrusie-Jungs verkauft und würde jetzt viel Geld haben. Dabei habe ich das doch nicht fürs Geld gemacht, nicht einen Groschen habe ich dafür genommen. Ich wusste, dass es Pyka war, weil er im Wald neben mir geschlafen hatte. Ich griff nach der Pistole: ›Gib es zurück!‹. Ich wollte ihm nur Angst einjagen. ›Ich mach dich fertig, du Lump, du verdammter Hurensohn‹. Ich jagte ihn über den ganzen Wald, bis zur kleinen Lichtung, wo er die Brieftasche verbrannt hatte. Die Reste von meinen Dokumenten lagen noch herum.«

Hauptmann *Tarnina*, der Befehlshaber des Bataillons, war böse. ›Ihr seid Soldat, Zänker, solche Sachen dürft Ihr nicht machen.‹ Ich bekam fünf Stockhiebe auf den Hintern; das war so eine Partisanenstrafe.«

Sie waren am 13. Juli 1944 aus der Wehrmacht geflohen (eine Woche später legt in der Wolfschanze bei Rastenburg, heute Kętrzyn, Oberst von Stauffenberg eine Zeitbombe unter Hitlers Tisch. Der Führer überlebt, auf die Verschwörer wartet der Metzgerhaken). Morgens um neun schon waren Pyka, Thomann und Zänker im Quartier der Jędrusie-Partisanen, in dem fünfzig Kilometer von Sandomierz entfernten Smerdyn. Zänker erinnert sich an ein riesiges Stück Butter auf einem Tisch; von einem Überfall auf die Molkerei. Das kleine Dorf war für seine hervorragende Wurst und für köstlichen selbst gebrannten Schnaps bekannt. Ein Metzger, der im Untergrund sehr aktiv war, versorgte mehrere Dörfer in der Gegend.

Zänker bekam bei den Partisanen zwei Pseudonyme: *Manfred* und *Malutki*. An seinem ersten Tag bei den Polen hat jemand ein Foto gemacht. Das einzige Bild von *Malutki* als Partisan. Er sitzt am Tisch mit den Jędrusie-Kämpfern. Alles junge Männer, neunzehn, zwanzig Jahre alt. Nur *Inspektor*, alias Stanisław Wiącek (mit weißer Mütze) war damals schon neunundzwanzig Jahre alt. Nach dem Krieg wurde er vom UB[6] festgenommen. Er wurde zum Tode verurteilt, hat aber ›nur‹ neun Jahre abgesessen. Er überlebte, weil ein Bekannter bei der Staatsanwaltschaft über Jahre seine Akte immer wieder an die unterste Stelle des Stapels legte, und so das Urteil nicht vollstreckt wurde. Nach der Amnestie 1956 war er Direktor einer Transportgenossenschaft in Pabianice. Er starb 1992. Sein älterer Bruder *Sowa* befehligte eine Partisanenabteilung nach dem Tod des ersten Kommandanten, dem legendären *Jędruś*; Stanisław Jasiński.

Der mit dem Becher in der Hand, das ist *Andrzej-Konar*, Andrzej Skowroński. Später war er Anwalt in Łódź. Er lebt nicht mehr.

Tadek-Łebek, Tadeusz Szewera (der mit der Mütze). Er hat gern gesungen, nach dem Krieg gab er *Der Wind soll es weitertragen* heraus, eine Sammlung von Soldaten- und Partisanenliedern. Er arbeitete beim Polnischen Radio in Łódź, heute ist er Rentner.

Mieczysław Korczak, *Dentysta*, zog den Kameraden die Zähne. Er publizierte seine Erinnerungen: *Ein Leben am seidenen Faden*. Jetzt setzt er Zänker Zahnimplantate ein, weil in Deutschland ein Implantat zweitausend Mark kostet und beim Kumpel aus der Partisanenzeit fünfhundert Zloty.

Marian, Piotr Sierant, wohnt in den USA. Historiker, Autor einer Monografie über das 2. Infanterieregiment der AK, in die im Sommer 1944 die Gruppe Jędrusie eingegliedert wurde. Sein Buch *Die blutige Niederschlagung des Widerstands im Dorf Strużki*, das 1998 herausgegeben wurde, hat ›der deutsche Antifaschist Manfred Zänker‹ mitfinanziert.

Die ehemaligen, heute noch lebenden Jędrusie-Partisanen wissen nichts über Pyka, Pseudonym *Ślązak*. Er hat sich nach dem Krieg nicht mehr gemeldet.

Thomann, *Robert,* schloss sich im Herbst 1944 – als seine Abteilung am Fuße des Heiligkreuzgebirges das Quartier

---

6 Abk. für Amt für Sicherheit (Staatssicherheitsdienst)

aufgeschlagen hatte – der Spitze der sowjetischen Landungs-
truppen an. Sie überschritten die Front zur deutschen Seite. »Wir sagten: ›Warte mit uns das Ende des Krieges ab‹«,
erinnern sich seine Kameraden. »Doch er hatte es eilig, sein
Mädchen in Ostrowiec wiederzusehen. Er vertraute den
Russen, doch die ließen ihn ein Stück mitlaufen und dann
erschossen sie ihn. Die riskierten nichts, er sprach doch
Deutsch.«

Unten auf dem Foto sitzt *Walter* mit seinem Exekutions-
kommando. Sie führten Urteile aus, die im Untergrund gefällt wurden. Nach dem Krieg reiste *Walter* - Józef Bojanow-
ski – nach Frankreich aus. Nach seiner Rückkehr schleifte er
Bernstein, förderte es und hatte eine Firma, die damit handelte. Er wohnt in Oliwa bei Danzig, in der Nachbarschaft
von Präsident Wałęsa.

Es war *Walter* mit seinen Jungs, der in der Nacht die drei
Wehrmachtsflüchtigen und die neuen MG-42 zum Quartier der Partisanen brachte.

»Das waren Schmuckstücke, das Visier hat man mit zwei
Händen bedient«, erinnert sich *Babinicz*; Jerzy Lech Rolski. »Die Waffen kamen zu dem Kompaniezug mit den
MGs. Der Kommandant war *Bobo* Kabata, der Dichter der
Jędrusie-Partisanen. In *Bobos* Zug waren die beiden *Franzosen*, wie wir sie nannten. *Edmund*, Edmond Klenck, und *Jerzy*, Charles Roesch, beide Elsässer. Auf dem Foto stehen sie
in der Mitte. Sie sind im Frühling 1944 aus der Wehrmacht
abgehauen – zwei Meister des Maschinengewehrs. Wenn
sie kämpften, gaben sie alles. Manchmal gingen sie an der
Spitze, weil sie Deutsch konnten. Wenn sie auf Deutsche
trafen, erzählten sie ihnen, sie hätten sich verlaufen. Dann
erstachen sie sie still und heimlich und gaben uns Bescheid,
sobald der Weg frei war. *Jerzy* erwischte es bei Tychowo,
doch er kam durch. Einmal besuchte er mich in Warschau,
er kam mit seinen Tischtennisjungs. Er war der Trainer der
französischen Nationalmannschaft. *Edmund* ist Salesianer,
lebt irgendwo bei Toulon. Sein Herz hatte er in Padwa bei

Tarnobrzeg gelassen. Er verliebte sich in ein Mädchen, das für ihn die Flucht aus der Wehrmacht organisierte. *Ziuta* war Verbindungsfrau bei der AK. Sie wollten heiraten, doch nach seiner Flucht wurde *Ziuta* von jemandem aus der Wehrmacht verraten. Ihr Bruder starb nach dem Verhör, sie selbst wurde drei Monate lang gefoltert. ›Durchs Fenster spüre ich den Geruch der Traubenkirsche, das Leben ist doch schön‹, schrieb sie in ihren Kassibern. *Edmund* sagte, sie sei für ihn gestorben. Nach dem Krieg tauschte er die Uniform gegen ein Priestergewand.«

Nach der Flucht kochte es in Sandomierz. Drei Deserteure und drei MGs! Aus Radom kam die Gestapo. Sie buchtete Pfeiffer ein, doch der wusste sich zu wehren; er beschuldigte den Kommandanten der Pioniere, einen alten Preußen mit Schnurrbart und Bauch, er würde mit Gewalt einen Schuldigen suchen, weil er sich vor der Ostfront fürchte.

Kurz danach wurde das Bataillon aus Riesa von den Russen bis zum letzten Pionier niedergemetzelt.

»*Malutki* war in der schlimmsten Zeit bei uns«, sagt Rolski, *Babinicz*. »Täglich gab es Kämpfe. Die Deutschen hatten diese Eindecker; das waren Flugzeuge, die hoch über den Wäldern aufstiegen und ganz leise, mit ausgeschaltetem Motor, wie Storche kreisten. Diesen Flieger konnte man nicht hören, aber er konnte alles sehen. Wenn er eine Gruppe ausfindig machte, flogen Granaten. Einmal waren wir gerade auf einer Wiese beim Essen. Da tat's einen Schlag direkt in den Eimer mit der Grütze. Splitter mit Grütze. Sie haben keine Ahnung, wie man sich mit gekochter Grütze verbrühen kann, die klebt auf der Haut wie Plastik.«

Zänker marschierte mit den Partisanen dem brennenden Warschau zu Hilfe. Aktion *Burza*. Über dreitausend Kämpfer aus den Wäldern, formiert zur 2. Infanteriedivision der AK-Legionen (darin die 4. Kompanie Jędrusie). Sie kamen bis nach Pilica. Doch dort hat sie das Oberkommando der AK zurückgeschickt. Weil es hinter Pilica keine Wälder mehr gab und die schlecht ausgerüsteten Partisanen ohne Luftabwehrwaffen von den deutschen Fliegern niedergemacht worden wären.

Zänker erinnert sich an die Belagerung im Heiligkreuzgebirge: Ringsherum die Deutschen und ein Flugzeug, das von der Sonne her angeflogen kam. Es ratterte aus der MG. »Einen Moment lang konnte ich das Gesicht des Piloten sehen. Ich lag hinter einem Baum und betete, dass die Nacht bald kommt. Damals flohen wir in kleinen Gruppen aus der Umzingelung und hielten uns an die, die den Wald gut kannten.

Die Jędrusie-Jungs haben schön gesungen«, sagt Zänker. »Da war so ein Kazik, *Śpiewak*, nach dem Krieg gab er Konzerte, sogar in der DDR. Alle ruhten sich aus, doch er sang: ›Dieser Tango ist für dich, für dich spiele ich …‹«

Bobo Kabata brachte Zänker die Hymne der Abteilung Jędrusie bei:

Wer den Tod bindet an das Leben
Der kann pfeifen auf die Welt, ganz unbesonnen
Uns schreckt nicht der Germanen Macht und Streben
Denn die Kugel, die uns trifft, ist willkommen

(Text: *Bobo*, Melodie nach Motiven von *Wir lagen vor Madagaskar*).

Jeden Abend sang *Malutki* mit den anderen das Gebet: »Oh Herr, der Du thronst im Himmel königlich, erhebe Deine gerechte Hand, von überall bitten wir Dich, um unser polnisches Heim, um Kraft, damit wir Polen befrei'n. Oh Gott, zerschlage das Schwert, das peinigt unser Land. Gib uns wieder ein freies Polen, geliebtes Vaterland …« In seinem Zimmer im Sanatorium hat er es auch für mich gesungen. »Glauben Sie mir jetzt, dass ich bei den Jędrusie-Partisanen war? Ha, ha, ha. Und nach dem Gebet gingen wir in die Scheune schlafen. Jeden Tag betete ich zu Gott, dass ich diesen beschissenen Krieg überlebe.«

Rolski, *Babinicz,* erzählt: »Manfred lernte die ganze Zeit Polnisch. Er hatte ein Wörterbuch, fragte die Jungs. Manchmal foppten sie ihn; später sagte er etwas zu einem Mädchen und die haute ihm eine runter.

Einmal überfielen wir ein Magazin in Radoszyce und nahmen zwei Säcke Zucker mit. Einen für die gemeinsame Kompanieküche, den zweiten luden wir im Kompaniezug auf einen Geschützwagen für Panzerabwehr. Da sagte *Malutki:* ›Eier!‹. In den Dörfern kauften wir Eier und steckten sie unter die Hemden, die aus blauem Fallschirmstoff genäht waren. Manfred hat uns beigebracht, wie man Zuckerei machte: Er verquirlte dreißig Eigelb mit Zucker, bis sie eine köstliche gelbe Masse ergaben. Der ist nicht hungrig rumgelaufen. Er latschte beim Bauern rein: ›Haben Sie Eier und Zucker?‹ Er hat alles eingesammelt, verrührt und dann gegessen.

Wir waren auf dem Rückweg von der Schlacht in Dziebałtów; damals hatten wir die Artillerie angegriffen. Dort liegen zwei Dörfer nebeneinander: Niebo[7] und hinter dem kleinen Fluss Piekło[8]. In Piekło war niemand, alle waren in der Kirche. In den Dörfern schlossen die Leute die Häuser nicht ab. Ich setze mich auf ein Bett und spüre etwas Warmes. Unter der Bettdecke lagen ganze Brote. Die Bauern kommen zurück. ›Gelobt sei der Herr, Mütterchen. Wir würden gern etwas Brot haben, wir haben zwei Tage nichts gegessen, kommen von einer Schlacht zurück.‹

›Ich habe kein Brot, ich habe nichts.‹

Da heben wir die Bettdecke hoch. ›Mütterchen, sechs Laibe Brot werden wir nicht mitnehmen, aber einen zur Strafe, dass Ihr lügt.‹ Mit Sahne spülten wir es herunter, aus einer Milchkanne, die an einer Schnur im Brunnen hing. So war es in Piekło, wir haben uns wie Diebe benommen. Manchmal ging es nicht anders. Später zahlten wir mit Dol-

---

7 Himmel
8 Hölle

lars, weil die Verwundeten zwanzig Dollar pro Monat von der AK bekamen.«

Babinicz wurde schwer verwundet, kam aber wieder auf die Beine.

»Mit Manfred gab es keine Konflikte deswegen, weil er Deutscher war oder weil er nicht geschossen hat«, erinnert sich Rolski. »Man beschimpfte ihn nicht als ›Schwaben‹, weil die Abteilung Jędrusie international war: Deutsche, Russen, Ukrainer, Franzosen, zwei Juden, und der Koch war ein echter Tatare.«

Babinicz erinnert sich, dass die Franzosen auf *Malutki* ein wenig herabschauten. Anfangs war er im Kompaniezug von *Bobo*, doch er schoss nicht, weil er sich mit Maschinengewehren nicht auskannte. »Ich mag ihn, weil er ein intelligenter Bursche ist und ein Original, wir sind befreundet. Doch als Partisan war er ein Klotz am Bein! Er und Pyka haben nur gefressen und geschissen. Sie lungerten herum, anstatt zu kämpfen. Das ist gefährlich. Wir greifen die Deutschen an und diese beiden bleiben zurück und man muss auf sie aufpassen. Am Anfang wussten wir doch nicht, ob sie zu uns gekommen waren, um sich zu verstecken, um zu kämpfen, oder um uns zu bespitzeln.«

Bei den Partisanen hatte *Malutki* eine Sten; eine Neunmillimeter-Maschinenpistole, aus den englischen Abwürfen, und eine Walther für Offiziere (7,65 mm). Er erinnert sich an zwei Partisanenaktionen – eine bei Koprzywnica und eine bei Osiek. Am 28. Juli 1944 stöberte ein Erkundungstrupp der Jędrusie-Kämpfer eine Wehrmachtsabteilung bei Koprzywnica auf. Die Soldaten saßen in der Schule, ihr Lager war neben dem Friedhof. »Wir wollten die Wagen mit den Lebensmitteln und mit der Munition mitnehmen, doch aus der Schule ratterten die MGs«, erinnert sich *Malutki*. Ich lag auf der Erde, hinter einem Grabstein. Ein paar Kugeln zischten ziemlich nah an mir vorbei. Doch sie trafen nicht, ha, ha.«

»Haben Sie geschossen?«

»Musste ich nicht. Die Nacht war dunkel, man konnte niemanden sehen.«

»Haben Sie überhaupt irgendwann geschossen?«

»Jetzt hören Sie mal«, *Malutki* wird ungehalten. »Wenn ich Auge in Auge mit dem Feind stehen würde, mit einem Deutschen, der mich töten will, dann würde ich schießen. Aber so eine Situation gab es nicht. Weder bei der Wehrmacht noch bei den Partisanen musste ich auf einen Menschen schießen.«

»Bei der Abteilung Jędrusie gab es viele intelligente Leute; *Bobo*, Piotr Sierant …«, erklärt Tadeusz Pfeiffer. »Er wollte *Malutki* in keinen Gewissenskonflikt bringen; in eine Situation, in der er auf die eigenen Leute hätte schießen müssen. Man wollte ihn moralisch nicht kaputt machen. *Malutki* wusste doch am besten, wie viele gegen ihren Willen bei der Wehrmacht waren. Wissen Sie, dass die Jungs ihm polnische Lyrik beibrachten?«

»Auf einem Hügel erhob sich mitten im solchen Land von Birkengehölz umgeben an eines Bächlein Rand ein Herrenhaus …«[9], rezitierte Zänker auf Polnisch, zufrieden, dass ich nicht mehr nach dem Schießen fragte. »Das ist Mickiewicz, mein Herr. Und das Kraszewski: ›Es lebten einst zwei Alte: Beide schon greis, gebrechlich …‹«, er ließ sich nicht unterbrechen, »›… Der Tod muss frieren, pochen‹«, und er rezitierte bis zum Schluss: »›So könnt er Jahre harren in Regen, Wind und Wetter, doch ließ er sich nicht narren, tät' rein zum Schornstein klettern[10].‹«

»Der dramatischste Moment bei den Partisanen?«, Zänker streicht sich über den kahlen Kopf. »Ich glaube in Biały Ług bei der Familie Matecki, als ich hörte: ›Deutsche, die

---

9 Aus: *Pan Tadeusz* von Adam Mickiewicz (Herr Thaddäus oder Der letzte Eintritt in Lithauen, Übers. Siegfried Lipiner, 1882)
10 Aus *Dziad i baba* von J.I. Kraszewski (Die beiden Alten, Übers. Elli Baumsetzer,1956)

Deutschen kommen!«« Sie suchten Partisanen. Anfang Oktober 1944 brach bei der Abteilung Jędrusie die Ruhr aus. Auch *Malutki* wurde krank. »Das war dann nicht mehr zum Lachen. Wissen Sie, da fließt ihnen richtig Blut aus dem Hintern. Die Kranken wurden bei den Bauern auf dem Land versteckt.«

Stefania Matecka-Pacuła, Pseudonym *Zdzisław*, trägt ein Barett und steht kerzengerade da; vor Kurzem wurde sie zum Leutnant befördert: »Wenn die Partisanen aus dem Wald kamen, dann kochten meine Schwester und ich schnell etwas, damit sie was Heißes in den Magen bekamen. Und da sehe ich: In der Küche steht so ein Riesenkerl, zerzaust und ganz schwarz. Schweiß rinnt ihm übers Gesicht. Sie sagten, das sei ein Deutscher aus der Jędrusie-Abteilung, der der Wehrmacht drei Maschinengewehre gestohlen hat. Auf dem Dachboden hatten wir Betten aus Birkenholz. Zwei Wochen hat er dort gelegen. Ein Doktor aus Radoszyce hat ihn wieder geheilt. Ein guter Mensch, der auch nachts zu den Kranken fuhr. Die Partisanen haben ihn erschossen; sie hielten ihn für einen Deutschen auf dem Motorrad. Alle zwei Wochen fuhr ich mit dem Pferdewagen nach Ruda Pilczycka, um bei der SS zu melden, dass bei uns Partisanen waren. Das musste man. Ist doch klar, dass bei uns täglich Partisanen waren. Man wusste nie, wer am nächsten Morgen aus der Scheune kommen würde; einer von den Jędrusie-Jungs, einer von der AL[11] oder noch ein anderer.

Am 27. Oktober, als die Schlacht in Biały Ług war, wurde ein riesiges Loch in unsere Hauswand gerissen. Was es doch heißt, ein wenig Glück zu haben! Stellen Sie sich vor, ich habe gerade Brot gebacken und hatte einen vollen Backtrog mit frisch angerührtem Brotteig. Ich ging kurz aus der Küche ins Zimmer und in diesem Moment schlug eine Granate ein Loch in die Küchenwand. Ein Splitter blieb im Bild der

---

11 Abk. für Armia Ludowa, zu Deutsch: Volksarmee. Polnische kommunistische Partisanenarmee, die erst Anfang 1944 gebildet wurde und teils mit der AK konkurrierte, teils gemeinsam mit ihr kämpfte.

Mutter Gottes stecken. Ich wäre gespickt gewesen wie ein Hase mit Schrot.

Wohnen konnten wir dort nicht mehr, wir kamen mit den Knechten nur zurück, um das restliche Getreide zu dreschen.

Einmal hat uns *Malutki* dort besucht. Wir tranken Tee aus Konservenbüchsen, weil die Soldaten von Wlassow alles zertrümmert hatten. Im Nebenzimmer füllten die Leute das Korn in die Säcke. ›Deutsche!‹ schreit plötzlich ein Junge vom Hof herüber. Fünf SS-Männer aus Ruda Pilczycka waren schon vor dem Haus. Auf einem großen Braunen saß dieser SS-Hauptsturmführer, dem ich immer gemeldet habe, dass Partisanen da waren. Na, die hatten den richtigen Zeitpunkt erwischt, der Schlag sollte sie treffen. Der Deserteur Zänker, steckbrieflich gesucht, beim Nachmittagstee, in seinen deutschen Pionierhosen. Sekunden. Ich stellte einen Mehlsack vor Manfred, so dass seine Hose nicht zu sehen war; er hielt den Sack und die Knechte füllten Korn rein. Ich schnappe mir einen SS-Mann und führe ihn in die Küche, um ihm das Loch in der Wand zu zeigen. Ich habe noch gesehen, wie Manfred den Ausweis zeigt und ›Wahrschawa‹ sagt, so hart, dass mir das Herz stehen geblieben ist, doch die Deutschen haben das nicht bemerkt. Diesen Ausweis eines Aussiedlers aus Warschau hatte *Malutki* gerade einen Tag zuvor bekommen. Davor hatte er überhaupt keine Papiere gehabt. Ich führte den Deutschen in den Hof und er bot mir eine Zigarette an. Meine Finger zitterten. Damals rauchte man die Marke *Schmal*, ich schaffte bis zu hundert Stück am Tag. Sie fuhren wieder.«

An der Stelle, wo das Haus der Mateckis stand, ist heute ein Denkmal, das an die Schlacht in Biały Ług erinnert. Und irgendwo in der Nähe ist eine Flasche mit Zänkers Dokumenten, die die Matecka in der Erde vergraben hat. Er hatte sie ihr damals zur Verwahrung gegeben. Beurteilungen der Schule; Papiere, die belegen, dass man ihn für die Flucht in die Schweiz aus der Hitlerjugend ausgeschlossen hat. Und dass er kein Recht auf ein Kriegsabitur hätte, es sei denn, er würde die entsprechende Haltung dem Feind gegenüber zeigen. Diese Papiere hatte er *Kret* gezeigt, als er aus der Wehrmacht fliehen wollte.

»Warum ich den SS-Männern einen Gaul gestohlen habe? Hören Sie«, Zänker bewegt seinen riesigen Schnurrbart hin und her, »in der Jędrusie-Abteilung waren ungefähr hundertfünfzig Mann und höchstens zwanzig Pferde. Ständig marschierten wir durch Wälder. Das war nicht angenehm. Ich habe mir gesagt, wenn sich eine Gelegenheit bietet, werde ich ein Pferd besorgen. Ich war geschwächt. Nach der Ruhr bekam ich die Krätze und eine Lungenentzündung. Gute Menschen gaben mir heiße Milch mit Wodka und Honig. Dann musste ich aber zurück in den Wald. Ich wusste, dass die SS-Männer in Ruda Pilczycka Pferde hatten. Ich dachte mir, dass Weihnachten alle mit Essen und Trinken beschäftigt sein werden. Der Stall war ungefähr zweihundert Meter vom Haupthaus des Guts entfernt. Was sich so ein junges Hirn alles ausdenken kann! Auf dem Weg dorthin schaute ich im Forsthaus vorbei. Schon an der Türschwelle brüllte ich: ›Gebt mir etwas Weißes!‹. Erschrocken gaben sie mir ein Laken. Ich warf es über und lief weiter wie ein Geist. Damals waren die Winter schneereich. In den Stall fiel etwas Mondlicht. Ich bemerkte einen wunderschönen, großen Braunen. Später sagten mir die Leute, dass es das Pferd des Grafen war, ruhig und gehorsam. Der SS-Kommandant ist mit ihm geritten. Ich führte das Tier in den Wald und galoppierte dann nach Radwanów. Was sich das Pferd dachte weiß ich nicht, wahrscheinlich: ›Na gut, dann mal los.‹ Der Wald war wunderschön, die Zweige mit Reif bedeckt. Ich lachte in mich hinein. Ich denke, ich hatte damals nicht nur einen, sondern viele Schutzengel, denn als der Wald zu Ende war und die Wiesen von Radwanów anfingen, rutschte der Braune aus und ich flog wie ein Korken aus der Flasche. Als ich aufwachte, lag der Braune am Boden und streckte alle

Viere von sich. Es dauerte lange, bis ich ihn wieder auf die Beine bekam. Er hinkte ein wenig. Wahrscheinlich dachte er: ›Es war doch ein Fehler, dass ich mit diesem Herrn mitgegangen bin‹«, kichert *Malutki*.

Teresa Hauke-Pacewiczowa aus dem Zug von *Stary* erinnert sich, wie *Malutki* nach Heiligabend 1944 auf dem Braunen angeritten kam. Er hat Eindruck gemacht. Nur *Stary*, Józef Wyrwa, und sein Sohn *Orlik* hatten damals Pferde in der Abteilung.

Die Partisanen behandelten *Malutki* wie einen gutmütigen Sonderling. Während der Rast schaute sich jeder nach einer Kartoffel oder einer Scheibe Brot um, er dagegen suchte nach Hafer für seinen Braunen. Doch lange ist *Malutki* nicht geritten. Am 17. Januar 1945 kamen die Russen. »Plötzlich waren sie überall, wie ein Ameisenhaufen. Sie plauderten mit uns, waren nett, doch dann ertönte ein kurzer Pfiff und sie griffen nach unseren Gewehren. So entwaffneten sie uns. Die Pferde nahmen sie uns auch weg.« Im Dorf Wisy stellten sie die Partisanen in einer Reihe vor der Kirche auf und platzierten hinter der Gardine im Fenster eines Hauses gegenüber ein Maschinengewehr. Es ratterte nicht los. Wahrscheinlich deshalb, weil zu viele Menschen gekommen waren, um die Partisanen und die Rotarmisten zu begrüßen. *Malutki* stand nicht in der Reihe. Er gab vor, ein Engländer zu sein, wie ihm seine Kameraden aus der Abteilung geraten hatten. Der Fähnrich Zdzisław Filingier, *Roszak*, hatte ihm seinen Militärmantel und die Mütze mit dem kleinen Adler gegeben, damit er mehr nach einem Partisan aussah.

Roszak hatte *Malutki* zum letzten Mal gesehen, als ihn die Russen zum Wagen führten. Er war sicher, dass *Malutki* umgekommen war, weil ihm zwei Wochen später die Einwohner von Wisy dessen Grab am Waldrand zeigten. Sie erzählten, dass die Russen diesen Riesen aus der Abteilung Jędrusie – *Malutki* war fast zwei Meter groß – an der Scheune fertiggemacht hätten.«»Ich wollte *Malutki* exhumieren lassen. Ich dachte, ich würde ihn an den Knöpfen meines Mantels wiedererkennen.«

Nach dem Krieg hat niemand etwas von *Malutki* gehört. Anfang der Sechzigerjahre waren die Mitarbeiter der Zentralen Gärtnergenossenschaft, bei der Stefania Matecka-Pacuła, *Zdzisław*, arbeitete, auf einem Betriebsausflug in Dresden. »Ich habe den Busfahrer gebeten, kurz in Bautzen anzuhalten. *Malutki* hatte immer von dem Textilgeschäft seiner Eltern erzählt. Ich fand den Laden, aber es war gerade Mittagspause. Die Friseurin nebenan sagte, dass der Sohn von Frau Zänker den Krieg überlebt hätte und jetzt in Berlin Übersetzer für Russisch wäre. Vor lauter Freude darüber, dass er noch lebte, gab ich ihr eine Dose Nivea-Creme. Damals war das unser Exportartikel.«

1997 hörte *Zdzisław* im Radio, dass ein Deutscher, der bei den polnischen Partisanen gewesen war, eine Dame suchen würde, die ihm das Leben gerettet hat. Sie rief bei dem Sender an.

Nachdem der russische Offizier mit *Malutki* ins Auto gestiegen war, sagte er zu seinen Leuten: »Behandelt ihn wie einen Verbündeten.« Zänkers Gefährten hörten das nicht mehr.

»Ich wusste, dass ich weder als Soldat der AK überleben würde, weil ich schlecht Polnisch sprach, noch als Deutscher. Kopfschuss«, Zänker streicht sich über den langen Bart.

»Ich bin britischer Fallschirmspringer«, hatte er auf Englisch gesagt und zeigte zum Himmel. Der Russe kannte nur ein paar englische Worte und glaubte ihm. Als sie *Malutki* nach seinem Rang fragten, sagte er: Leutnant. Also aß er mit dem Kommandanten und den Offizieren. Sie sprachen nicht mit ihm, weil sie die Sprache nicht kannten, aber sie behandelten ihn freundlich. Sie tranken keinen Wodka und waren ständig beschäftigt. Das war eine Abteilung der Flugabwehr. »Niemand beachtete mich, ich ging in verlassene Häuser rein und schaute, ob es dort etwas zu Essen gab. Ich fand einen großen, warmen Pelz. Ich entfernte mich nicht weit, damit sie nicht ohne mich abfuhren. Bei ihnen war ich sicher. Drei Wochen fuhr ich mit ihnen herum. Bis mich ein junger Leutnant mit einem Jeep nach Częstochowa brachte. Er war sichtlich zufrieden: ›Du hast Glück, du kannst zu deinen Leuten zurück.‹ Er führte mich zu einer Villa. Die Tür öffnet sich und da stehen sechs echte Engländer in Uniformen«, lacht Zänker. »Sie fragten, woher ich käme. ›I'm from Cardiff‹, sagte ich so gut ich konnte. Ich habe acht Jahre Englisch in Bautzen gelernt. Und Cardiff gab ich deshalb an, weil die Schüler unseres Gymnasiums im Sommer nach England gefahren sind und die Engländer kamen nach Bautzen. So ein Austausch. Im Sommer 1939 kam ein Junge aus Cardiff zu uns und Hans, mein Klassenkamerad, ist dann zu seiner Familie gefahren. Hans hat es noch geschafft, vor dem 1. September zurückzukommen, doch den Engländer haben die Deutschen festgehalten. Statt eines Monats saß er sechs Jahre in Bautzen. Er wohnte bei Hans, und seine Eltern schickten ihm während des ganzen Krieges Geld übers Rote Kreuz. Also hatte ich schon viel über dieses Cardiff gehört.

Die Engländer hörten bei mir sofort einen fremden Akzent heraus, und befahlen mir, alle Haltestellen zwischen Cardiff und London aufzuzählen. Darauf ich: ›Sorry, I don't know‹«, kichert *Malutki*. »Wieder schwebten viele Schutzengel über mir. Denn hätten mich damals die Engländer wieder an die Russen zurückgegeben, dann hätten die mich gleich fertiggemacht. Sie dachten bestimmt, dass die Rote Armee ihnen einen Spion untergeschoben hätte.«

Und so haben die Russen einen gebürtigen Deutschen, den polnischen Partisanen *Malutki*, für einen Engländer gehalten, und die Engländer hielten ihn für einen russischen Spion.

»Nach ein paar Tagen verlegten die Russen mich und die Engländer nach Moskau. Wir flogen mit einer kleinen Maschine auf dem Boden sitzend bis Lwów und Kiew, wo wir für ein paar Tage Halt machten. Offiziere und Zivilisten stiegen zu. Ab Kiew fuhren wir mit dem Zug weiter. Seit dem Gespräch in Częstochowa sprachen die Engländer nicht mit mir. Wir aßen und schliefen zusammen, aber es fiel kein einziges Wort.

In Moskau las ein sowjetischer General mit goldenen Schulterklappen von einem Zettel unsere Namen ab. ›Zänker‹ auch, und sie brachten uns zur britischen Botschaft. Die Botschaft aß gerade an einem großen Tisch zu Mittag. Mich setzten sie auch dazu, füllten meinen Teller und ich habe mich satt gegessen. Doch nach dem Mittagessen verhörten sie mich. Der Offizier der englischen Militärmission schrie mich so laut an, dass ich mir dachte: Manfred, mach jetzt nicht einen auf Engländer, sondern sag die ganze Wahrheit. Nur dass mir der Engländer die Wahrheit nicht glauben wollte. Sie schlossen mich in der Bibliothek ein.

Zwei in schwarzen Mänteln und Pelzmützen mit roten Sternen holten mich ab. Wieder fuhren wir durch Moskau. Als sie die Mäntel auszogen, sah ich die Rangabzeichen vom NKWD[12]. Hauptmann Mironow und Major Winogradow. Einer führte das Verhör, der andere übersetzte. An der Wand hing ein großes Porträt von Feliks Edmundowitsch Dserschinskij. Sie fragten, ob ich wüsste, wo ich sei. Woher sollte ich das wissen? ›Das ist das Volkskommissariat für Staatssicherheit, das *Lubianka*-Gefängnis.‹

Sie nahmen mir meine Kleider weg, schauten sogar in den Hintern rein. In *Lubianka* saß ich sieben Monate. Wenn sie mich verhörten, sagte Winogradow immer wieder: ›Du lügst, du Schwein.‹ Oder: ›Das sieht nicht gut aus, das sieht nicht gut aus.‹ Aber sie schlugen mich nicht. Später habe ich in der Sowjetunion nie wieder so ein sauberes Gefängnis gesehen. Holzparkett. Täglich gaben sie uns eine Bürste und

---

12 Volkskommissariat des Inneren, u.a. für politische Überwachung zuständig (1934-1946)

wir mussten die Böden polieren. Ich saß zusammen mit Russen, mit einem russischen Juden und mit einem deutschen Funker, der in meinem Alter war. Er ist mit schwarzen Spionageflugzeugen ohne Erkennungszeichen geflogen. Hinter dem Ural machten sie Aufnahmen von Rüstungsfabriken. Im Herbst 1944 wurden sie bei Astrachan geschnappt, als sie eine Sabotagegruppe rüberbrachten. Er wurde nach Paragraf 58,6 verurteilt, für das schwerste Verbrechen: Spionage.«

Malutki bekam den gleichen Paragrafen, aber nur für kurze Zeit, weil im Frühling 1945 die Rote Armee Bautzen einnahm und der NKWD die Version des Spions Zänker überprüfte. Sie waren in seinem Haus, bewunderten die Schmetterlingssammlung. Er hatte die Wahrheit gesagt. Doch sie ließen ihn nicht frei, den Paragrafen 58,6 änderten sie in den Paragrafen 7,35 um: ›socjalnoopastnijeelement‹ – sozial gefährliches Element. Fünf Jahre Sibirien, wie für gemeine Diebe, Kriminelle und alle Unbequemen.

Am 19. Oktober 1945, als im amerikanischen Gefängnis in Nürnberg Göring und zwanzig anderen – ›den größten deutschen Kriegsverbrechern‹ – die Anklageschrift überreicht wurde, rupfte Zänker hinter Nowosibirsk bereits riesige Futterrüben aus der Erde. ›Suslowskoje oddielnie‹: viertes Nebenlager, zwölf Grad unter Null. Ein paar Tage später fiel Schnee. Der von den Gefängnisaufenthalten geschwächte Zänker bekam eine schwere Lungenentzündung.

Nach Neujahr wurden die Kranken auf einen Schlitten gepackt. »Nur Schnee und Steppe, Schnee und Steppe, und die schwarzen Punkte, das waren Wölfe«, erzählt *Malutki*.

Zwei Jahre verbrachte er in einem Lager für Invaliden mit viertausend Kranken: viele ohne Arme, ohne Beine oder blind. Der Lagerhäftling Zänker lag mit Tuberkulose in der siebzehnten Baracke. »Nur Lungenkranke. Der Sanitäter war ein Häftling, ein österreichischer Jude. Er wusste immer, wen er in der nächsten Nacht ins Leichenhaus bringen würde. Er hängte an den großen Zeh ein hölzernes Schild: Name, Paragraf, Urteil, Alter, Sterbedatum.

Auf der Pritsche neben Zänker lag auch ein Tuberkulosekranker, ein Ungar, Imre Peitl. 1945 musste in der Nähe seines Dorfs ein amerikanisches Flugzeug notlanden. Imre und sein Freund rannten hin. Die neugierigen Männer wollten etwas abmontieren. Der NKWD erwischte sie dabei: Hände hoch! Neun Jahre Sibirien.

Zänker und Imre konnten die Baracke Nummer siebzehn aus eigener Kraft verlassen. Die Lagerkommission stellte fest, dass die Tuberkulose nicht mehr akut war. Eineinhalb Jahre nähten sie Fausthandschuhe für Holzfällerbrigaden. Und als die Kommission festgestellt hatte, dass Zänker wieder vollkommen gesund war, wurde er bei der Kartoffelernte eingesetzt.

Nachdem er zweieinhalb Jahre abgesessen hatte, wurde der Lagerhäftling Zänker im September 1947 zum zweiten Mal verurteilt. Sieben Jahre für den Diebstahl von sieben Kilogramm Kartoffeln. Insgesamt hat er acht Jahre im sowjetischen GULAG verbracht. Bei Irkutsk fällte er drei Jahre lang Bäume und zimmerte Holzschwellen für die Bahngleise. Einige Zeit arbeitete er bei der Zuckerausgabe im Lager. Er war sogar Vorarbeiter der Wasserträger in den Lagern bei Marinsk. Sie belieferten die weibliche und die männliche Zone mit Wasser. »Ich hatte Zugang zur weiblichen Zone«, Zänker streicht sich über den Bart. »Das war nicht schlecht, verstehen Sie? Man konnte eine Frau haben. Später bei Irkutsk gab es das nicht. Da waren die Frauen von den Männern völlig getrennt.«

Nach Stalins Tod im März 1953 wurde eine Amnestie erlassen, unter die auch der Lagerhäftling Zänker fiel.

Er hatte fast das ganze Urteil abgesessen und kehrte am 28. Dezember 1953 tuberkulosekrank nach Bautzen zurück.

Zänker machte Abitur, doch in der DDR hielt er es nicht

lange aus und floh nach Westberlin. Im Zug lernte er seine spätere Frau kennen. Als DDR-Flüchtling wurde er wieder überprüft, doch nach zwei Monaten Beobachtung bekam er fünftausend Mark Entschädigung für die Lager und man schlug ihm vor, sich in Berlin niederzulassen.

Dort begann er ein Theologiestudium, doch er gab es schließlich auf, seine Verlobte war schwanger. Dann polierte er vier Semester lang als Slawistikstudent sein Russisch. 1959 wurde er Dolmetscher der Berliner Bürgermeister. Zänker fing bei Willy Brandt an, der bis 1966 Berlin regierte. Die ganze russischsprachige Korrespondenz von Bürgermeister Brandt ging durch die Hände von Zänker, *Malutki*. Dann kamen noch die Bürgermeister Albertz und Schütz und 1977 die vorgezogene Rente.

1986 besuchte Manfred seinen Freund aus dem Lager. Er fuhr mit dem Fahrrad nach Ungarn, von Bayern sind das fast neunhundert Kilometer. Er blieb dort ein paar Jahre wegen einer schönen Ungarin, die dreißig Jahre jünger war als er. Er wollte heiraten und bemühte sich um die ungarische Staatsangehörigkeit. Zusammen mit Imre sah er im Fernsehen den Fall der Berliner Mauer.

»Polen ist ein Land, das man auf einem guten Pferd an einem Tag durchqueren kann«, zitiert *Malutki* einen russischen Ausspruch. Anfang der Neunzigerjahre begannen seine Reisen nach Polen. Er besuchte seine Freunde aus der Partisanenzeit. Eine Weihnachtsfeier der AK in Kielce, ein Treffen der ehemaligen Jędrusie-Kämpfer in Staszów. Die alten Partisanen singen ihm ›Hoch soll er leben‹, er sitzt in der Mitte. Kahl, mit langem Schnurrbart wie Dali, und mit buntem Halstuch.

»Damals war er begehrt«, lächelt Rolski, *Babinicz*. »Er war die Hauptattraktion: Deutscher, Partisan und ein Original. Wenn er trank, musste er mit einer Hand seinen riesigen Schnurrbart halten. Für die Bürgermeister, die Dorfältesten war er die wichtigste Person. Er bekam den Ehrenplatz am Tisch und sie sagten: Antifaschist, hat gegen Hitler gekämpft. Dass er sich eigentlich im Gebüsch versteckt hat, das sagte niemand. Ich kenne einen, der *Malutki* die Hand nicht geben würde, weil er ein Deserteur ist und Desertion kann ein Jędrusie-Kämpfer nicht billigen.«

»Aber das Partisanenkreuz hat er bekommen?«

»Weil er es verdient hat. Jeder, der bei den Partisanen war, bekommt es. *Malutki* ist doch auch in dem Verzeichnis der 4. Kompanie der AK.«

Als sie sich nach Jahren wiedertrafen, riet Tadeusz Pfeiffer seinem alten Kumpel, er solle es nicht so herumposaunen, dass er beim polnischen Untergrund gewesen war, weil die Deutschen ihm die Rente streichen könnten. »Ich dachte in unseren Kategorien. Doch ich irrte mich. Vor drei Jahren zahlte die deutsche Regierung jedem, den die Nazis verurteilt hatten, siebeneinhalbtausend Mark Entschädigung. Manfred auch, weil er wegen Desertion zum Tode verurteilt worden war.«

Malutki sieht die Sache ganz klar: »Ich bin nicht freiwillig zur Wehrmacht gegangen. Hitler und sein Gefolge waren Verbrecher. Zwölf Jahre lang betrogen sie die Deutschen und andere Völker. Sie schickten mich an irgendeine Front, also wäre ich ein Trottel gewesen, wenn ich nicht desertiert wäre und stattdessen mein Leben für einen Geisteskranken aufs Spiel gesetzt hätte. Ich meine, dass ein Schwur, den ich auf einen Geisteskranken leisten muss, mich zu nichts verpflichtet. Jetzt gibt es in Deutschland mindestens zwanzig große Denkmäler zur Erinnerung an den Unbekannten Deserteur. Willy Brandt kämpfte in der norwegischen Armee auch gegen die Deutschen. Er hatte sogar die norwegische Staatsangehörigkeit.«

Kret, Troliński, dekorierte *Malutki* mit dem *Kreuz der AK,* und 1998 überreichte ihm der polnische Botschafter in Berlin das Partisanenkreuz, unterschrieben von Präsident Kwaśniewski. Zur Feier lud *Malutki* seine ehemaligen Gefährten nach Berlin ein. Die polnische Hymne. *Malutki* mit langen, hinten zusammengebundenen Haaren, in karierten

Hosen und Sandalen. Dazu der Blouson der AK und eine weiß-rote Armbinde.

»Der Botschafter sagte: ›Kaum einer der Kämpfer der AK ist aus Sibirien zurückgekommen. Aber Manfred Zänker kam zurück‹«, freut sich *Malutki.*

Zänker ordnet seine Dinge. Auf dem Grabstein – schwarzer Marmor aus Südafrika, beim Steinmetz in Bautzen bestellt – ließ der Lutheraner Zänker, neben seinem Namen, den vier Vornamen und dem AK-Pseudonym *Malutki,* ›Frohe Ostern‹ auf Polnisch einmeißeln. Weil er fest an die Wiederauferstehung glaubt. Die einzige polnische Grabinschrift auf dem alten, deutschen Friedhof, ein paar Schritte von seiner Berliner Einzimmerwohnung entfernt. »Das ist meine vierte Adresse«, scherzt *Malutki.*

Schon vor Weihnachten hat er im Sanatorium *Włókniarz* für das ganze nächste Jahr bezahlt. Er besucht immer wieder die Kameraden von früher, in der Gegend von Kielce kennen ihn alle. Schüler, Taxifahrer, Sekretäre der Gemeindeämter. Oft schreibt er Briefe an *Bobo* in Kanada und an *Marian* in den USA. Das polnische *Amt für Angelegenheiten der Kombattanten* hat ihm die Rechte eines Kombattanten erteilt; er zahlt für Züge und Busse den halben Preis. Wenn er noch die polnische Staatsangehörigkeit hätte, wie jeder polnische Partisan, würde er zum Offizier befördert werden. Er wäre Leutnant Zänker, *Malutki,* und nicht nur, wie bei der Wehrmacht, gemeiner Soldat. Er besorgte sich alle Formulare im Ministerium, doch da sagte man ihm, dass er – selbst wenn er alle Bedingungen erfüllen würde – sowieso noch ein Jahr warten müsste. Doch *Malutki* will nicht warten. In seinem Alter ist ein Jahr schon zu viel. Wenn sie es ihm nicht geben wollen, dann eben nicht. Bürokratie. Leck mich am Arsch.

Aus Russland ist gerade eine Benachrichtigung gekommen, dass der Prozess um eine Rehabilitierung des Lagerhäftlings Zänker begonnen hätte. Vielleicht kommt noch eine Entschädigung für Sibirien?

Am Ende möchte ich, wie Hašek, noch eines bemerken: Während ich über *Malutkis* Lebenswege schrieb, hegte ich die Hoffnung, »dass ihr alle für diesen bescheidenen, verkannten Helden Sympathie empfinden werdet. Er hat nicht den Tempel der Göttin von Ephesus in Brand gesteckt wie jener Dummkopf Herostratos, um in die Zeitungen und die Schulbücher zu kommen. Und das genügt.«

2002

KOPFUMFANG

Die *Teufelsquelle* in Połczyn Zdrój sprudelt gleich hinter dem Kurhaus *Borkowo*, dem früheren *Luisenbad*. Sie wird nicht mehr benutzt; sie ist alt und im Inneren grün von den Verbindungen der Metalle. Januar, vielleicht auch Anfang Februar 1944 rannte zu der Quelle ein kleines, lachendes Mädchen im roten Mantel. Sie rief auf Deutsch zu ihrer jüngeren Schwester, sie solle kommen, um etwas Merkwürdiges zu sehen: Ringsherum lag Schnee und Eis, doch da unten floss Wasser aus der Erde empor. Damals war Alice sechs Jahre alt. Dora war eineinhalb Jahre jünger. Beide hatten helle Haare und sprachen Deutsch, nur Alice – man wußte nicht warum – sagte immer ›nje‹ anstatt ›nein‹, was die beiden Frauen in den weißen Kitteln, die sich um die Kinder kümmerten, sehr böse machte. Nebenan, in einem riesigen Haus mit Balkonen, wohnten viele Kinder. Unten waren die Älteren untergebracht, im oberen Stockwerk die Kleinkinder. Im Frühling war die Terrasse voll von Säuglingen, die sich in der Sonne wärmten. Ihre Mütter spazierten im Park. In diesem neuen Heim gefiel es den beiden Mädchen sehr gut. Sie konnten sich noch an das Kinderlager in

145

Łódź erinnern. Dort gab's nur Geschrei und Schläge. Ula Kaczmarek hatten sie draußen so lange mit Wasser begossen, bis sie erfror. Aneinandergeklammert schliefen dort die Mädchen auf einer dreckigen Matratze, weil sie es nicht schafften, auf die große Holzpritsche zu klettern. Hier dagegen gibt es weiße Bettchen mit sauberer Bettwäsche und in der Nacht brennt ein kleines Licht über dem Waschbecken. Nur manchmal bekommt man von der Frau ein paar auf den Hintern, wenn man nachts in die Hosen gemacht hat. Die Mädchen sind von Kalisz – wo es besser war als in Łódź – nach Bad Polzin gekommen. Als Onkel Zygmunt sie besucht hatte, sagten sie, er solle sich keine Sorgen um sie machen, weil ›Onkel Hitler ein sehr netter Mann ist und ihnen Bonbons schickt‹.

Alice träumt manchmal vom großen Haus im sonnigen Garten und von Mamas hellen Haaren. Der große Herr mit Schnurrbart, das ist wahrscheinlich Papa. Er trinkt Kaffee und lauscht der Musik im Radio. Ist er Arzt? Alice kann sich nicht erinnern. Sie weiß nur, dass sie und ihre Schwester jetzt arme, deutsche Waisenkinder sind und im Heim auf eine neue Mutti warten, die sie in ein richtiges Zuhause bringen wird. Das sagen die Frauen in den weißen Kitteln, und die wissen alles.

Der Kopf eines Genies

Als Alice und Dora bei der *Teufelsquelle* freudig miteinander schnatterten, lag der Kopf ihres Vaters schon seit einem Jahr in einem Glas mit Formalin. Das Glas stand in einem Regal mit anderen polnischen Köpfen im deutschen Institut für Gerichtsmedizin in Posen. Auf dem Glas hatte ein deutscher Professor vermerkt: ›Der Kopf eines intelligenten, polnischen Massenmörders, Dr. Franz Witaschek‹.

Am Morgen des 8. Januar 1943 ging Doktor Witaszek mit

erhobenem Kopf durch den Innenhof des Posener Forts 7 und sang: »An Deiner Pforte stehe ich, oh Herr«. Jeweils neun von ihnen wurden an den Deckenhaken des Bunkers aufgehängt. So wurden Witaszek und dreißig seiner Mitkämpfer hingerichtet. Später erreichte die Gestapo ein Schreiben aus dem Institut für Gerichtsmedizin; der Kopf von Witaszek sollte sofort rübergeschickt werden. Man wollte das Gehirn eines so genialen Menschen untersuchen.

Zur Familie Witaszek kam der Zweite Weltkrieg überraschend an einem Freitagmorgen. Das Frühstück hatten sie wie immer beim Morgenkonzert des Rundfunks eingenommen. Die Mädchen schliefen im Schlafzimmer. Ein halbes Jahrhundert später wird Halina Witaszek schreiben, dass sie eine sehr glückliche Familie waren. Sie und Franciszek waren einunddreißig Jahre alt. Halina wird sich auch an die Gestalt ihres Mannes erinnern: »Schön, schlank, wie bei einem englischen Gentleman«. Im September 1939 hatten sie bereits drei Töchter. Die älteste, Maria, war fünf Jahre alt, und die jüngste, Alodia, einseinhalb. Die vierte Tochter, Daria, trug Halina noch unter ihrem Herzen. Sie kam im Oktober zur Welt. Franciszek war ein begabter Wissenschaftler; Assistent im Hygieneinstitut und im Institut für Medizinische Mikrobiologie der Universität Posen. Er war Allgemeinarzt, Spezialist für Hygiene und Sozialmedizin. Im Sommer 1939 hatte er begonnen, seine Habilitationsarbeit zu schreiben. Er war auch Leiter und Gründer der Fabrik *Catgut Polski*, die in Polen die ersten chirurgischen Fäden produzierte. Den Witaszeks fehlte es an nichts: Sie besaßen eine neue Villa mit Garten in einem Professorenviertel sowie ein Auto. Eine Wirtschafterin und ein Kindermädchen halfen im Haus und bei den Kindern.

Franciszek wurde im August 1939 bei der Mobilmachung nicht einberufen. Wegen eines Herzfehlers unterlag er keinem Militärdienst. Bis zum Schluss glaubte er nicht an Krieg. Zu Halina sagte er immer wieder, dass die Deutschen es nicht wagen würden, Polen anzugreifen. Als die ersten Bomben auf Posen fielen, spielten die Mädchen gerade im Garten. Es war ein sehr sonniger Tag.

Zwei Tage vor Weihnachten betrat ein hochrangiger, deutscher Polizist die Villa der Witaszeks. Halina war mit den Mädchen allein zu Hause. Der Mann schaute sich die Zimmer an, in der Küche griff er nach einem großen Glas mit Kaffeebohnen. Sein eigener Anblick im Spiegel mit dem Glas in der Hand verwirrte ihn ein wenig, also ließ er dem Doktor ein paar Bohnen für Weihnachten da. Er gab den Bewohnern zehn Minuten, um auszuziehen, und überreichte ihnen den Schlüssel zu einem kalten Zimmer mit Küche am *Łazarski*-Markt. In die Villa der Witaszeks zog Otto Krauss ein, der zwei Jahre später Riga regierte, nachdem es von den Deutschen besetzt worden war.

Witaszek eröffnete eine Arztpraxis, obwohl er – trotz seiner Ausbildung – vorher noch nie als Arzt gearbeitet hatte. Er war mit dem Fahrrad unterwegs, impfte Kinder und half bei Geburten. Patienten, die arm waren, behandelte er kostenlos, also sagte man über ihn, er sei ›ein zweiter Marcinkowski‹[13]. Der Posener Historiker, Professor Edmund Serwański schrieb über Witaszek, dass er ›ein glühender Patriot und ein edler, warmherziger Mensch mit lupenreinem Charakter‹ gewesen sei. Halina wusste nichts von Franciszeks Tätigkeit für den Untergrund. Einmal bemerkte sie, dass er – während er eine deutsche Zeitung durchblätterte – bei der Todesanzeige eines deutschen Offiziers innehielt und lächelte. Er sagte: »Ich bin ein Soldat, wenn auch nicht an der Front. Und dieser deutsche Offizier ist nicht an der Ostfront durch eine Kugel umgekommen. Er hat sich während einer Abschiedsfeier in einem Posener Restaurant mit Typhus angesteckt.«

Halina wunderte sich, dass Franciszek angefangen hatte, Pfeife zu rauchen, da er doch immer ein Feind des Tabaks

---

13 berühmter Arzt und aktiver Bürger Posens (1800–1846)

gewesen war. Sie wusste nicht, dass das ein geheimes Erkennungszeichen war. Seit Mitte 1940 war er der Befehlshaber des *Związek Odwetu*[14], einer Abteilung des polnischen Untergrunds in Posen. Geheime Laboratorien produzierten unter seiner Aufsicht chemische Substanzen, die Fahrzeugmotoren zerstörten, spezielle Nägel, die Reifen durchbohrten und kleine, thermische Bomben, die erst nach einigen Tagen, wenn ein deutscher Transport unterwegs war, explodierten. Zu Witaszeks Gruppe gehörten Wissenschaftler, Ärzte, Laboranten und sogar Kellner. Letztere schütteten deutschen Offizieren eine Substanz in den Kaffee, die Witaszek entwickelt hatte. Sie zerstörte die Nieren, die Milz oder brachte die Herztätigkeit zum Stillstand. Die anfangs schwer nachweisbare Krankheit endete mit dem Tod, wenn sich das Opfer schon außerhalb Posens befand. Auf diese Weise wurden Todesurteile an Spitzeln, Gestapoleuten und deutschen Offizieren vollstreckt.

Im April 1942 verhaftete die Gestapo die Gruppe von Witaszek. Der Doktor selbst wurde aus seiner Arztpraxis gezerrt. Die Deutschen bewunderten ihn. Nachdem er gefoltert wurde, schlug ihm die Gestapo vor, für sie zu arbeiten. Mit seinen genialen Erfindungen sollte er dem Dritten Reich dienen. Er lehnte ab. Angeblich sind aus Berlin zwei Schreiben gekommen; das eine mit dem Befehl, ihn zu hängen, laut dem anderen sollte er geköpft werden. Mit deutscher Gründlichkeit wurden beide Anweisungen ausgeführt.

Halina wusste nichts vom Tod ihres Mannes. Mit der Nummer 39447 fand sie sich in Auschwitz wieder. Noch in Posen wurde sie einer anthropologischen Untersuchung unterzogen. Sie ahnte nicht, dass ihre hellen Haare, ihr Kopfumfang, der Abstand ihrer Augen und die Form ihrer Nase über das Schicksal ihrer Kinder entscheiden würden.

---

14 Bund der Vergeltung

Zwei arische Tropfen, Alodia und Daria

Für die Familien der Witaszek-Kämpfer interessierte sich SS-Reichsführer Heinrich Himmler persönlich, der von der Idee einer ›reinen Rasse‹ besessen war. Die Kinder des genialen Wissenschaftlers und der rassisch wertvollen Mutter schienen gutes Material für neue Germanen abzugeben. Während seines Besuchs in Posen im Oktober 1943 erklärte Himmler den SS-Führern: »Unsere Aufgabe in den nächsten Generationen, in den nächsten Jahrhunderten ist, wie es ehedem in grauer Vorzeit war, daß dieser nordische Mensch wieder die Führungsschicht für ganze Erdteile stellen wird und damit die Welt regiert. [...] Selbstverständlich werden wir einen Slawen finden, aus dem eine früher einmal gute Rasse herausmendelt. Dann wollen wir dessen Kinder nehmen und nach Deutschland bringen. Fügt er sich nicht, wollen wir ihn totschlagen, weil er gefährlich ist. Denn er wird ein gefährlicher Führer für die anderen. Fügt er sich, wollen wir ihn wie jedes germanische Blut, aber auch kein anderes, in unseren Volkskörper aufnehmen, ihn erziehen und nie mehr in diesen Raum zurücklassen.«

Ähnliches sagte er ein paar Wochen zuvor: »Es ist klar, dass in diesem Gemisch der Völker immer wieder bestimmte, gutrassige Menschen auftauchen werden. In diesem Fall ist es unsere Aufgabe, ihre Kinder zu uns zu nehmen, selbst wenn wir sie stehlen müssten. Entweder werden wir gutes Blut erbeuten, das wir bei uns nutzen und in unsere Reihen einspannen können, oder – meine Herren, sie können das grausam nennen, aber die Natur ist grausam – wir vernichten dieses Blut. Wir können es vor unseren Söhnen und Nachkommen nicht rechtfertigen, dieses Blut der anderen Seite zu überlassen.«

»Das beste Blut ist arisches Blut. Das Blut der Herrenrasse, der Genies und der Führer. Am meisten davon fließt in deutschen Adern«, argumentierte Himmler, »der Rest vermischte sich über die Jahrhunderte, und seine Tropfen verteilten sich in Europa. Man muss sie wiedererlangen oder vernichten, denn wenn sie bei den Untermenschen bleiben, werden die rassisch weniger wertvollen Völker Führer haben – geniale Führer, und das ist eine unnötige Bedrohung für das Dritte Reich.«

Die fünf kleinen Kinder der Witaszeks (Krzyś kam während des Krieges zur Welt), wurden zu Untersuchungen ins Rasse- und Siedlungshauptamt gebracht. An die Untersuchungen kann sich nur das älteste der Mädchen, Maria, erinnern. Schwarze Uniformen und Schreie. Die Kinder wurden nackt ausgezogen und von einem Zimmer ins andere gestoßen, gemessen und fotografiert. Maria erinnert sich an ein knarrendes Gerät aus Holz, das man ihr auf den Kopf setzte. Ein Deutscher wühlte mit dem Finger in ihrem Mund und tastete den Gaumen ab. Schließlich las der im weißen Kittel alle Ergebnisse vor, lächelte und sagte: »Na ja, schönes Kind, echte nordische Rasse.« Es stellte sich heraus, dass alle fünf Kinder reinrassig waren. Drei der Kinder konnte die Familie noch irgendwo in Polen verstecken. Doch sie schaffte es nicht mehr, für die vierjährige Daria und die fünfjährige Alodia einen sicheren Ort zu finden. Es kam eine Vorladung zur Gestapo. Der kleinen Alodia blieben die riesigen Fahnen mit Hakenkreuzen in Erinnerung. Jemand zeigte ihr und Daria ein Blasorchester, das gerade auf der Straße marschierte – die Mädchen schauten lange aus dem Fenster. Als sie sich umdrehten, waren Tante und Onkel nicht mehr da. Ein Lastwagen, der Posener Bahnhof und die Reise nach Łódź. Ein Kinderlager der Sicherheitspolizei, wo die Kinder wie Fliegen starben. Doch jemandem müssen die reinrassigen Mädchen leidgetan haben, denn nach ein paar Wochen kamen sie ins SS-Heim nach Kalisz. Innerhalb der grauen Mauern des früheren Klosters wurde nur Deutsch gesprochen. Für jedes polnische Wort gab es Schläge. Die zwei kleinen, erschrockenen Mädchen flüsterten zunächst auf Polnisch, doch nach ein paar Monaten sprachen sie schon deutsch miteinander. In Kalisz erkrankte

Alodia an Diphtherie und lag im Sterben. Ein Luftröhren-schnitt in letzter Minute rettete ihr das Leben. Es blieb ein besonderes Kennzeichen; eine Narbe am Hals. Eine Volks-deutsche aus Ostrowo merkte sich das blonde Mädchen, das auf dem Flur des Krankenhauses spielte. Die Kleine sprach deutsch. Sie erzählte allen, sie hätte einen Onkel in Ostrowo. So erreichte die Nachricht von Daria und Alodia ihre Fami-lie. Onkel Zygmunt Muszyński wollte die Mädchen mithilfe des Gärtners aus dem SS-Heim in Kalisz stehlen. Doch als er im Januar dort ankam, waren seine Nichten nicht mehr da. Niemand wusste, wo sie waren. Auf die Briefe, die er an deutsche Kinderheime geschickt hatte, antwortete nur die ihm unbekannte Einrichtung *Lebensborn* in München; nach dem Hitlergruß folgte die Information, dass man von irgendwelchen Witaszek-Kindern nichts gehört hätte.

Daria und Alodia waren verschollen.

Ein Geschenk für den Führer

Ich starrte eine Weile in das grüne Auge der *Teufelsquelle*. Oben das Heilwasser, darunter die grüne Tiefe. Die Quel-le sprudelt schon seit dreihundert Jahren und erinnert sich an viele Gesichter. Fürst Ferdinand aus Kurland beugte sich schon über sie und polnische Magnaten, die über die Gren-ze zu den Heilwassern von Bad Polzin kamen. Als Kanzler Bismarck – ein häufiger Gast des Kurorts – zu der Quelle hinunterschaute, nannte man das Sanatorium schon *Luisen-bad*; zu Ehren der preußischen Königin Luise. Heute blicken Kurgäste in bunten Trainingsanzügen hinein, die in Połczyn ihr Rheuma behandeln lassen.

Ich kam nach Połczyn, weil ich den Schicksalen von zwei blondhaarigen Mädchen folgte, die Anfang 1944 verschollen waren. So kam ich auf die Spur der Organisation *Lebensborn*, die auf Zygmunt Muszyńskis Briefe geantwortet hatte.

Der Verband Lebensborn wurde im Auftrag Himmlers im Dezember 1935 von nicht namentlich bekannten SS-Führern gegründet. Er sollte schwangeren deutschen Frauen helfen, die aus vielen Gründen ihre Schwangerschaft verbergen oder in unauffälliger Umgebung das Kind zur Welt bringen wollten. Mit diesem Ziel öffnete der Lebensborn im ganzen Reich, und später auch in den besetzten Ländern, immer mehr Häuser, wobei der Verband für seine Residenzen meistens abgelegene Orte wählte.

1936, als das alte *Luisenbad* dem Verfall nahe war, übergab die Stadtregierung von Bad Polzin die Kureinrichtung Adolf Hitler als Geschek und er gab sie an den Lebensborn weiter. So entstand das *Heim Pommern;* neben *Heim Hochland* das größte Lebensborn-Zentrum im Reich. Es besaß sechzig Betten für Mütter und fünfundsiebzig für Kinder.

Die Organisation unterstand Himmler direkt. Professor Jerzy Krasuski schrieb in *Die Geschichte Deutschlands,* dass Himmler – von Beruf Landwirt – seine Hühnerfarm weitergeführt hätte, wäre nicht der Erfolg von Adolf Hitler gewesen. »Die Tragödie begann in dem Moment, als man Himmler dabei störte, eierlegende Hühner zu züchten, und ihn stattdessen mit unbeschränkter Macht über Millionen von Menschen ausstattete, mit der Aufgabe, die rassischen Verhältnisse in Europa zu ordnen.«

Bis heute streiten sich die Historiker darüber, ob die ›Züchtung von Menschen‹, von der der Reichsführer gesprochen hatte, buchstäblich darauf beruhte, reinrassige Frauen und Männer zusammenzuführen, oder ob es nur darum ging zu kontrollieren, dass sich einzig die Richtigen fortpflanzten; so wie bei den SS-Männern, denen Himmler die Einwilligung zur Heirat erst gab, nachdem er geprüft hatte, ob ihre Verlobten gesund, fruchtbar und arischen Blutes waren. Einen Teil seiner Ideen wollte Himmler nach dem Krieg realisieren; im eroberten Europa, in dem es an reinrassigen Deutschen gemangelt hätte. Jede kinderlose Deutsche über dreißig wäre verpflichtet gewesen, ein Kind zu gebären. Lebensborn sollte dann nicht nur bei der Geburt helfen, sondern auch einen entsprechenden ›Zuchthengst‹ vermitteln. Die Frau hätte den zukünftigen Vater unter drei empfohlenen SS-Männern aussuchen müssen. Himmler hatte sich schon 1942 auf dieses große Projekt vorbereitet: »Ich habe SS-Standartenführer Sollmann völlig *geheim* den Auftrag gegeben, die Zentrale [für den ›Lebensborn‹ in München] unter dem Gesichtswinkel der rund 400 000 heute wohl schon vorhandenen Frauen, die durch den Krieg und seine Gefallenen keine Männer bekommen können, zu planen und auszubauen.« Er meinte, dass nicht nur ledige Frauen, sondern alle verheirateten Frauen, die noch keine vier Kinder hatten, dazu verpflichtet seien, von reinrassigen, deutschen Männern schwanger zu werden. Jede geeignete Familie hätte zu diesem Vorgang den Vater ›ausleihen‹ müssen. Für bewährte Soldaten wollte er die Doppelehe einführen. Schon 1942 zog man in Himmlers Stab künstliche Befruchtung in Erwägung wie auch die Einführung von ›Zeugungshelfern‹ – Kandidaten, die der Lebensborn jenen Frauen zugänglich machen würde, die mit unfruchtbaren Männern verheiratet waren. Doch Himmler war mit den ersten Experimenten nicht zufrieden, weil sich Frauen und Männer gemeldet hatten, »deren erbbiologischer und charakterlicher Wert meist unter dem Durchschnitt stand.«

Schon einen Monat nach dem Angriff auf Polen, im Oktober 1939, gab Himmler seinen SS-Männern den Befehl, Kinder zu zeugen, auch uneheliche. Und er versicherte: »Über die Grenzen vielleicht sonst notwendiger bürgerlicher Gesetze und Gewohnheiten hinaus wird es auch außerhalb der Ehe für deutsche Frauen und Mädel guten Blutes eine hohe Aufgabe sein können, nicht aus Leichtsinn, sondern in tiefstem sittlichem Ernst Mütter der Kinder ins Feld ziehender Soldaten zu werden, von denen das Schicksal allein weiß, ob sie heimkehren oder für Deutschland fallen …« »SS-Männer!«, führte er seinen Befehl zu Ende, »und Ihr Mütter dieser von Deutschland erhofften Kinder, zeigt, dass

Ihr im Glauben an den Führer und im Willen zum ewigen Leben unseres Blutes und Volkes ebenso tapfer, wie ihr für Deutschland zu kämpfen und sterben versteht, das Leben für Deutschland weiterzugeben willens seid!«

Halina Witaszek, die sich nach Jahren an das Leben im besetzten Posen erinnert, beschreibt, wie die sechzehnjährige Tochter von frisch deklarierten Volksdeutschen als Angehörige des BDM weinend von einer Versammlung zurückkam. Der deutsche Agitator schrie den Mädchen ihre Pflichten die Heimat betreffend entgegen: »Ihr müsst keine Prostituierten sein, aber ihr solltet erlauben, dass man euch Kinder macht.«

In einem zweiten spektakulären Befehl mit dem dramatischen Titel *An die letzten Söhne*, der während der Schlacht um Stalingrad im August 1942 herausgegeben wurde, ordnete Himmler an, junge, kinderlose SS-Männer von der Front zu holen. Sie sollten noch schnell Söhne zeugen, bevor sie unter einem Birkenkreuz begraben würden. Und nach der Niederlage in Stalingrad verfügte er, ein Frontsoldat solle Fortpflanzungsurlaub bekommen, vorausgesetzt, seine Frau hatte gerade ihre fruchtbaren Tage.

Mutti

Anfang April 1944 schaute Luise Dahl, eine kleine, korpulente Sekretärin aus Stendal bei Berlin, in die grüne Tiefe der *Teufelsquelle*. Sie spazierte mit einem kleinen Mädchen durch den Park, unzufrieden darüber, dass man ihr die Adoption eines Kindes mit blonden Haaren und blauen Augen vorschlug. Sie und ihr Mann hatten doch dunkle Haare und Augen; das Kind passte nicht zu ihnen. Doch als Frau Dahl und das Mädchen nach einer Stunde auf dem Rückweg waren und an der Quelle vorbeikamen, umarmten sie einander. Alice zeigte der neuen Mutti ihre Schwester Dora, die mit einer Grippe auf der Isolierstation lag. Doch Frau Dahl konnte sie nicht mitnehmen. Dora, als Kind guten Blutes, war für einen ranghohen SS-Offizier bestimmt worden und man hatte sie auf die Übergabe vorbereitet. Sie hatte eine Allergie und ihre Hände wurden verbunden, damit sie sich im Gesicht nicht kratzen konnte. Sie musste hübsch aussehen. Doch als der Offizier kam, wollte er kein Kind von der Isolierstation und entschied sich für ein anderes. Also gab man Dora einem Weißbinder aus Österreich, der sie im Mai nach Weitra mitnahm. In diesem kleinen Ort an der tschechischen Grenze hieß das Mädchen Dora Schölm. Die Schölms waren einfache Leute und konnten sie nicht adoptieren. Sie sollten für sie sorgen. Enge Gassen, ein stilles Haus mit Blick auf die Berge. Später wird sie ihr ganzes Leben lang diese Berge vermissen. Sie wird sich auch an die ständig dunkel umringten Augen ihrer Pflegemutter erinnern. Ruhe und Ordnung – alles hatte seinen Platz und seine Zeit. Das Brotbacken, das Sammeln von Heidelbeeren, die Kirchenfeiern, der Kuchen mit dem Malzkaffee. Keine Streitereien und kein Geschrei. In der Schule wurde mit einem Griffel auf kleinen Tafeln geschrieben. 1946 sagte die Lehrerin den Schülern, sie sollten alle Hakenkreuze in den Schulbüchern übermalen. Dora war Klassenbeste, nur Einsen. Auf Fotos aus dieser Zeit lächelt sie nie.

Alice zog nach Stendal bei Berlin. Sie bekam einen zweiten Vornamen nach ihrer Mutti und einen neuen Nachnamen: Alice Luise Dahl. Nach dem Krieg, 1947, musste sich Frau Dahl rechtfertigen, warum sie das Kind aus der Einrichtung Lebensborn genommen hatte. Sie schrieb an einen der Anwälte: »Damals kannte ich die Bezeichnung ›Lebensborn‹ nicht, doch ich muss gestehen, dass ich nur dort Verständnis fand. Man hat begriffen, dass mir – einer Angestellten, die aufgrund ständiger Unterleibsschmerzen nicht fähig war zu arbeiten – in dieser sonnigen, schön möblierten Wohnung ein Kind fehlte. Ich bekam ein Telegramm aus Bad Polzin, es würde ein 1938 geborenes Mädchen auf mich warten. Und so traf ich auf die kleine Alice Witke. Als mein Mann im April 1946 aus der Gefangenschaft nach Hause kam, wurde sie zur größten Freude seines Lebens. Lebensborn hat sich für das Wohl des Kindes entschieden, weil es ja auch zu einer Arbeiterfamilie hätte kommen können. Ich schätze jede Arbeiterfamilie, doch so einem intelligenten Kind hätte diese Familie nicht alles bieten können (geistig wie erzieherisch). Bevor wir Alice bekommen haben, wurden unsere persönlichen Beziehungen überprüft, unser Gesundheitszustand, die Parteizugehörigkeit. Mein Mann war seit 1937 Mitglied der NSDAP. In der SA war er seit 1933. Bei anderen Organisationen (wie NSV, DAF, RLB, VdA)[15] war er auch ein wichtiges Mitglied. Doch in einem Amt, das von einem hundertfünfzigprozentigen Nazi geleitet wurde, konnte es nicht anders sein. Ich gehörte nie zur NSDAP, zum Frauenbund oder irgendeiner anderen Parteiorganisation.

Doch kommen wir zu Bad Polzin zurück. Das Kind kam mir mit leuchtenden Augen und den Worten entgegen: ›Guten Tag, Mutti!‹ Ich spürte, dass es sich wieder nach einer Mama sehnte. Über Alice wusste ich nicht viel. Ich nahm sie als Waise eines deutschen Staatsangehörigen (Volksdeutschen) auf, die unter dem Namen Alice Witke zur Adoption vorgesehen war. Von einer polnischen Abstammung war überhaupt keine Rede und ich hätte mich darüber sehr gewundert, denn das sechsjährige Mädchen sprach gut Deutsch. Alice und ich passten hervorragend zueinander, als ob sie mein Fleisch und Blut gewesen wäre. Obwohl in den Akten des Kindes in der Rubrik Abstammung ›Findelkind‹ vermerkt war, spürte ich, dass sie aus einer guten Familie kam. Sie erzählte mir, ihr Papa sei ›Onkel Doktor‹ gewesen und hätte anderen Spritzen gegeben hat. Sie erzählte von ihren Geschwistern und dass Papa und Mama von der Polizei abgeholt wurden. Beide seien gestorben; so hat es ihr

---

15 Nationalsozialistische Volkswohlfahrt, Deutsche Arbeitsfront, Reichsluftschutzbund, Volksbund für das Deutschtum im Ausland

die Tante gesagt. In Bad Polzin lernte ich ihr Schwesterchen Doris kennen. Leider konnte ich die kleine Doris nicht auch mitnehmen, weil sie schon für eine andere Familie vorgesehen war, doch ich hatte die Absicht, sie später zu finden und die beiden Schwestern zusammenzubringen.

Alice suchte oft zwei Sterne am Himmel und nannte sie Mama und Papa. Sie sagte, sie würden sehen, wie gut es ihr jetzt ginge. Ihr hat es wirklich an nichts gefehlt. Als sie 1944 zu uns gekommen ist, habe ich Unterwäsche gestrickt: Hemdchen, Unterhöschen für Sommer und Winter, weil man nichts kaufen konnte. Jacken, Wollkleidchen, Pullover, Strumpfhosen, Söckchen – alles selbst gemacht.

Ich hatte beim Kreisgericht ein ganz ordentliches Einkommen. Alles lief gut, der heranwachsenden Alice fehlte es an nichts. Ihre Mutti konnte ihr alles kaufen. Als die Schule wegen der häufigen Fliegeralarme und später wegen Mangel an Heizkohle geschlossen wurde, ging Alice zum Privatunterricht. Sie war eine sehr gute Schülerin. Sie hatte Gymnastikunterricht, im Sommer ging sie schwimmen und im Winter war sie beim Ski- und Schlittenfahren. Als sie acht Jahre alt war, hat sie eine Schwimmprüfung bestanden. Sie konnte sogar regelmäßig am Ballettunterricht für Kinder teilnehmen. Ich habe für alles gesorgt», schrieb Frau Dahl.

In Stendal brachte das helle Köpfchen von Alice alles durcheinander. Sie erzählte Mutti, am schlimmsten sei es im polnischen Kinderheim gewesen. Ihr, der kleinen Deutschen, hätte man befohlen, von einem Tag auf den anderen die deutsche Sprache zu vergessen und nur noch Polnisch zu sprechen. Sie hätte für jedes deutsche Wort Schläge bekommen.

1944 fuhren sie nach Frankreich. Frau Dahl wollte das Töchterchen ihrem Mann zeigen, der im Kriegsgefangenenlager war. Alice bekam vom neuen Papa einen großen blauen Hasen, der mit Süßigkeiten gefüllt war. 1945 brachte der Hase Stelzen aus Holz für Alice – angefertigt nach Maß vom örtlichen Schreiner. Alle Kinder in Stendal liefen auf

Stelzen. Als die Bomber der Alliierten Berlin anflogen, liefen die Kinder in die Keller und stülpten sich große Kartoffelkochtöpfe über ihre Köpfchen. Später mussten sie mit ihren Stelzen einer abgerissenen Hand, zerschlagenen Scheiben und Körperfetzen auf dem Gehsteig ausweichen.

Als Alice Dahl mit einem Topf über dem Kopf nach jeder Explosion zitterte, war Halina Witaszek nicht weit. Hinter dem Stacheldrahtzaun von Ravensbrück freute sie sich über jede Bombe, die auf Berlin niederging.

Im Mai 1945 kehrte sie zurück. Sie hatte Auschwitz und Ravensbrück überlebt, doch zwei Dinge, die sie an der Schwelle ihres Hauses erfuhr, hätten sie beinah umgebracht: Franciszek war seit zwei Jahren tot und Daria und Alodia waren verschollen.

Den Kopf im Glas des jungen Assistenten aus dem Hygieneinstitut erkannte der frühere Hausmeister. Das Begräbnis war eine große Kundgebung, an der der Bischof und der Wojewode teilnahmen. Die Köpfe des Doktor Witaszek und seiner beiden Mitarbeiter – Doktor Henryk Günther und der Laborantin Sonia Górzny – beerdigte man in der Posener Zitadelle.

Zwei Jahre lang suchte Halina nach ihren Töchtern. Das Foto der kleinen blonden Mädchen mit den großen Haarschleifen ging um die Welt. Bis es zu Roman Hrabar kam, der in Ludwigsburg als Bevollmächtigter der polnischen Regierung nach polnischen Kindern suchte, die während des Krieges verloren gegangen waren. Dank ihm konnten schon Tausende von ihnen zu ihren Familien zurückkehren. Hrabar entdeckte eine geheime deutsche Verordnung bezüglich der Findung von Nachnamen für ›frühere polnische Kinder‹: Man ließ die ersten drei Buchstaben unverändert, damit das Kind auch noch nach Jahren dachte, dass es schon immer so geheißen hatte. Deshalb wurde Hrabar – als er Alodia und Daria Witaszek suchte – auf Alice und Dora Witke im Verzeichnis des Polziner Heims aufmerksam.

Polnische Beichte, deutsche Beichte

Als wir nach Familiendokumenten suchten, fiel eine große, schöne Pfeife aus der Anrichte. »Oh, die Pfeife meines Vaters, wollen sie sie sehen?«, freute sich Alodia Witaszek. Die Tochter von Franciszek Witaszek ist heute zweiundsechzig Jahre alt. Sie wohnt allein in der Posener Siedlung *Pod Lipami*. Ihre Tochter und ihr Sohn haben eigene Familien. Nach ihrem verstorbenen Mann heißt sie Napierała. »Alodia ist ein merkwürdiger Name, nicht wahr? Der kommt von einer italienischen Heiligen. Mein Onkel Kornel hat ihn den Eltern vorgeschlagen. Vor dem Krieg war er Pfarrer in Nekla. Freunde nennen mich Ala oder Lusia.«

»Wie lange waren Sie bei dieser Deutschen?«, fragte ich und bereute es sofort.

»Das war sehr hässlich, was Sie da eben sagten«, Frau Alodia wurde böse. »Ein bisschen mehr Respekt. Das ist meine Mutti. Sie war ein guter Mensch und vollkommen vernarrt in mich. Sie konnte keine eigenen Kinder haben und war krebskrank. Ständig drückte sie mich an sich, also dauerte es nicht lange, bis auch ich sie lieb hatte. Ich war bis November 1947 bei ihr. Als das Foto auch sie erreichte, hat sie mich sofort erkannt. Sie versuchte nicht, mich zu verstecken, wie das andere deutsche Familien mit aus Polen geraubten Kindern getan haben. Sie sagte, wenn meine Mama tatsächlich lebte, dann würde sie mich zurückgeben. Doch wenn ich nur ins polnische Waisenhaus zurückkehren sollte, dann würde sie um mich kämpfen. Ich glaube, als ich mit dem Zug nach Polen zurückkehrte, fuhr nur ich zu meiner Familie, der Rest war auf dem Weg ins Waisenhaus.«

Alodia lächelt. »Ich kam am Jahrestag der Oktoberrevolution zurück, am 7. November. Mama hatte mich nicht erwartet.«

In ihrer Mittagspause verließ Halina Witaszek auf einen Sprung ihren Arbeitsplatz, um zu Hause den Kindern Kartoffelpuffer zu machen. Sie wohnten bei einer Familie in

Ostrowo. Sie steht am Herd, da rufen die Kinder, eine Frau sei gekommen mit einem Mädchen, das eine Karte um den Hals hängen hat. Auf der Karte konnte man lesen, dass das Alodia Witaszek war und die Adresse, wie auf einem Paket. Das Mädchen und seine Mutter standen da und lächelten sich an. Alodia verstand kein Polnisch. Schließlich sagte sie zu der ergrauten Mama: »Du warst jünger und blond.«

Die Kartoffelpuffer verbrannten.

Daria kam einen Monat später aus Österreich zurück, zum Nikolaus. Das ›Empfangsprotokoll‹ ist noch erhalten: Transportnummer 0/138, Übergebender, Empfänger, Unterschriften, persönliches Gepäck: kleiner Koffer und ein Päckchen (Spielzeug).

»Ach, ich weiß noch«, erinnert sich Daria Witaszek, die jetzt wie ihr Mann Wójtowicz heißt und als Lehrerin im Ruhestand in Bydgoszcz wohnt. »Das waren zwei kleine Figuren, die ich zum Nikolaus bekommen habe. Ein weißer Heiliger und ein schwarzes Teufelchen. Mit diesem Heiligen und dem Teufelchen trat ich vor Mama.«

Sie erinnert sich, wie sie mit ihrer Mama zur Tante gefahren ist, zum Posener *Łazarski*-Markt, wo sie während des Krieges gewohnt hatte.

»Mama schaute, ob ich selbst hinfinde, und dann fragten sie und Tante, woran ich mich noch erinnern könnte. Ich sagte ihnen, wo die Küche damals war und dass ich mich im Hof am Finger verletzt habe. Die Tante nickte und Mama freute sich, weil sie ja auch sicher sein wollte, dass dieses fröhlich schnatternde Mädchen ihre Tochter war. Alles stimmte, nur als ich darauf bestand, dass neben dem Haus ein Teich gewesen war, wurden sie traurig. Doch Tante erinnerte sich dann: ›Ja! Das war ein riesiger Trichter nach einem Bombeneinschlag, voll mit Wasser.‹«

Alodia: »Bei uns herrschte große Armut. Mama war allein mit fünf Kindern. In Posen war alles ausgeplündert. Ich ging in eine polnische Schule, ohne ein Wort Polnisch zu sprechen. Bis zum Ende der achten Klasse hatte ich einen deutschen Akzent. Und zwar den harten, berlinerischen. Daria hatte einen eher melodischen, österreichischen Akzent, der für polnische Ohren leichter zu ertragen war. Damals waren diese Ohren sehr empfindlich. Jeder hat jemanden im Krieg verloren. Und da kommt so eine kleine Deutsche daher und plappert vor sich hin. Die Kinder haben mich sehr gehänselt. Ich erinnere mich an ständige Verwirrung und Anspannung: Ich bekomme einen roten Kopf und die ganze Klasse lacht. In Stendal dagegen war ich ein mutiges, selbstbewusstes Kind. Daria und ich haben uns innerlich verschlossen. Wir schwiegen. Für uns war der Krieg nicht zu Ende. Unsere Geschwister verstanden uns auch nicht. Mama musste übersetzten, sie konnte Deutsch. Eines Tages beschlossen Daria und ich, zurück nach Deutschland zu flüchten. Unsere älteste Schwester hatte mitgehört und petzte es Mama.«

Daria Wójtowicz: »Wann ich anfing Polnisch zu sprechen? Das war im Frühling 1948, in der vierten Klasse. Ich ging zur Kommunion und musste vorher beichten. Unsere ältere Schwester ging auch zur Beichte, also haben wir uns gemeinsam vorbereitet. Nur dass meine Schwester ihre Sünden auf Polnisch aufzählte und ich meine auf Deutsch. Und dann knie ich am Beichtstuhl und höre plötzlich, wie ich auf Polnisch beichte. Seitdem sprach ich nur noch Polnisch. Gegen Deutsch habe ich bis heute eine Abneigung. Im Gymnasium entschied ich mich für Latein. An der Technischen Hochschule hatte ich wieder ein paar Semester Deutsch, aber irgendwie kam ich damit nicht gut zurecht.«

Alodia Witaszek zieht den nächsten grauen Ordner aus dem Schrank. »Nein, ich kann nicht, schauen Sie es selbst durch.« Sie setzt sich in den Sessel. »Entschuldigen Sie, ich bin ein wenig ungestüm. Wir sind beide ungestüm, Daria und ich. Deshalb verstehen wir uns so gut und lieben uns so sehr. Wissen Sie, das ist so ein inneres Zittern, eine Unbändigkeit des Herzens. Wenn man aufhören würde uns zu fragen, wenn wir uns nicht ständig erinnern müssten, vielleicht würden wir dann ruhiger werden. Doch Sie fragen, andere fragen …« Mutti schrieb ständig Briefe, zunächst an Halina Witaszek, dann an ihre liebe Alice. Sie lud sie ein. Alodia fuhr 1957 hin, nach neun Jahren. Die Dahls wohnten schon in Westdeutschland. »Ich sollte ganz lange bleiben, aber ich war nur kurz da. Ich hatte gerade Abitur gemacht, wollte studieren. Außerdem passte ich nicht mehr in diese Welt. Wieder konnte ich kein Deutsch. Und ihre Bekannten und Nachbarn, häufig Aussiedler aus Danzig oder aus den polnischen Westgebieten, warfen einer Polin nur ablehnende Blicke zu. Ich habe es nur einen Monat ausgehalten. Sie war so lieb zu mir, freute sich so sehr, doch ich war kalt. Ich mochte es nicht, wenn sie mich an sich drückte. Ich wollte nicht neben ihr schlafen. Später, als ich sie über vierzehn Jahre zwei Mal im Jahr besuchte, haben wir uns wieder angenähert. Sie lebte quasi nur für mich, war an allem interessiert, was mit mir zu tun hatte. Als ich meine Kinder bekam, freute sie sich, dass sie jetzt Enkel hatte. Die Kleinen liefen herausgeputzt herum wie kleine Puppen, weil sie Kleider für sie häkelte und Päckchen schickte.«

Alodia greift nach einem Foto; zwei lächelnde, grauhaarige Damen umarmen sich. »Das ist meine Mama, und das Mutti. Sie kam uns 1969 besuchen. Wie die beiden sich lieb gewonnen haben! Sie schrieben sich sehr herzliche Briefe. Und da sagte Mama, wer weiß, wenn sie Frau Dahl früher gekannt und gewusst hätte, wie sehr sie nach Daria suchte, um uns zusammenzubringen, dann sei es nicht auszuschließen, dass sie mich dort gelassen hätte. Mama hatte es doch sehr schwer, nicht einmal Familiengeld hat sie bekommen, weil Papa im Untergrund, bei der Heimatarmee gewesen war – ein Feind der Volksrepublik Polen. So war halt unser Leben. Mutti starb 1971, Vati 1980 und Mama 1985.«

In Frau Alodias Schlafzimmer hängt über dem Bett ein Porträt ihrer Enkelin. Daneben hat sie vor Kurzem ein Foto der kleinen Alice aus Stendal angebracht. Die Mädchen sind im gleichen Alter und sehen sich ein wenig ähnlich.

Aus Mangel an Beweisen

Im April 1969 erschien an der *Teufelsquelle* Andrzej Zientarski, Richter bei der Koszaliner Kommission zur Untersuchung von Naziverbrechen. Er führte die Untersuchungen im Fall der verbrecherischen Tätigkeit des Lebensborn in Bad Polzin. In den Aussagen dreier Lebensborn-Angestellten, die vor dem Nürnberger Gericht gestanden hatten, fand er Informationen über polnische Kinder aus dem Warthegau, die im *Heim Pommern* germanisiert wurden.

Zientarski suchte nach Zeugen. Zwei ehemalige polnische Zwangsarbeiter sagten das aus, was sie während der Besatzung von den ortsansässigen Deutschen gehört hatten. »Dass die SS-Männer, die hierher kamen, um Frauen zu schwängern, groß waren und blaue Augen hatten. Sie spazierten mit den Frauen im Park und in der Stadt herum.« Deutsche Historiker behaupten, dies seien von der Einbildung einfacher Leute ausgelöste Fantasien, die dem Lebensborn schon immer anhafteten. 1945 beseitigte die Organisation sehr sorgfältig alle Dokumente. Arbeiter, die nach dem Krieg *Borkowo* wieder instand setzten, fanden nur einen Karton mit alten Reagenzgläsern, die mit polnischen, deutschen und tschechischen Nachnamen versehen waren. Zu einem Lokaltermin lud Richter Zientarski auch Alodia Witaszek ein. Sie erinnerte sich nur an Weniges. An was kann sich ein damals sechsjähriges Kind erinnern? An die Terrasse mit den in der Sonne liegenden Säuglingen, an das Spielzimmer mit dem großen, halbrunden Fenster, und an die kleine Bank, auf der sie mit anderen Kindern auf ihre Mutti wartete.

Nach drei Jahren wurden die Untersuchungen aus Mangel an Beweisen eingestellt.

Der Lebensborn – nichts Schlechtes

Im Sommer 1941 kam eine Deutsche aus Berlin nach Bad Polzin: Ellen Lundt. Sie sollte hier ein uneheliches Kind zur Welt bringen, dessen Vater, ein verheirateter Österreicher, auf Torpedobooten diente. Ellen erinnert sich an den Ausblick aus den Fenstern des Lebensborn. Um sechs Uhr früh stellten die Schwestern die Säuglinge in den Park. Die weißen Bettchen in einer Reihe, Sonne, grünes Gras, helle Bettwäsche. Stille und Geborgenheit. In der Vorhalle hing das Foto von Reichsführerin Gertrude Scholz-Kling, der Vorsitzenden aller Frauenorganisationen im Reich. In anderen Heimen hing in der Regel das Porträt von Hitlers Mutter – der fabelhaftesten aller deutschen Mütter. Die patriotischen Mütter feierten ihren Geburtstag, den 12. August, wie Mariä Himmelfahrt am 15. August. An politische Schulungen kann sich Ellen nicht erinnern, obwohl die Münchner Zentrale von den Heimleitern Berichte forderte und sie mit einem ausführlichen Programm beauftragte: gemeinsames Kaffeetrinken; das Anhören der Rede des Führers im Radio; Volkslieder; ein Kurs in Fliegerabwehr; die Rede von Dr. Goebbels; Volkslieder ... Die Mütter von reinrassigen Kindern sollten eine ›rassische, nationalsozialistische Weltanschauung‹ haben.

Auch heute noch sieht die achtundachtzigjährige Ellen Lundt – wie die meisten Lebensborn-Mütter – nichts Schlechtes in der Organisation, die ihr geholfen hat, zwei Kinder zu gebären: einen Sohn in Bad Polzin und eine Tochter im Heim *Harz* in Wernigerode. Damals wusste sie nicht, und heute will sie sich nicht daran erinnern, dass diese scheinbar humanitäre Institution ein wesentlicher Bestandteil der nationalen Rassenhygiene war und zur SS gehörte, welche nach dem Krieg zur verbrecherischen Organisation erklärt wurde. Ellen erinnert sich, dass – bevor sie nach Bad Polzin in das Heim kam – der Lebensborn ihren rassischen Wert sowie den des Österreichers untersucht hatte. In einem speziellen Fragebogen wurde sie sogar nach der Dichte ihrer Behaarung gefragt. Denn je dünner diese war, umso arischer der Körper. Die Namen der Mütter und das Verzeichnis der Väter kannte nur die Münchner Zentrale. Frauen, die rassisch nicht wertvoll waren, konnten nicht mit einem Platz im Heim rechnen, missratene Kinder wurden vom Lebensborn eliminiert.

Die deutsche Journalistin Dorothee Schmitz-Köster beschreibt in ihrem Buch »*Deutsche Mutter bist du bereit*« *Alltag im Lebensborn* den Fall von Jürgen W., einem kranken Jungen, der im Heim von Bad Polzin geboren wurde. Er wurde zur ›speziellen Therapie‹ weggebracht, was in der Sprache des Dritten Reichs Euthanasie bedeutete. Die Säuglinge wurden mit Luminal und Morphium gefüttert. Benebelt von den starken Mitteln litten sie an Insuffizienz des ganzen Organismus, bekamen schnell eine Lungenentzündung und starben, weil ihnen ärztliche Hilfe versagt blieb. Einen weiteren Beweis für die Eliminierung ›missratener‹ Kinder im Lebensborn liefert der deutsche Historiker Georg Lilienthal. Bei den Dokumenten eines der Heime fand er ein Schreiben über einen geistig zurückgebliebenen Säugling, der in eine Wiener Pflegeanstalt verlegt werden sollte, da diese ›im Sinne der Eliminierungsidee‹ handelte.

In den geheimen Berichten, die auf dem Schreibtisch von Himmler landeten, wurde jede im Lebensborn gebärende Mutter fachkundig beschrieben. Die reinrassigen und überprüften Mütter fanden leicht Arbeit bei der Organisation oder in anderen Institutionen der SS.

Himmler, der seinen SS-Männern befohlen hatte, Mineralwasser zu trinken, weil es die Verdauung verbessere, empfahl, den Müttern im Lebensborn Haferbrei zu geben, denn »Hafer ist Nervennahrung und deswegen gut«. Das Stillen mit der Brust war Pflicht. In einem speziellen Zimmer stillten mehrere Mütter gemeinsam, und die Hebamme prüfte, wie viel das Kind getrunken hatte. Wenn einer Mutter die Milch ausging, nahm man sie von einer anderen.

In den Lebensborn-Häusern wurden elftausend Kinder geboren, die Hälfte davon war unehelich. Charlotte D. aus Bad Polzin, die ein Jahr lang im Heim bei der Säuglingspflege mitgeholfen hatte und heute ungern darüber spricht, bemerkte damals, dass die Hälfte aller Mütter ihre Kinder in der Einrichtung zurückließ. Man sagte, die Frauen würden das Kind dem Führer übergeben. Die Kleinen kamen als ein ›Geschenk des Führers‹ zu Adoptivfamilien.

Ellen Lundt überließ ihr Kind nicht dem Führer. Michael ist heute neunundfünfzig Jahre alt. Wie sein Vater, der Seemann, ist auch er gut gewachsen. Er arbeitet in der Werbung, komponiert, dreht Dokumentarfilme. Im Moment arbeitet er an einem Film über die Zusammenarbeit von Stasi und dem polnischen Staatssicherheitsdienst.

Michael wohnt in Berlin, zwei Schritte von Günter Grass entfernt. Dass er ein Lebensborn-Kind ist, hat er erfahren, als er seinen ersten Personalausweis abholte. Er zeigt mir seine Geburtsurkunde: Bad Polzin, Lebensborn 28.09.1941, 14:15 Uhr, Name der Mutter, Vater fehlt. »Ich weiß noch, als ich heiraten wollte, da schnappte die Beamtin meine Geburtsurkunde und rannte aus dem Zimmer, um sie ihren Kolleginnen zu zeigen. Meine Frau schämte sich sehr, weil sie dachte, ich wäre so gezeugt worden, wie man es mit Kaninchen macht«, lacht Michael. »Doch meine Mutter sagt, dass ich aus großer Liebe entstanden sei.«

Die Lebensborn-Heime sollten die Quelle eines neuen SS-Adels werden. Himmler war davon überzeugt, dass eine gute Zucht nicht nur die Erhaltung der rassischen Merkmale erfordert, sondern ihre ständige Verbesserung. Er wollte seine große SS-Familie vor einer zu nahen Blutsverwandtschaft bewahren. Er brauchte frisches Blut für seine Zucht. Eine ihrer Quellen waren die unehelichen Kinder der SS-Männer und die Kinder anderer reinrassiger deutscher Soldaten, die außerhalb der Reichsgrenze gezeugt wurden; besonders in Norwegen, wo am häufigsten das von Himmler so geschätzte nordische Blut zu finden war. Deshalb gab es in Norwegen gleich neun Lebensborn-Häuser, die – nach den Heimen im Reich – die meisten reinrassigen Kinder liefern sollten. Die schwangeren Norwegerinnen importierte Himmler nach Süddeutschland, um die rassisch weniger wertvollen Gebiete ›aufzunorden‹. Ein Mal im Jahr wurden in den besetzten Ländern Jagden auf ›arische‹ Kinder organisiert, besonders in Frankreich und Polen.

1974 wurde Deutschland von dem Film *Lebensborn e. V.: Im Namen der Rasse* erschüttert, der von den zwei französischen Dokumentaristen Marc Hillel und Clarissa Henry gedreht wurde, die als Erste die Geheimnisse des Lebensborn zu enthüllen versuchten. Eine der Geschichten, die im Film erzählt wird, beginnt in Rogoźno. 1943 nahmen die Deutschen aus einigen Häusern mehrere kleine, ›rassisch wertvolle‹ Kinder mit. Irenka, die einzige Tochter von Bronisława Ewertowska, entführten sie direkt vom Nachttopf weg. Nach dem Krieg fand man das Kind bei einer deutschen Familie. Als der Mitarbeiter des Roten Kreuzes gekommen war, um die Kleine abzuholen, schlossen sich die Adoptiveltern mit ihr für ein paar Stunden in der Toilette ein. Dann wechselten sie die Adresse. Die Ewertowska wartete dreißig Jahre auf ihre Tochter. Die Filmemacher fanden Irena in Deutschland. Sie wollte nicht mit ihnen reden. Sie schickte einen Anwalt vor die Kamera, der – im schwarzen Mantel und mit Hut – auf der Straße erklärte, dass Frau N. hier einen Mann und zwei Kinder habe, mit ihrem Leben zufrieden sei und nicht zurückkehren wolle in die Vergangenheit.

Der Film endet mit einer Naheinstellung des Gesichts von Bronisława Ewertowska. Sie sagt auf Deutsch: »Liebe Irena, schreib mir ein paar Worte. Ich bin siebenundsechzig Jahre alt, wenn ich sterbe, wirst du weinen, weil du deiner Mutter nicht geschrieben hast.«

Ich wollte Bronisława Ewertowska aufsuchen und fragen, ob sich ihre Irena gemeldet hat, nachdem sie ihre Mutter im deutschen Fernsehen gesehen hatte. Doch ich musste erfahren, dass sich Frau Ewertowska kurz nach der Aufnahme der letzten Filmszene in einem Zug nach Oborniki mit einer Bekannten verplauderte, ihre Station verpasste und, als der Zug schon wieder losfuhr, noch versuchte auszusteigen. Sie stürzte auf den Bahnsteig und starb. Ihre Familie schrieb an Irena: »Deine Mutter lebt nicht mehr.« Die Tochter hat nicht geantwortet.

Mitarbeit: ANGELIKA KUŹNIAK

Literatur:

ROMAN HRABAR, *Lebensborn, czyli źródło życia* [Lebensborn, also die Quelle des Lebens], Katowice, Śląsk, 1976.

JOLANTA NITKOWSKA-WĘGLARZ, *Tajemnicze Pomorze* [Rätselhaftes Pommern], Słupsk, Wydawnictwo SBP, 1998.

DOROTHEE SCHMITZ-KÖSTER, »Deutsche Mutter bist du bereit« Alltag im Lebensborn, Berlin, Aufbau-Verlag 1997.

EDMUND SERWAŃSKI, *Wielkopolska w cieniu swastyki* [Warthegau im Schatten des Hakenkreuzes], Poznań, PAX, 1970.

HALINA WITASZEK, *Moje przeżycia w okresie okupacji hitlerowskiej w latach od 1939–1945* [Meine Erlebnisse während der Besatzung Hitlerdeutschlands in den Jahren 1939–1945], Manuskript, Poznań, 1982.

HANS-CHRISTIAN HARTEN, *De-Kulturation und Germanisierung. Die Nationalsozialistische Rassen- und Erziehungspolitik in Polen 1939–1945*, Frankfurt am Main, Campus-Verlag, 1996.

2000

MEIN WARSCHAUKOLLER

Sehen Sie? Hier habe ich ein Andenken aus Warschau«, Mathi Schenk hebt das Kinn, zieht die Haut straff, wie beim Rasieren. Am faltigen Hals – eine dünne Narbe.

»Ein Messer?«

»Ich glaube, ein Bajonett. Seit sechzig Jahren sage ich mir: Es war nicht scharf genug. Ein Pole wollte mir die Kehle durchschneiden. Ich habe nur seine Augen und das Blitzen des Helms gesehen. In Warschau habe ich neunzehn Messer- und Bajonettkämpfe ausgefochten. Wenn du in Kellern kämpfst, ist es ganz still und du siehst nichts. Ich war schneller. Ich habe diesen Polen getötet.«

Sommer 1944. Sie essen Bohneneintopf im Wirtshaus. Mathi Schenk und sein Kamerad Peter. Beide in Wehrmachtsuniform. Sie sind kurz aus der Kaserne raus; auf einen Sprung in die Stadt. Sie reden über diesen Blödmann Fels und dass gestern wieder ein paar Jungs es geschafft haben, aus der Armee abzuhauen. Mathi kann nicht weglaufen, weil die Gestapo gedroht hat, sie würde seinen Vater dann an die Ostfront schicken. Er ist der Jüngste bei der 46. Sturmbrigade, sie rufen ihn Bubi. Vor Kurzem ist er achtzehn geworden. Die jungen Männer sind bei Bonn stationiert, sie wurden hereingelegt. Zunächst hat man Freiwillige für die SS gesucht. Niemand meldete sich. Dann wurde bekannt gegeben, dass Lastwagenfahrer gebraucht würden. Die Jungs standen Schlange. Jeder wollte mit einem LKW fahren. Mathi war glücklich, dass sie ihn genommen hatten. Sie bekamen neue Uniformen, Schutzbrillen und man brachte sie in die Nähe von Bonn. Vor Ort begrüßte sie Oberleutnant Fels: »Ihr unverschämten Schweine, ihr seht ja aus wie Zirkusclowns. Runter mit den Brillen!«

Von den Lastwagen keine Rede mehr.

Der Wirt dreht das Radio auf. Sie berichten über den Führer; es hätte ein Attentat gegeben und wahrscheinlich sei er nicht mehr am Leben. Es wird still in der Stube. Draußen auf der Straße fahren Soldaten mit Motorrädern. Man hört Befehle. Plötzlich leert sich das Wirtshaus. Das Essen bleibt auf den Tischen. Niemand bezahlt. Der Wirt versteckt sich hinter dem Tresen. Mathi und sein Kumpel flüchten durch die Hintertür.

In den Kasernen wildes Durcheinander, die Sirenen heulen. »Lebt Hitler nicht mehr?«, fragt einer der Soldaten.

»Haltet die Schnauze! Auch wenn wir jetzt ganz allein sind, werden wir unserem Führer treu bleiben. Wer zögert, wird erschossen!«, brüllt Fels. Er stellt Wachtposten um die Kasernen auf. Heimlich machen sich die Soldaten lustig darüber; sie haben ja noch gar keine Waffen.

Nach ein paar Tagen bekamen sie Gewehre und Handgranaten. Bereitschaft. Das Orchester spielte. Sie marschierten zum Bahnhof und waren sicher, sie würden nach Frankreich fahren. Sie freuten sich, denn dort war es leichter abzuhauen. Proviant für zwei Tage und eine Menge Rotwein in Zwanzig-Liter-Kanistern. Offene Waggons, auf dem Boden Heu. Bequem. Sie tranken, sangen. Spielten Karten. Die Menschen auf den Feldern winkten. Während eines Halts wurde Bubi ans Ende des Zuges geschickt, um die nächsten zwanzig Liter Wein zu holen. Der Zug war lang, als er wieder losfuhr, schaffte es Bubi nicht mehr bis nach vorne. Die Nacht verbrachte er auf einer Stufe zwischen zwei Waggons. Deshalb war nur er nüchtern, als sie im Morgengrauen an kleinen Dörfern vorbeifuhren. Er dachte sich gleich, dass das Polen sei, weil das Land flach war, die Hütten mit Strohdächern bedeckt. Wieder fing die Sauferei an. Es war heiß, 1. August. Sie lagen auf dem Heu und lauschten dem Klopfen der Räder. Plötzlich sah Mathi, wie das Holz der Waggonbretter merkwürdig zersplitterte. Schreie, Blut.

»Jemand schießt auf uns!«

Der Zug begann rückwärts zu fahren. Die Verletzten starben, die Betrunkenen wachten auf.

»Verdammt, sie haben uns zur Ostfront gebracht.«

Selbst der Kompanieführer torkelte; er war nicht mehr fähig zu kämpfen. Irgendwelche Kinder bettelten um Brot. Über die Felder rannte ein Soldat; seine Uniform war zerrissen, sein Gesicht blutverschmiert.

»In Warschau ist ein Aufstand ausgebrochen!«, schrie er.

Sommer 2004. Es sind eintausendzweihundert Kilometer von Warschau nach Büllingen, einem belgischen Dorf an der Grenze zu Deutschland (auf der einen Straßenseite eine belgische Kneipe, gegenüber eine deutsche). Malerische Gegend, moderne Windräder zur Energieerzeugung. Mathias Schenk wohnt in dem kleinen Bauernhaus seiner Vorfahren, mit seiner Frau und dem jüngsten Sohn. Das Haus hat ein Strohdach. Die Großeltern haben diesen Ort *Hummelsdell* getauft, nach einem Hummelschwarm, der einst in der alten Esche nistete.

Über dem Kamin die Heilige Mutter Gottes von Tschenstochau. Ein Geschenk polnischer Bauern aus Ochodza, die Mathias 1945 das Leben gerettet haben.

Wir fuhren nach *Hummelsdell*, um einen Bericht über den Warschauer Aufstand zu hören. Einen Bericht der anderen Seite.

Es erzählt der achtundsiebzigjährige Belgier Mathias

Schenk, damals ein achtzehnjähriger Sturmpionier (der den SS-Männern den Weg freizumachen hatte). Sein Zug war der letzte, der am 1. August in das aufständische Warschau einfuhr.

»Das lässt sich nicht einfach so erzählen …«, verzieht Schenk das Gesicht. »Wenn man Leichen verbrennt, dann bewegen sie sich. Man hört Geräusche, wie ein Stöhnen. Damals dachte ich wirklich, dass sie noch leben würden. Und diese Fliegen und Würmer. Wie viele Menschen wurden in Warschau getötet? So um die dreihundertfünfzigtausend. Stimmt's?«

»Seit meiner Kindheit wollte ich Tierarzt werden. Wir hatten einen Bauernhof. Als 1940 die deutsche Wehrmacht in unserem Dorf auftauchte, war ich vierzehn Jahre alt. (Die Region Eupen-Malmédy ist heute deutschsprachiges Belgien. Als Grenzgebiet gehörte es mal zu der einen, mal zu der anderen Seite. 1919 wurde es laut dem Versailler Vertrag Belgien zugesprochen. Nach dem Einmarsch in Belgien betrachtete Hitler dieses Gebiet als einen Teil des Dritten Reichs.) Manche Nachbarn fingen an, mit ›Heil Hitler!‹ zu grüßen. Wir sagten wie früher ›Guten Tag‹. Sie betrachteten uns als Verräter, weil wir in den Fenstern keine Hakenkreuzfahnen hängen hatten. Die Nazis fragten Vater, warum ich nicht bei der Hitlerjugend sei. Sie verhörten meine Eltern, weil zwei meiner Brüder ins Innere Belgiens geflüchtet waren. Die Gestapo war bei uns, mich fragten sie auch nach ihnen. Der dritte Bruder versteckte sich in der Gegend. Doch sie schnappten ihn. Er kam später schwer verletzt von der russischen Front zurück. Mein bester Freund war mein Cousin Daniel, ein begabter Bastler. Er hat sogar heimlich ein Radio gebaut. Der Kasten empfing nur BBC. Unsere Väter erwischten uns, als wir gerade einer Sendung lauschten. Sie versohlten uns die Hintern und zerschlugen das Gerät.

Daniel wurde zur Wehrmacht eingezogen. Er war Funker, ist auf der Krim gefallen.

Seit meiner Kindheit kannte ich den Weg über die ›Grüne Grenze‹. Wir halfen Juden aus Deutschland, nach Belgien zu flüchten und schmuggelten Lebensmittel. Das letzte Mal habe ich die Grenze Ostern 1944 überschritten, schon in deutscher Uniform. Ich wurde geschnappt, hatte aber Glück, weil Herr Furt gerade der Diensthabende war. Ein Schuster aus Losheim. Vor dem Krieg hat er Schuhe für uns gemacht. Er ließ mich laufen.

Die Einberufung zum Reichsarbeitsdienst bekam ich im Oktober 1943. Das erste Weihnachtsfest weg von zu Hause. Es gab keine Passierscheine. Zwanzig von uns sprangen über den Zaun und gingen zur Mitternachtsmesse. Als Strafe mussten wir die Latrinen leeren, über einen Misthaufen laufen und Weihnachtslieder singen.

Ein halbes Jahr später wurde ich eingezogen, als Sturmpionier. Ein Teil der Jungs ist abgehauen. Ich konnte nicht, weil meine Familie schon aufgefallen war und uns gedroht wurde, Vater an die Ostfront zu schicken. Bei der Pionierschulung konnte ich die Wasserübungen nicht ausstehen. Ich habe nie schwimmen gelernt, weil mich der Oberst zu seinem Burschen bestimmt hatte.

Ich versuchte alles Mögliche, nur um für ein paar Tage nach Hause zu kommen. Als der Kompaniechef fragte, wer zu Hause genug Hühner hätte, um fürs Osterfrühstück hundert Eier mitzubringen, log ich und bekam vier Tage Urlaub. Ich sammelte die Eier bei allen Nachbarn ein. Im Dorf hatten sie gerade einen russischen Häftling, der aus dem Lager abgehauen war, gefangen. Er wurde barfuß durch die Straße getrieben, die Leute schlugen auf ihn ein. Damals gab es klare Vorschriften, wie ein Untermensch zu behandeln sei. Meine Mutter gab dem Unglücklichen ein Paar Schuhe und Butter.

Als ich zu meiner Einheit zurückkehren musste, schenkte sie mir einen Rosenkranz aus schwarzen Perlen.«

»Wir marschierten in Warschau über das Kopfsteinpflaster ein. Die Polen schossen, aber sie waren nicht zu sehen.

An den Häusern weiße Fahnen. Ich sprang durch ein ausgeschlagenes Fenster. Auf der Treppe lagen ein Mann und eine Frau; beide durch Kopfschuss in die Stirn getötet.

Wir stürmten die nächsten Häuser, überall Zivilisten, Frauen, Kinder. Alle mit einem Loch im Kopf. Wir erreichten die SS-Kaserne. Die zweite Kompanie, die auf Lastwagen gekommen war, ist falsch abgebogen und direkt zu den polnischen Stellungen gefahren. Ein paar LKWs brannten, die Soldaten flüchteten. Viele liefen vor die Gewehrläufe der Polen. Ein paar Meter von mir entfernt fiel ein Feldwebel.

Am nächsten Tag sollten wir eine Straße einnehmen. Wir liefen durch Schrebergärten. Unser Kompanieführer, Oberleutnant Fels, trieb uns nach vorne. Wir mussten die Tür des Hauses sprengen, aus dem am meisten geschossen wurde. Wir warfen Handgranaten und sprangen rein. Die Polen umringten uns, ein kurzer Messerkampf und wir flüchteten in die Sträucher. Vier aus unserem Zugwaggon kamen um. Fels trieb uns wieder zum Angriff, aber die Polen waren gut versteckt. Wir konnten uns nicht zurückziehen, weil sie auch von hinten schossen. Die ganze Nacht saßen wir in den Schrebergärten wie verschreckte Tiere. Ich hatte Durst und fand ein paar Tomaten. Die ganze Zeit beschossen uns die Polen. Am nächsten Tag, abends, kam uns die Infanterie zu Hilfe, aber wir kamen nicht vorwärts. Dann zog eine SS-Abteilung nach. Sie sahen merkwürdig aus, hatten keine Rangabzeichen, stanken nach Schnaps. Sie griffen aus dem Lauf an, ›Hurra!‹ und fielen in Dutzenden. Ihr Anführer, im schwarzen Ledermantel, wütete hinten und trieb die Nächsten zum Angriff. Ein Panzerwagen kam. Wir liefen mit den SS-Männern hinter ihm. Ein paar Meter vor den Gebäuden wurde er getroffen. Der Panzer explodierte, eine Soldatenmütze flog durch die Luft. Wieder flüchteten wir. Der zweite Panzer zögerte. Wir gaben vorne Deckung, während die SS-Männer Zivilisten aus den umliegenden Häusern heraustrieben, sie um den Panzer aufstellten und dann zwangen, sich draufzusetzen. Ich habe so etwas zum ersten

Mal in meinem Leben gesehen. Sie trieben eine Polin in einem langen Mantel vor sich her; sie drückte ein kleines Mädchen an sich. Die zusammengepferchten Menschen auf dem Panzer halfen ihr aufzusteigen. Jemand hatte ihr das Kind abgenommen. Als er es ihr zurückgeben wollte, fuhr der Panzer los. Die Kleine rutschte der Mutter aus den Händen. Sie fiel unter die Raupenkette. Die Frau schrie. Einer der SS-Männer verzog das Gesicht und schoss ihr in den Kopf. Sie fuhren weiter. Wenn einer zu fliehen versuchte, töteten ihn die SS-Männer.

Der Angriff war erfolgreich. Die Polen wichen zurück. Wir liefen ihnen hinterher. Hinter uns kamen Menschen mit erhobenen Händen aus den Kellern. ›Nich Partisani!‹ schrien sie. Ich habe nicht gesehen, was da vor sich ging, weil wir uns weiter mit den Polen beschossen, aber ich hörte, wie dieser SS-Mann im Ledermantel zu seinen Leuten schrie, sie sollten alle umbringen. Frauen und Kinder auch.

Wir stürzten den Polen hinterher in ein Haus. Wir waren zu dritt im Erdgeschoss und die Polen griffen von den Stockwerken oben und aus dem Keller an. Die ganze Nacht verbrannten wir im Kamin die verschiedensten Sachen, um etwas sehen zu können. Immer wieder mussten wir mit dem Bajonett kämpfen. Im Morgengrauen sah ich, dass wir nur noch zu zweit waren, unser Kamerad lag da mit durchschnittener Kehle. In jedem Zimmer waren Leichen. Vom Dach des Hauses gegenüber schoss ein Scharfschütze. Wir haben ihn getroffen. Als er runterstürzte, blieb er mit dem Bein an einem Balken hängen. Mit dem Kopf nach unten. Er hat noch eine ganze Weile gelebt.

Als wir zurückkehrten, lagen in den Straßen die Leichen der Polen. So viele, dass kein freier Fleck mehr da war, man musste über die Körper laufen. Bei der Hitze verwesten sie schnell. Die Sonne war vom Staub und von dichtem Rauch verdeckt. Es gab eine Menge Würmer und Fliegen. Wir waren blutverschmiert, die Uniformen klebten. Oberleutnant Fels, dieser fiese Fanatiker, begrüßte uns: ›Wo wart ihr, ihr unverschämten Schweine?!‹ Er lobte die SS für gute Arbeit. Ich konnte nichts essen, wir mussten uns übergeben.«

In der Kaserne hörte dann Bubi, dass der große SS-Mann im schwarzen Ledermantel Oskar Dirlewanger hieß und seine Leute Kriminelle waren, direkt aus dem Gefängnis. Erst nach dem Krieg erfuhr er mehr über diese ›Waffenbrüder‹. 1940 hatte Dirlewanger mit dem Einverständnis Himmlers Wilddiebe aus den Gefängnissen geholt, weil »sie über eine erstaunliche Schießfertigkeit verfügten« und wussten, wie man Fallen stellt. Dirlewanger – Doktor der Politikwissenschaften und seit 1922 NSDAP-Mitglied – hatte selbst schon im Gefängnis gesessen – wegen Belästigung von Minderjährigen.

Seine Leute wurden im Lager Oranienburg geschult. Sie waren wegen ihres grausamen Vorgehens gegen die Bevölkerung in der Region Lublin und in Weißrussland berüchtigt. Verluste in ihrer Einheit wurden durch SS-Männer aus Strafeinheiten und durch neue Kriminelle, die oft bereits schon zum Tode verurteilt waren, ersetzt. Im Sommer 1944 avancierten sie zur »Sturmbrigade«. Am 4. August setzte sie Himmler bei der Niederschlagung des Warschauer Aufstands ein. Die SS-Sturmbrigade *Dirlewanger* griff von den Straßen Wolska und Towarowa aus an, wütete in den Stadtteilen Altstadt, Powiśle, Górny Czerniaków und Zentrum. Für die Niederschlagung des Aufstands bekam Dirlewanger schon Mitte August eine Beförderung zum SS-Oberführer und Ende September wurde er mit dem *Ritterkreuz des Eisernen Kreuzes* ausgezeichnet.

»Damals, in den Kellern von Warschau, hieß er bei uns ›Der Schlächter‹. Aber nur heimlich, weil Dirlewanger schnell den Strick zur Hand hatte. Er hatte es sich zur Gewohnheit gemacht, immer donnerstags zu henken; Polen oder seine eigenen Leute – wegen jeder Kleinigkeit. Oft hat er selbst den Hocker unter den Füßen seines Opfers weggetreten.«

Im Restaurant setzt sich Schenk in die Ecke, immer mit dem Rücken zur Wand.

»Eine dumme Angewohnheit«, lächelt er, »seit dem Aufstand.«

»Nach ein paar Tagen wurden wir Dirlewanger zugeteilt, jeweils drei Sturmpioniere pro SS-Abteilung. Wir sollten den SS-Männern den Weg frei machen, Hindernisse beseitigen und Türen sprengen. Wir stürmten die Häuser und trieben Menschen hinaus. Wir waren Fels unterstellt, aber im Kampf führten wir die Befehle der Dirlewanger-Männer aus.

Immer ganz vorne. Zum Gebäude rennen, die Ladung anbringen und nach der Sprengung hineinspringen. Hinter uns zog Dirlewangers Horde nach. Sie sahen aus wie Lumpengesindel; dreckige, zerrissene Uniformen, nicht alle hatten Waffen, deswegen nahmen sie den Getöteten ihre weg. Morgens bekamen sie Schnaps. Wir Pioniere auch. Wir tranken auf leeren Magen, vor dem Angriff isst man nichts. Wenn sie dich in den leeren Bauch treffen, wirst du vielleicht noch durchkommen, bei einem vollen verreckst du unter schrecklichen Schmerzen.

Dirlewanger war stets hinten, manchmal fuhr er im Panzerwagen mit, immer gut gedeckt. Er trieb seine Leute an. Denjenigen, die zögerten, schoss er in den Rücken.«

»Für gewöhnliche Häusertüren reichte eine große Brechstange. An die stärkeren legten wir eine Sprengladung oder drei zusammengebundene Granaten. Die schwere Flügeltür des Bischofspalastes flog in alle Richtungen. Drinnen war alles purpurfarben. Im Speisesaal stand Essen auf dem Tisch. Noch warm. Wir rührten es nicht an, wir hatten Angst, es könnte vergiftet sein.

Man muss wissen, wo man eine Ladung anlegt. An der Seite, in der Mitte … Es kommt darauf an, in welche Richtung die Tür explodieren soll. Und alles musste ganz schnell gehen, denn hinter den Türen lagen die Polen auf der Lauer und schossen. Wenn man also eine Ladung auf der linken Seite anlegen wollte oder in der Mitte, dann kratzte man zuerst auf der rechten Seite, um die Polen zu täuschen.

Einmal brachte ich eine Ladung an einer großen Tür an, irgendwo in der Altstadt. Da hörten wir von drinnen: ›Nicht schießen! Nicht schießen!‹ Hinter der Tür stand eine Krankenschwester mit einem weißen Fähnchen. Mit aufgepflanztem Bajonett gingen wir rein. Eine riesige Halle mit Betten und Matratzen auf dem Boden. Überall Verletzte. Neben Polen lagen dort auch schwer verletzte Deutsche. Sie baten, die Polen nicht zu töten. Ein polnischer Offizier, ein Arzt und fünfzehn polnische Krankenschwestern des Roten Kreuzes übergaben uns das Lazarett. Doch hinter uns kamen schon die Leute von Dirlewanger angerannt. Ich schaffte es gerade noch, eine der Schwestern hinter eine Tür zu schubsen und sie einzuschließen. Nach dem Krieg habe ich erfahren, dass sie überlebte. Die SS-Männer erschossen alle Verletzten. Sie zerschlugen ihre Köpfe mit den Gewehrkolben. Die deutschen Verwundeten schrien und weinten. Dann fielen die Männer über die Schwestern her, zerrissen ihre Kleider. Uns jagten sie raus, um Wache zu schieben. Man hörte die Schreie der Frauen. Am Abend drang Gebrüll wie bei einem Boxkampf vom Adolf-Hitler-Platz herüber. Ich kletterte mit einem Kameraden die Trümmerberge hinauf, um zu sehen, was da los war. Soldaten aus allen Formationen: Wehrmacht, SS, Kamiński-Kosaken, Burschen der HJ. Pfeifen, Gejohle. Dirlewanger stand mit seinen Leuten da und lachte. Über den Platz jagten sie die Krankenschwestern aus dem Lazarett; nackt, mit den Händen auf den Köpfen. An ihren Beinen lief Blut herunter. Dahinter zogen die Männer den Arzt mit einem Strick um den Hals. Er war in ein Stück Fetzen gekleidet, das rot war, vielleicht vom Blut, und trug eine Dornenkrone auf dem Kopf. Sie gingen zum Galgen, an dem schon ein paar leblose Körper hingen. Als sie eine der Schwestern aufhängten, trat Dirlewanger gegen die Ziegel unter ihren Füßen. Ich konnte das nicht länger ansehen.

Wir rannten zurück zum Quartier, doch die Kosaken von Kamiński jagten Zivilisten durch die Straßen. Wir nannten sie ›Hiwis‹; das ist die Abkürzung von Hilfswillige. Neben uns fiel eine schwangere Polin zu Boden. Einer der Hiwis kehrte um und schlug mit der Peitsche auf sie ein. Die Frau versuchte auf allen vieren zu fliehen. Sie trampelten sie mit Pferden nieder.«

»Wir schliefen in Kellern. Im Quartier tranken wir, zwischen den Sturmangriffen, viel Schnaps: ›Vielleicht werde ich morgen angeschossen und kann nach Hause‹, sagten wir uns.

Einmal tranken wir zu dritt, der Scharführer Rudebeck, ein Bauer aus Westfalen, Justus aus Köln und ich, alle junge Sturmpioniere (ich glaube, die beiden anderen sind aus dem Krieg nicht zurückgekehrt). Wir haben so ein Spiel gespielt: du kriechst unter den Tisch, klopfst drei Mal und erzählst eine Lüge. Wer die größte erzählt, bekommt eine Flasche. Der aus Köln war als Erster dran. Er sagte: ›Wir gewinnen den Krieg!‹ und das Spiel war zu Ende.

Wir hatten Alpträume, ich schrie im Schlaf. Dann weckten mich die Kameraden mit kaltem Wasser. ›Bubi, du hast den Warschaukoller‹, sagten sie.

Wir schliefen in voller Montur, ständig war Alarm. ›Raus, raus!‹, brüllte Fels. Manchmal hörte man irgendwo hinter der Wand Polen. Einmal haben sie sogar etwas Schwungvolles gesungen. Manchmal weinte ich auch. Wenn du zum Angriff gehst, spürst du keine Angst, doch im Quartier kommt dann das große Zittern.«

»Wir sprengten eine Mauer, die einen großen Hof verdeckte. Die SS wollte die Gebäude gegenüber stürmen. Als ein Kamerad mit der Brechstange gegen die Tür schlug, bemerkte ich auf der linken Seite einen Polen. Ich zog meine Kameraden in ein Mauerloch, doch beide hatten schon etwas abbekommen. Einer von ihnen das ganze Magazin, den anderen traf es in die Lunge, die Kugel war von seiner

Erkennungsmarke abgeprallt. Als er atmete, quoll das Blut aus seinem Mund. Das Loch in der Brust stopfte ich mit Erde zu. Ich lag da, mit einem Toten und einem Verwundeten, drückte mich an die Mauer und betete. Der Junge stöhnte, die Polen warfen mit Granaten. Ich war ganz rot vom Blut und von den Fleischfetzen. Am Nachmittag kamen vier von der Wehrmacht mit einer Trage angerannt. Es gelang uns durchzukommen, doch den Verwundeten trafen drei Schüsse und er starb. Ich bekam kein Wort heraus, hatte Schüttelfrost und musste mich ständig übergeben. Der Major gab mir einen Tag frei, also konnte ich dabei sein, als sie die Kameraden begruben. Sie zogen ihnen die Schuhe aus und warfen sie mit anderen Toten in eine Grube. Dann schütteten sie Kalk drauf. Das alles mussten polnische Zivilisten machen.

Meine Kameraden fielen, neue wurden mir zugewiesen. Ich hatte ein unglaubliches Glück, vor allem deshalb, weil Fels – wenn er mich zum Angriff antrieb – sich wünschte, ich würde wie ›ein Hund verrecken‹ (Schenk lacht). Ich glaube, er mochte mich nicht. Unsere Gruppe der Sturmpioniere nannten wir damals ›Himmelfahrtskommando‹, weil wir immer vorne an der Spitze waren und man nie wusste, wo die Polen steckten, von wo sie schießen würden. Eine Kugel zischt und schon fliegst du zum Himmel. Doch wir lernten schnell von den schlauen Polen, wie man sich versteckt. Sie schossen zum Beispiel unter Dachziegeln hervor, die sie leicht anhoben. Viele kämpften in deutschen Uniformen und sprachen sehr gut deutsch. Wir konnten unsere Stahlhelme nicht tragen, weil die Polen sie auch trugen. Wir wollten nicht auf unsere eigenen Leute schießen.

Anfangs konnte ich nicht gut schießen. Man bestrafte mich für mangelnde Zielsicherheit. Ich konnte das linke Auge nicht zukneifen. Sie vermuteten, ich würde simulieren und schickten mich zum Arzt. Er sagte, ich solle auf der anderen Seite schießen. So wurde ich zum linksäugigen Schützen. Das war sehr nützlich bei Straßenkämpfen.

Einmal hatte ein Pole einem neuen Kameraden das Gewehr weggerissen. Fels kam mit den SS-Männern angerannt und befahl dem Jungen, es wiederzuholen. Der zitterte wie Espenlaub. Doch Fels griff nach der Pistole und jagte ihn den Polen hinterher. Der Junge kam gleich zurück, von Messerstichen stark verwundet; er blutete und schrie.

Wieder blieb ich allein. Meine Kameraden aus der Stoßtruppe waren durch Messer- und Bajonettstiche schwer verletzt. Es war der 6. August. Ab diesem Moment kann ich mich an die genauen Daten nicht mehr erinnern. Ich kann nur über die schwersten Kämpfe in einer gewissen Reihenfolge berichten, doch ohne Daten. Ich weiß noch, dass ich am 14. August eine Postkarte von dem Pastor aus Manderfeld bekommen habe, die letzte Nachricht von daheim. Am 15. August schaute ich auf das gegenüberliegende Weichselufer. Ich erblickte einen russischen Panzer. Dann einen zweiten und dritten. Sie fuhren bis ans Ufer. Bei uns brach Panik aus. Die Russen mussten unsere Stellungen genau erkennen können, doch sie schossen nicht. Die Panzer verschwanden zwischen den Häusern.«

»Ich lag in einem Zimmer des dritten Stockwerks. Der SS-Offizier hatte uns befohlen, das Haus zu halten. Die ganze Wohnung war mit einer dicken Sandschicht ausgestreut. Eine gute Idee; ich bewunderte die Hausbewohner dafür. So hätte ich das auch gemacht. Sie haben viel Arbeit reingesteckt. Der Sand schützte die Wohnung vor dem Feuer. ›Nach dem Krieg brauchen sie ihn nur wegzuschaffen‹, dachte ich bei mir. Aus dem Fenster warf ich Molotowcocktails in Richtung eines benachbarten Kinos. Ein Haus, das mit solchen Geschossen beworfen wurde, ging meistens in Flammen auf. Ich dachte, wir hätten die Polen ausgeräuchert, aber sie schossen immer noch zurück und warfen Granaten. In den Staubwolken der nächsten Explosion rannte ich die Treppe hinunter. Als ich an einem Fenster im Treppenhaus vorbeilief, spürte ich plötzlich einen Schmerz wie von einem Peitschenhieb und etwas Heißes. Mein Gesicht und die Hände waren voller Blut. Ich dachte, ich sei schwer verwundet. Auch meine Kameraden glaubten das. Sie rissen mir die Hose runter und krümmten sich vor Lachen. Auf der Pobacke hatte ich eine kleine Wunde. Die Kugel hatte die Feldflasche mit heißem Kaffee getroffen.«

Ungefähr zu dieser Zeit wurde Bubi zum Gefreiten befördert. Die Beförderung erfolgte zwangsläufig nach fünfzehn Kämpfen. Jeder Kampf wurde im Soldbuch dokumentiert. Selbst Fels murmelte etwas über Schenks Tapferkeit. Umso mehr als die Frontzeitung *Das Weichselblatt* davon berichtete, Gefreiter Schenk hätte deutsche Kriegsgefangene befreit.

»Das war reiner Zufall. Ich wollte nur die nächste Tür sprengen. Ich bringe die Ladung an, da höre ich ›Nicht schießen!‹ und eine weiße Fahne hängt im Fenster. Die Tür öffnet sich und dreißig deutsche Soldaten kommen heraus. Sie weinten vor Freude, küssten mich. Sie sagten, dass die Polen, die sie gefangen genommen hatten, sie gut behandelt hätten.«

Für Warschau bekam Bubi das Eiserne Kreuz zweiter Klasse.

»Manchmal gibt es in Filmen Szenen vom Warschauer Aufstand, aber da wird nichts von dem gezeigt, was ich gesehen habe. Bis jetzt habe ich es noch niemandem so genau erzählt. Ihr wollt alles wissen und das ist euer Recht. Aber dadurch wird es wieder so lebendig. Damals hatten wir keine Ahnung, dass diese Toten niemals sterben würden, dass sie immer bei uns bleiben. Alles ging so schnell. Die Schreie, die Schüsse. Einzelne Gesichter. Sie haben sich in meiner Erinnerung fest eingebrannt.«

(Schenk verbirgt das Gesicht in seinen Händen.)

»Wir sprengten eine Tür, ich glaube, es war eine Schule. Die Kinder standen in der Halle und auf den Treppen. Viele

Kinder. Die Ärmchen oben. Wir sahen sie einen Moment lang an, bis Dirlewanger hereinstürmte. Er gab den Befehl, sie zu töten. Seine Leute schossen. Dann trampelten sie auf ihnen herum und zerschmetterten die Köpfchen mit den Gewehrkolben. Das Blut tropfte die Treppe hinunter. Jetzt gibt es dort in der Nähe eine Tafel, dass dreihundertfünfzig Kinder umgekommen sind. Ich denke es waren mehr, an die fünfhundert.

Oder diese Polin.« (Schenk kann sich nicht erinnern, bei welchem Vorstoß das gewesen war) »Jedes Mal, wenn wir einen Keller stürmten und dort Frauen vorfanden, vergewaltigten sie die Männer von Dirlewanger. Oft mehrere dieselbe Frau, schnell, ohne das Gewehr aus der Hand zu legen. Damals hatte ich gerade einen Nahkampf hinter mir und stand zitternd an der Mauer, ich konnte mich nicht beruhigen. Dirlewanger und seine Männer platzten herein. Einer nahm eine Frau. Sie war hübsch und jung. Sie schrie nicht. Er vergewaltigte sie und drückte dabei ihren Kopf fest auf die Tischplatte. In der anderen Hand hielt er sein Gewehr. Zuerst schnitt er ihr die Bluse auf. Dann ein Schnitt – vom Bauch bis zum Hals. Das Blut spritzte. Wisst ihr, wie schnell im August Blut gerinnt …?

Da war auch noch das kleine Kind in Dirlewangers Händen. Er hat es einer Frau weggerissen, die in der Menge auf der Straße stand. Er hob es hoch und warf es ins Feuer. Dann erschoss er die Mutter.

Oder dieses Mädchen, das plötzlich aus dem Keller kam; es war mager und nicht sehr groß, so um die zwölf Jahre alt. Das Kleidchen zerrissen, die Haare zerzaust. Auf der einen Seite wir, auf der anderen die Polen. Sie stand an der Mauer und wusste nicht wohin. Sie hob die Ärmchen, sagte: ›Nich Partisani.‹ Ich winkte ihr zu, sie soll keine Angst haben und zu uns rüberkommen. Sie näherte sich mit erhobenen Händen. In der einen Hand hielt sie etwas. Sie war schon ganz nah, da knallte ein Schuss. Das Köpfchen knickte um, aus der Hand fiel ein Stück Brot. Am Abend kam ein Zugführer

auf mich zu, er war aus Berlin. ›War das nicht ein Meister-
schuss?‹. Er lächelte stolz.

Oft kamen Kinder zu uns. Sie konnten ihre Eltern nicht
mehr finden. Sie wollten Brot. Ein kleiner Pole brachte
uns Essen, wenn wir Wache hatten. Ich glaube, er war kein
Kriegsgefangener, ich weiß es nicht. Ich hatte gerade Wache im Keller einer Textilienfabrik. Er sprach kein Deutsch,
aber wir konnten uns mit Händen und Füßen verständigen.
Wenn ich Zigaretten hatte, gab ich ihm welche. Ein SS-
Mann kam vorbei. Er winkte und der Kleine folgte ihm.
Dann hörte ich einen Schuss. Ich rannte hin, der Junge lag
tot auf der Treppe. Jetzt richtete der SS-Mann die Pistole auf
mich. Er sah mich lange an, aber schließlich ist er gegangen.
So war es in Warschau.

Unser Maskottchen war ein körperbehinderter Junge,
auch so um die zwölf. Er hatte ein Bein verloren, konnte
aber sehr schnell auf dem anderen springen. Darauf war er
sehr stolz. Er hüpfte immer um die Soldaten herum, hin
und her. Wir sagten, das würde uns Glück bringen. Manchmal half er mit. Eines Tages riefen ihn die SS-Männer zu
sich. Gerne sprang er zu ihnen rüber. Sie lachten, sagten, er
solle zu den Bäumen hüpfen. Von Weitem sah ich, wie sie
ihm zwei Handgranaten in den Beutel steckten. Er merkte
nichts. Er hüpfte und sie lachten: ›Schneller, schneller!‹. Er
flog in die Luft.

Normalerweise wache ich sehr früh auf, meine Frau
schläft dagegen lange. Manchmal, im Halbschlaf, sehe ich
die Toten vor mir. Manchmal versuche ich, diejenigen zu
zählen, die ich getötet habe. Ich schaffe es nicht.«

»In Warschau war das Wasser sehr knapp. Am Verbands-
platz stand eine Wanne, in die man immer wieder frisches
Wasser nachfüllte. Einmal sprang ich hinein. Viele sind rein
gesprungen. Ein befreundeter Sanitäter sagte mir, in einem
verlassenen Keller hätten sie eine Menge Unterwäsche gefunden. Sie war hellblau, also nicht gemäß den Vorschriften.

Ich warf meine Armeewäschelumpen fort. Später bekam ich vom Feldwebel für die zivilen Unterhosen eine Woche Strafkompanie aufgebrummt. Ich musste an der Weichsel Minen schleppen.

Den zweiten Strafdienst bekam ich für den Priester. Wir sprengten die Hintertür eines Klosters. Sie war sehr schwer und führte zum Keller. Das Kloster, ein riesiges Gebäude nicht weit von der Altstadt, war von den Bomben und Granaten schon schwer beschädigt. Zu zweit sprangen wir hinein. Vor uns stand ein Priester. Er hielt eine Oblate und einen Messkelch in den Händen. Vielleicht war es ein Reflex, ich weiß nicht; wir knieten nieder, er gab uns die Oblate. Der dritte aus unserer Gruppe kam angerannt. Auch er bekam die Oblate. Dann stürmten die SS-Männer hinein; wie immer Schüsse, Schreie, Stöhnen. Die Nonnen trugen ihre Ordenskleider. Ein paar Stunden später sah ich den Priester in den Händen der Leute von Dirlewanger. Sie tranken Wein aus dem Messkelch, die Hostie lag zerbröckelt auf dem Boden. Sie urinierten auf ein Kreuz, das an der Mauer lehnte. Sie quälten den Priester; sein Gesicht war blutig, die Soutane zerrissen. Wir haben ihnen diesen Priester weggenommen, das war wie ein Reflex. Die SS-Männer waren verdutzt, aber so betrunken, dass sie nicht wussten, was passierte. Auch am nächsten Tag konnten sie sich an nichts erinnern. Den Priester brachten wir zu unserem Bataillon, ich habe nichts mehr von ihm gehört, aber unterwegs sind wir zufällig Fels begegnet. Für den Priester bekam ich eine Strafwache ganz alleine auf einer Brücke. Ich glaube, es war die Kierbedzbrücke. Die Weichselbrücken waren schon gesprengt, aber ein Teil der Brückenbogen stand noch. Die Russen hatten ein Maschinengewehr auf ihrer Seite, und wir hatten unseres auf unserer Seite positioniert. Ich sollte auf der Brückenmitte Wache halten zwecks Aufklärung. Ich versteckte mich hinter den Stahlträgern. Die Nacht war ruhig. Von Zeit zu Zeit beschossen sich beide Gewehre, aber mehr wie zum Salut, weil sie zu weit voneinander entfernt waren.

Tagsüber bewegten sich die Russen ziemlich unbekümmert. Im Hinterland fuhren kleine Wagen herum, die die Feldküche brachten. Offiziere mit breiten Schulterklappen beobachteten durch Feldstecher unseren Teil von Warschau. Die Soldaten sonnten sich.

Während einer anderen Strafwache, versteckt in Stoffballen in einer Textilfabrik, beobachtete ich Polen. Im Falle eines Angriffs von ihrer Seite sollte ich eine Signalrakete abfeuern und flüchten. Es waren ungefähr vierzig. Ein Offizier in Uniform hatte das Kommando. Sie sahen elend aus. Viele waren verwundet. Ich erkannte Frauen mit Gewehren, Zivilisten, Kinder. Sie hatten ziemlich schlechte Waffen. Abends machte ich Meldung, am nächsten Morgen stürmten wir das Versteck der Aufständischen.

Ich weiß nicht mehr, an welchem Tag wir beschlossen, dieses Schwein Fels umzubringen, um selbst zu überleben, denn er jagte uns immer nach vorne. Zu siebt oder zu acht losten wir die Gewehre aus. Zwei waren geladen. Als Fels für einen Moment vorne war, schossen wir ihm sofort in den Rücken. Er fiel zu Boden und wir rannten weg. Der neue Kompanieführer war menschlicher.«

»Heute weiß ich nicht mehr, ob wir die Staatliche Druckerei für Wertpapiere oder die Polnische Bank sprengten. Auf jeden Fall war es irgendwo im Stadtzentrum. Lange konnten wir das Gebäude nicht einnehmen. Da bekamen wir den Befehl, es vom Keller aus zu untergraben. Wir gruben zu zweit, nur in Unterhosen. Wir wechselten uns ab. Als ich gerade an der Spitze des Tunnels arbeitete, vernahm ich einen merkwürdigen Geruch, dann holte mein Kollege die Erde nicht mehr ab. Ich kroch zu ihm; er lag tot da. Ich konnte die Polen hören. Wahrscheinlich hatten sie den Keller zurückerobert. In der Nacht kroch ich heraus und fand über die Keller zu meinen Leuten zurück. Ich erkannte den Wachtposten nicht. Er befahl mir, mich auf den Boden zu legen. Ich rief meinen Namen und meine Losung:

›Heidekrug‹. Er fragte, warum ich nur Unterhosen anhätte, schließlich glaubte er mir.

Am nächsten Tag brachten sie einen *Goliath*. Zivilisten mussten ihm den Weg bahnen, weil die Polen gelernt hatten, diese Sprengpanzer schon an unseren Stellungen in die Luft zu jagen und viele Soldaten dabei umgekommen waren. Der *Goliath* schlug ein Loch in die Mauer. Die ganze Nacht jagten wir und die Polen uns gegenseitig durch die Keller und Stockwerke. Morgens kam ein Panzer und das Gebäude wurde gestürmt. In den Kellern lag eine Menge Goldmünzen. Wir stopften so viele in unsere Taschen, dass uns die Hosen runterrutschten. Dann verschwand das Gold. Man munkelte, Dirlewanger hätte es wegbringen lassen.«

»Ich glaube, der nächste Einsatz, von dem ich jetzt erzähle, war mein letzter: Wir stürmten irgendein Gebäude, ich rannte übers Feld. Ein verwundeter Soldat lag am Boden. Ich gab ihm Wasser aus meiner Feldflasche, dann lief ich weiter, um die Tür zu sprengen. Die SS war hinter uns. Als ich zurückkam, hielt mich Dirlewanger an. Er zeigte auf den Verwundeten: ›Hast du diesem Schwein zu trinken gegeben?‹. Erst jetzt bemerkte ich, dass der Soldat in deutscher Uniform eine verschmutzte, weiß-rote Armbinde trug.

›Erschieß' ihn!‹, Dirlewanger gab mir seine Pistole.

Reglos stand ich da – ich hatte genug von allem. Dirlewanger war so wütend, dass ich nicht verstehen konnte, was er schrie. Der Pole schaute mich an. Diesen Blick werde ich nie vergessen. In Warschau hatte ich gelernt zu erkennen, ob ein Verwundeter nur noch zehn Minuten leben würde oder ein paar Stunden. Wenn man so viele Sterbende sieht, dann weiß man irgendwann, wie lange jemand noch leben wird. Einer der SS-Männer aus Dirlewangers Truppe riss mir die Pistole weg und erschoss den Polen.

Dirlewanger schrie, er würde mich erschießen. Doch dann kamen Soldaten der Wehrmacht angerannt, also drohte er mit dem Kriegsgericht. Ein Infanterieoffizier begann eine hitzige Diskussion mit ihm. Ich machte mich aus dem Staub.«

»Ende September kamen drei Polen mit erhobenen Händen auf mich zu. Sie gaben mir ihr Maschinengewehr und zwei Pistolen. Einer sprach perfekt Deutsch. Ich war allein auf dem Wachtposten und wusste nicht, was ich mit ihnen machen sollte. Ich sagte, sie müssten warten und dass es besser wäre, wenn sie niemand bemerken würde. Zum Glück konnte ich unseren neuen Oberleutnant schnell finden. Er holte die Gefangenen persönlich ab und brachte sie zur SS.

Der letzte Brückenkopf der Aufständischen hatte kapituliert. Als Repräsentant seines Volkes kam ein hoher Offizier mit einer weißen Fahne. Wir führten ihn zum Bataillonskommandeur. Ich konnte dort Major Wullenberg, Dirlewanger und andere Kommandanten erkennen. Nach ein paar Stunden kamen die Polen; es waren eine Menge Leute und Waffen. Alle Verwundeten wurden im riesigen Magazin einer Essigfabrik untergebracht. Man befahl uns rauszugehen. Von draußen hörten wir Schreie und Schüsse. Ich weiß, was dort passierte.

In den Tagen der Kapitulation stieß ich auf Fels. Er war schwer verletzt, aber er hatte unser Attentat überlebt. Ich machte einen Bogen um ihn. Dirlewanger sah ich zum letzten Mal, als er mit zwei sehr schönen Frauen durch die Ruinen lief. Die Stadt in Flammen, die Straßen voller Leichen. Sein Ledermantel war zerrissen. Die Frauen – eine Blondine und eine Brünette – sehr elegant und gepflegt. Sie plauderten fröhlich. Ich weiß nicht, ob es Polinnen waren, ich war zu weit weg.

Das, was von Warschau übrig geblieben war, sprengten die Sprengmeister. Wir wurden verlegt, doch im November waren wir wieder in der Stadt. Einmal spielten wir Fußball. Der Ball fiel in einen Keller. Ich sprang hinterher, um ihn zu holen. Dort lagen unzählige Leichen, fast schon Skelette.«

In Ochodza, einem kleinen Dorf bei Gnesen, erinnert man sich noch an Mateusz, aber nicht aus der Zeit, als er sich im Stall der Brzewińskis versteckte, sondern als eleganten Herren, der in den Achtzigerjahren mit einem Bus voller Lebensmittel und westlicher Kleidung vorbeikam. Die Geschenke hat der Pfarrer unter den Gemeindemitgliedern verteilt.

Wir schauten in den Hof der Libners rein. Józef Libner ist letztes Jahr gestorben. Er war ein Altersgenosse von Mateusz; sie rauften gerne, balgten auf dem Hof herum, doch Mateusz – im Nahkampf geübt – behielt immer die Oberhand.

Libners Sohn zeigte uns das eingeschnitzte Datum in der Holzwand der Toilette: 1946 M. S. »Die Toilette haben wir schon zwei Mal umgebaut, aber Papa wollte, dass diese Bretter bleiben, weil sie ein Andenken an Mateusz sind.«

»Ich habe das mit einem Taschenmesser reingeschnitzt«, Schenk ist gerührt, als wir von Ochodza erzählen. »Józef und ich waren Blutsbrüder. Wir schnitten uns in die Handgelenke und legten sie aneinander, wie Indianer.«

Der Rückzug des Sturmpioniers Schenk aus Warschau ist eine Geschichte für sich. Er hat sie vor ein paar Jahren niedergeschrieben. Von den Soldaten, mit denen er am 1. August nach Warschau gekommen war, sind drei übrig geblieben. Im Winter 1944 flohen sie vor den russischen Panzern und vor SS-Kommandos, die Fahnenflüchtige an Bäumen aufhängten. Hungrig und erschöpft liefen sie in Richtung Gościeszyn (Godesberg) bei Gnesen, wo sich die zerstreuten Soldaten sammeln sollten.

»Wir haben fast alle Waffen weggeworfen. Die Gurte und Helme auch. Manche versuchten ihre Wunden zu verdecken, damit sie die Kameraden nicht zurückließen. Die Iwans verfolgten unsere Spuren im Schnee. Sie schnitten uns den Weg zum Wald ab. Wir flohen auf einen zugefrorenen See. Sie kamen uns nicht nach auf das Eis, aber ein Panzer schoss in den See. Ein Kamerad begann das Vaterunser zu beten, er wurde immer leiser, bis nichts mehr zu hören war. Er starb. Als die Wolken den Mond verdeckten, krochen wir ans Ufer. Die Russen rauchten Zigaretten, wir robbten zwischen ihren Stellungen durch. Im Wald versteckten wir uns, doch mittags fuhr der Panzer wieder unseren Spuren nach. Ich hatte keine Kraft mehr und blieb in einem Graben am Waldrand liegen. Über der Uniform trug ich einen weißen Schutzanzug, ähnliche hatten die Russen.

Polnische Bauern fanden mich. ›Russe?‹, fragten sie, ›Deutscher?‹. Ich nickte. Darauf sagte der größte von ihnen: ›Armer Junge, hast du Hunger?‹. Sie brachten mich zu sich nach Hause. Ich hatte Angst. ›Die Polen sind durchtrieben, hinterlistig und falsch‹, hatte man uns bei der Armee beigebracht. Als ein Mädchen mit einem großen Messer in die Küche kam, dachte ich, sie würden mich erstechen. Sie schnitt meine Schuhe auf, weil sie sie mir nicht ausziehen konnten. Ein Bein und eine Hand waren gebrochen und ich hatte einige Erfrierungen. Sie gaben mir warme Milch. So kam ich zu den Brzewiński-Brüdern aus Ochodza (sie leben nicht mehr). Zu dem älteren, Ignacy, sagte ich ›Vater‹, zu Wincenty ›Onkel‹. Mich nannten sie Mateusz. Sie versteckten mich im Stall, wo drei Pferde standen: Mucka, Gniady und Murzyn. In frostigen Nächten schlief ich über einem Kartoffeldämpfer.

Den Russen, die im Dorf vorbeischauten, sagten die Brzewińskis, ich sei ein schwer kranker Sohn, denn um die Kranken machten die Russen einen weiten Bogen. Den polnischen Behörden redeten sie ein, ich würde mich schon seit einem halben Jahr bei ihnen verstecken, weil ich aus der Wehrmacht desertiert sei.

Warum sie mich gerettet haben? Ich habe es nie erfahren. Wahrscheinlich aus Mitleid; ich sah wie ein zusammengeschlagenes Kind aus. Einmal sagten sie, sie hätten es wegen des schwarzen Rosenkranzes getan, den sie auf meiner Brust gefunden haben, als sie mir die Uniform auszogen.«

Eines Tages sagte ›Vater‹: »Hitler kaputt, Krieg kaputt«, und Mateusz musste sich nicht mehr verstecken. Das Dorf mochte Mateusz und er war glücklich in Ochodza. Er half auf dem Bauernhof.

»Ich wurde in Trzemeszno verhört; von einem Polen und einem Russen. Sie befahlen mir, mich auszuziehen, wollten sehen, ob ich SS-Tätowierungen hatte. Im Hof lag ein erschossener Junge in Hitlerjugenduniform. Sie rümpften die Nase über die neunzehn Nahkämpfe in Warschau, die in meinem Soldbuch dokumentiert waren. Doch ›Vater‹ verbürgte sich für mich und das Buch mauerte er in einer Wand ein.

Ich erinnere mich, wie der örtliche Probst aus dem KZ zurückkam. Die Gemeindemitglieder fuhren ihm entgegen. ›Vater‹ nahm mich auch mit. Der Pfarrer musste sich auf einen Stock stützen. Er war dürr und blass und trug gestreifte Häftlingskleidung. Wir fuhren zur Kirche. Zum ersten Mal nach langer Zeit hörte ich das *Tantum ergo*; es klang wie zu Hause. Der Pfarrer ging durch die Kirche, sang und segnete. Mich auch. Ich war glücklich, voller Scham und Schuld.«

Mateusz verließ Ochodza im Juni 1946. Die Brzewińskis gaben ihm zweihundert Zloty, Brot und Butter mit auf den Weg.

»Die provisorische belgische Botschaft war in Warschau. Ich saß auf der Treppe des Gebäudes, das ich einmal gestürmt hatte. Die Menschen wohnten in Kellerruinen. Nur die Straßenbahn fuhr über die Weichsel zum Stadtteil Praga. Drei Monate dauerte meine Rückkehr nach Hause. Über polnische Arreste und ein amerikanisches Kriegsgefangenenlager in Berlin. Die belgische Gendarmerie brachte mich nach Brüssel zum Verhör. Die Belgier wollten mich nicht. Ich hatte keine Papiere. Jeder konnte behaupten, er sei Belgier.

Meine Frau lernte ich nach dem Krieg kennen. An der deutsch-belgischen Grenze haben damals alle geschmuggelt. Sie war mit einem Ferkel nach Belgien unterwegs, ich mit Kaffee nach Deutschland. Wir begegneten uns im Wald und so kam ich mit einem Ferkel nach Hause zurück.«

Mathias Schenk hat drei Söhne und eine Tochter. Dreißig Jahre produzierte er in Brüssel Spachtelkitt für Autos und schleifte Karosserien. Den Spachtelkitt verkaufte er in ganz Europa. Jetzt führen sein Sohn und sein Schwiegersohn die Firma.

Zehn Jahre lang nahm er an Pilgerfahrten nach Banneux teil, wo die Mutter Gottes einem kleinen Mädchen erschienen war. In den Achtzigerjahren organisierte er in Brüssel Hilfsaktionen für die polnische Bevölkerung. Zweiunddreißig Mal brachte er Lebensmittel, Kleidung und Windeln nach Polen.

»Ich war wieder in Warschau. Ich habe Veteranen des Warschauer Aufstands getroffen. Sie waren nett zu mir. Einer erzählte, wie sie am 1. August den letzten deutschen Zug beschossen haben. Damals in Ochodza wusste ich nicht mehr, wer ich war; Belgier, Deutscher, Mateusz? Ich wusste nicht einmal, ob Belgien noch existierte. Ich dachte, meine Familie würde nicht mehr leben. Hätte ich im März 1946 nicht eine Nachricht von ihnen bekommen, wäre ich in Ochodza geblieben. Und ich wäre ein Pole, so wie ihr.«

Mitautorin ANGELIKA KUŹNIAK

2004

ÜBER DIE NEISSE, ÜBER DIE ODER

Angeblich warten in Russland, in Weißrussland und in der Ukraine drei Millionen Menschen auf einen Transport nach Westeuropa, und in der Türkei – die nächste Million. »So viel Ware«, reiben sich die Schlepper die Hände und rechnen es in Mark um.

I. Die Führer, also die Hunde*

Donnerstag früh. Arek Banecki sitzt in langen Unterhosen und im weißen T-Shirt mit großer, roter Aufschrift ›Hamburg‹ auf der Hausschwelle. Nyska hat ihn geweckt – eine alte, schwarz-weiß gefleckte Kuh (wenn man sie nicht melkt, dann brüllt sie so laut, dass beinahe die Dachziegel vom Stall herunterfallen). Irka, die Frau von Banecki, läuft um den Brunnen herum und macht sich mit der ersten Zigarette wach. Sie raucht viel, seitdem sie ihre Arbeit in der Gubiner Schuhfabrik verloren hat. Die Fabrik hat Bankrott

---

* siehe Seite 221

gemacht und Irka blieben nur vier Monate mit Arbeitslosengeld.

Sie leben in einem kleinen Dorf bei Gubin. Die LPG gibt es nicht mehr, die Landwirtschaftlichen Produktionsgenossenschaften wurden aufgelöst.

Arek Banecki ist 23 Jahre alt. Er weiß selbst nicht, was er nun wirklich ist: Schlepper oder Klempner? Denn ein Mal in der Woche hat ein Kollege Arbeit für ihn, und dann montiert er mit großem Geschick Zentralheizungen. Zuletzt bei einem ›Kippenschieber‹, der Zigaretten nach Deutschland schmuggelt (»Was der sich für eine Hütte hingestellt hat!«, seufzt Banecki).

Aber Arek ist wohl doch eher ein Schlepper, denn wenn die Neiße an der Grenze nicht wäre, wären sie schon längst vor Hunger krepiert: er, seine Frau Irka, seine jüngere Schwester Aśka (20 Jahre alt) und sein Bruder Witek (18 Jahre alt). Der jüngste der Baneckis wohnt in einem Wohnblock in Gubin; in der ganzen Familie hat er das beste Händchen für Geschäfte. Wahrscheinlich ist es wegen des riesigen, kahl rasierten Schädels, dass ihn seine Kumpels und die Grenzbewohner *Kojak* nennen. Witek ist derjenige, der die Schwarzen* für einen Wurf* über die Neiße organisiert.

Letzten Sonntag hatten sie acht Jungs aus Sri Lanka. Nette Kerle. Sie waren leise, aber die Hunde spürten sie auf. Arek, der die Gruppe führte, sprang in die Neiße und machte die Fliege. Die Schwarzen landeten im deutschen Gefängnis.

Arek kann sich noch erinnern, wie sie vor vier Jahren zum ersten Mal Sri Lanka über die Grenze warfen*. »Wo ist denn das, verdammte Sch…«, fluchte er, als sie im Schulatlas den Staat Sri Lanka suchten. Witek zeigte auf die Insel Ceylon im Indischen Ozean. »Meine Güte, ist das weit!« Arek konnte es nicht fassen.

Die Arbeit ist einfach, wären nicht die Zolls*
und die Wops*

Als Kojak noch der kleine Witek war, bekam er von den Wops ein Fahrrad und eine Uhr; er hatte einmal Nyska am Fluss weiden lassen und beobachtete dabei wie sich jemand im Gebüsch heranschlich. Er lief zum Wachtturm. In der Schule, beim Appell sagten dann die Wops, man hätte Dank Witek einen gefährlichen Verbrecher gefasst, der in die DDR flüchten wollte. Ein Jahr später klopfte an die Tür der Baneckis der erste Bulgare. Er wusste nur »hundert Mark« zu sagen, gab ihnen einen Hundertmarkschein und die Kinder führten ihn an die Neiße.

Die Arbeit war einfach. Bulgaren, Rumänen kamen, sie zahlten und fragten nach einem Übergang im Fluss. Morgens war das Getreide so niedergetrampelt, als ob eine Kuhherde durchgelaufen wäre. In der Erntezeit schwammen alle Garben in der Neiße, weil die Flüchtlinge sie hineingeworfen hatten und über sie hüpften, um auf die andere Seite zu kommen. Auch heute wäre die Arbeit einfach, wären nicht die Zolls und die Wops.

Die Kuh zieht es an die Neiße

Ich habe die Baneckis besucht. Sie luden mich nicht ins Haus ein, wir saßen im Hof. Bis zur Neiße sind es von dort aus ungefähr noch dreihundert Meter. An dem Grenzfluss darf man nicht herumlaufen, aber die Baneckis haben Nyska zur Hilfe.

»Unsere Kuh zieht es an die Neiße und wir müssen auf sie aufpassen«, lachen sie.

»Ich spiel' dieses Spiel nicht mehr«, versicherte Arek, als ich ihn nach Menschenschmuggel fragte.

»Sagen wir mal, ich hätte im Wald zwanzig Afghanen stehen, bringt ihr sie rüber?«

»Kein Problem. Sie geben mir hundert Mark pro Kopf und die Sache wird erledigt«, wurde Arek plötzlich munter.

Banecki hat ein lebenslanges Einreiseverbot in Deutschland. Vor zwei Jahren ging er in die Falle, als er mit Aśka zwanzig Schwarze über die Grenze warf.

»Wir kommen ans deutsche Ufer, da springen die deutschen Zolls aus dem Gebüsch. Die Schwarzen rotteten sich zu einer Gruppe zusammen, und ich mit Aśka ab in die Neiße. Doch vom Fluss her kamen schon die Deutschen mit Hunden.«

Er bekam drei Jahre. Zehn Monate saß er in einem deutschen Gefängnis ab, Aśka sechs.

Banecki, halt!

Irka Banecka sagt, das alles sei wegen der Armut und wegen des Fotos in der deutschen Zeitung. Im September 1992 rodeten sie Kartoffeln – Arek war damals 17, Aśka 14 Jahre alt, und Witek hatte gerade mit der sechsten Klasse begonnen.

»Journalisten kamen zu uns aufs Feld, ein Pole und eine Deutsche. Sie gaben uns hundertfünfzig Mark: ›Stellt euch neben den Grenzpfahl, wir machen ein Foto von euch.‹ Wir stellten uns hin. Dort rannten wir ja häufig der Kuh hinterher oder liefen mit den Bulgaren herum.

Eine Woche später kam auf unseren Hof einer der Wops angerannt und schnauzte Vater an. Gerade als unsere Grenzjungs den Deutschen zeigten, wie ordentlich es bei uns zugehen würde, zog einer von den Anderen eine Zeitung hervor: Auf der dritten Seite ein Riesenfoto – die Rotznasen der Baneckis am Pfahl Nummer 401 und eine große Überschrift: ›Die Grenzer werden uns nie bekommen.‹«

Um die Baneckis wurde es laut auf beiden Seiten des Flusses.

»Doch in diesem Metier hilft es nicht gerade, wenn man berühmt ist«, verzieht Arek das Gesicht. »Vor Kurzem warf ein Kumpel Schwarze rüber und wurde von den Zolls aufgegabelt. Als er in den Fluss sprang, riefen sie: ›Banecki, halt! Banecki, halt!‹ Die können mich einfach nicht vergessen.«

Die Schwarzen sind jetzt klüger und zahlen nach dem Wurf

Einmal malte ein Afrikaner auf dem Hof der Baneckis ein Krokodil in den Sand, als er erfuhr, dass er durch den Fluss gehen sollte. Er ließ sich nicht vom Gegenteil überzeugen, obwohl die anderen langsam und deutlich immer wieder sagten: »Es gibt kein Krokodil! Gibt es nicht!«. Wahrscheinlich hat er in einem Lastwagen die Grenze überschritten, denn sie haben ihn nie wieder gesehen.

»Und könnt ihr euch an die schwarze Oma erinnern, die mit Dollars um sich warf?«, mischt sich Aśka ein. »Sie konnte nicht mehr laufen, normalerweise nimmt man solche nicht mit, damit der Rest nicht erwischt wird. Doch die Alte begann lauthals zu jammern und zog Dollars hervor. Also haben die Jungs eine Schubkarre aus der Scheune geholt und fuhren die Oma rüber. Wenn sie müde wurden, zog die Alte wieder die Dollars unterm Rock hervor. Dann setzten sie sie auf einen Traktorreifen und brachten sie so über die Neiße.«

»Die Schwarzen sind inzwischen klüger geworden«, sagt Arek. »Jetzt zahlen sie erst nach dem Wurf. Weil sie von den Taxifahrern gef… wurden. In dem Fluss Lubsza bei Lubsko stellten sie weiß-rote Pfähle auf, um die Neiße vorzutäuschen. Der Schwarze zahlte, glücklich, bei den Deutschen zu sein, dabei waren es noch dreißig Kilometer bis zur Grenze.«

»Manchmal sind es so arme Teufel«, seufzt Aśka, »wie soll man so einem nicht helfen? Alle Möglichen sind dabei: Professoren, Ingenieure, einmal hatten wir sogar dreißig Lehrer. Nette Leute. Hin und wieder wollen sie, dass wir mit ihnen in die Welt ziehen, sie sagen: ›Kommt mit uns‹«.

Arek kritzelt mit einem Stock im Sand.

»Wir hatt'n schon solche ohne Fuß und Arm. Die sagten, sie würden aus dem Krieg kommen. Es reichte, sie direkt in die Arme der Zolls zu schubsen und sie bekamen sofort Asyl. Heute ist das ganz anders«, runzelt Banecki die Stirn, »man muss sie ungefähr hundert Kilometer hinter der Neiße abwerfen. Denn wirfst du zu nah, dann fahren sie die Deutschen zurück nach Polen. Na und in der Nacht musst du mit den Schwarzen aufpassen. Einmal habe ich drei geführt. Ich entferne mich für einen Moment, um zu schauen, ob nicht irgendwo die Wops herumschleichen. Ich komme zurück und die Schwarzen sind wie vom Boden verschluckt. Sie standen ein Stück weiter, zum Glück hat einer gelächelt.«

Ihr habt Fabriken, wir haben die Neiße

Für einen Schlepper ist die Furt der Neiße sein Arbeitsplatz und der Fluchtweg.

»Wenn ich abhaue, dann gebe ich vor zu schwimmen«, Arek fuchtelt mit den Armen wie beim Kraulen. »Oder zu ertrinken, auch wenn mir das Wasser nur bis zu den Knien geht. Um den Zolls die Furt nicht zu verraten.«

Kennen Sie das? »Wir pack'n die Neiiißeee, wir pack'n die Oooodeeer«, singt Banecki leise. »Unsere Hymne.«

Das Gespräch wurde von zwei Trabants (in einen passen zehn Schwarze) und einem Wartburg unterbrochen, die in einer Staubwolke in den Hof schossen. Es war *Kojak* mit seinen Kumpels. Er war von meinem Besuch nicht begeistert. Die Stimmung schlug um. Arek brachte mich zum Tor.

»Ihr habt Fabriken in den Städten, und wir haben die Neiße.«

Am nächsten Morgen nahm sich Arek den Auspufftopf des Trabants vor. Er war in der Nacht gerissen, als sie mit Sri Lanka fuhren. Der Wagen röhrte und *Kojak* war wütend, dass die Kiste nicht funktionierte. Die aus Sri Lanka müssen wieder rübergeworfen werden, vielleicht schon heute. Angeblich haben die Deutschen sie gleich den Polen übergeben, und gestern haben sie die Wops nach Zielona Góra gebracht und dort wieder laufen lassen.

2. Die Ware

Donnerstag früh, fünfhundert Kilometer von der Hausschwelle, auf der Arek Banecki sitzt. Der dunkelhäutige Arul und seine sieben Gefährten aus Sri Lanka treiben sich auf dem Warschauer Basar *Europa* herum (früher *Stadion des Jahrzehnts*). Gestern haben sie die polnischen Grenzbeamten bei Zielona Góra frei gelassen. Auf dem Basar suchen sie nach Kontakten mit Schleppern, um wieder an die Neiße zu kommen.

Hier in der Allee, wo die Vietnamesen und Koreaner Handel treiben, haben sie das letzte Mal den ›älteren Herren mit dem Bart‹ gesehen. Sie wissen nicht, wie er heißt, wo er wohnt. Eine Woche lang saßen sie in seiner Garage. Er gab ihnen Essen und Wasser.

Arul kann sich an die Bauchschmerzen erinnern, an die Glühbirne in der Toilette, die direkt in die Augen leuchtete, und an den Fernseher mit einem Programm. Sie verstanden nichts. Der Jüngste, der dreizehnjährige Dalim, weinte. Abwechselnd streichelten sie ihm über den Kopf.

Am siebten Tag hob sich das Garagentor und die Reflektoren dreier Taxis blendeten sie. Es begann zu dämmern. Die Taxis brachten sie zu dem Basar *Europa*. Der ›ältere Herr mit dem Bart‹ hielt am Stand des ›Chinesen‹ (Sporthemden, Trikots). Er sagte auf Russisch, dass falls an der Grenze etwas schieflaufen sollte, sie nach Warschau zurückkehren, den ›Chinesen‹ wiederfinden und nach ›Herrn John‹ fragen müssten.

Dann fuhren sie die Taxis zu einer Tankstelle hinter der

Stadt, wo sie von irgendwelchen Leuten in einen Lastwagen gepackt wurden. Sie fuhren in völliger Dunkelheit, neben ihnen klirrten Flaschen in Plastikkörben. Arul weckte das Öffnen der Tür. Nacht, Wald. Menschen mit Taschenlampen nahmen sie in ihre Wagen, die laut rumpelten und heftig hochsprangen. Drinnen stank es nach Abgasen. Sie hielten auf einem Hof in irgendeinem Dorf.

In einem großen Zimmer schliefen sie auf zwei Holzbetten. Arul kann sich an ein buntes Bild erinnern, das über dem Bett hing. Dreizehn Männer an einem Tisch, die sich irgendwie merkwürdig ansahen. Einer hob den Zeigefinger, ein anderer presste einen Geldbeutel in der Hand zusammen.

Arul konnte nicht einschlafen. Er sah Großmutters Haus in Colombo mit der Buddhastatue, das Fenster zum Hafen. Das Haus, in dem er bis zum Tod seiner Mutter gewohnt hatte, und das dann der Unterhändler für den Transport nach Berlin bekam.

Arul ist Singhalese, wie seine sieben Gefährten (alle aus Colombo): ein Sanitäter, ein Taxifahrer, ein Chauffeur und drei Jungen, die noch in die Schule gehen sollten. Arul wollte Chemie studieren, aber er wurde Fischer, wie sein Vater, der im Krieg mit den Tamilen umgekommen ist. (Tamilische Separatisten führen seit fünfundzwanzig Jahren Krieg gegen die von Singhalesen dominierte Zentralregierung Sri Lankas).

Sie hielten sich an den Händen

Sonntagmorgen kam ein junger Mann in einem weißen T-Shirt mit der Aufschrift ›Hamburg‹. Das erste Mal seit Wochen, dass sie jemand angelächelt hat. Er sprach nur schwach Russisch, zeigte, dass das Wasser im Fluss bis zu den Knien geht. Es stellte sich heraus, dass er dreiundzwanzig Jahre alt war, so wie Arul.

Er brachte eine Schüssel gekochten Reis mit Zwiebeln.

In der Nacht kam er wieder, aber er trug jetzt eine schwarze Jacke und eine schwarze Mütze. Sie gingen durch den Wald, ›Hamburg‹ führte. Am Flussufer warteten ein Mädchen und ein großer junger Mann. Sie zogen die Hosen aus. ›Hamburg‹ und das Mädchen blieben am Ufer; der Große führte sie durch den Fluss. Sie hielten sich an den Händen.

»Zum Glück«, dachte Arul, denn am deutschen Ufer, wo es tiefer war, stolperte der kleine Dalim und verschwand für einen Moment unter Wasser. Sie zogen ihn heraus.

»Die Neiße ist nicht tief, aber gefährlich«, hatte sie ›Hamburg‹ gewarnt. Er erzählte auch von einer Tamilen-Familie aus Sri Lanka, die vor ein paar Jahren in der Neiße unterhalb von Zasieki ertrunken war. Sie waren mit einer Leine aneinandergebunden. Einer stolperte, warf den anderen um, die Strömung riss sie mit, sie zogen den Rest hinterher. Morgens bargen die Grenzer neben dem Elektrizitätswerk neun Leichen. Sie liegen im gemeinsamen Grab auf dem Friedhof in Żary. An dem hölzernen Kreuz klebt eine kleine Tafel mit den Buchstaben NN.

Lebende Ware binden die Schlepper nicht mehr aneinander.

Arul wusste von ›Hamburg‹, dass am anderen Ufer, hinter dem Wald, ein Wagen warten würde, der sie nach Berlin bringen sollte. Doch sie hatten nicht einmal Zeit, ihre Hosen wieder anzuziehen, denn aus dem Dunkel sprangen Soldaten mit Hunden und Schlagstöcken. Es wurde hell von den Leuchtraketen. Arul und seine Gefährten schmiegten sich aneinander, wobei sie Dalim in ihrer Mitte versteckten.

Der große Pole sprang in den Fluss.

Ein Papier mit rotem Stempel statt einer Fahrkarte

Am Montag sahen sie wieder die Neiße – durch die Gitterstäbe des Gefangenenwagens, mit dem sie auf die polnische Seite zurückkehrten. Der Grenzer legte Aruls Sachen auf einen schwarzen Tisch: ein Foto seiner Mutter, zwei Schnürsenkel, zwölf Dollar (den Rest hatten die Deutschen für Verpflegung und Unterbringung im Arrest abgezogen).

Sie bekamen Brot mit Leberwurst, Eier und Tee. In der Nebenzelle schlief eine Familie aus Afghanistan.

Das Verhör. Arul erinnert sich an das Gesicht einer hübschen Frau; ihre Augenbrauen waren mit einem kräftigen, schwarzen Strich nachgezogen. Wahrscheinlich wegen ihrer hellen Haare begann er Englisch zu sprechen und trug den richtigen Namen ein, obwohl ihnen in Colombo gesagt worden war, sie sollten alles Mögliche erfinden, und dass ihre echten Dokumente auf anderem Weg über die Grenze kommen würden.

Jeder von ihnen bekam ein voll bedrucktes Papier mit einem roten Stempel: der Ausweisungsbefehl aus Polen über den Grenzübergang am Warschauer Flughafen Warszawa-Okęcie. Mittwochnachmittag fuhren die Soldaten Arul und seine Gefährten zum nächstgelegenen Bahnhof. Sie nahmen auch das Paar aus Afghanistan und deren zwei kleine Töchter mit. Sie sollten zusammen nach Zielona Góra und dann nach Warschau fahren.

Alle waren hungrig und besaßen kein Geld, also wiederholten sie immer wieder: »Diengi? Kuskus?[16]«

»Njet«, die Soldaten breiteten die Arme aus und fuhren fort.

Die aus Afghanistan waren besser organisiert. Sie riefen irgendwo an und es kam ein weißer Opel, der sie abholte. »Wahrscheinlich werden sie in der Nacht wieder über den Fluss gehen«, dachte Arul (er wusste, dass man es ein paar Mal versuchen muss).

Auf dem Bahnhof in Zielona Góra liefen sie von Schalter zu Schalter, zeigten das Papier mit dem roten Stempel und die zwölf Dollar.

Schließlich fuhren sie schwarz, wie es ihnen die Fahr-

---

16 Diengi: Geld / Kuskus: hier etwas zu essen.

kartenverkäuferinnen geraten hatten. An irgendeiner Station wollte sie der Schaffner raussetzen, wieder zeigten sie das Papier mit dem Stempel. Arul malte ein Kreuz auf die schmutzige Fensterscheibe.

»Krasnyj krest, Warzawa«, versuchten sie auf Russisch zu erklären, dass sie zum Roten Kreuz fahren würden. Der Schaffner winkte ab.

Jetzt laufen sie seit einer Stunde hungrig und müde auf dem Basar herum. Beim ›Chinesen‹ waren sie schon, fragten nach ›Herrn John‹. ›Der Chinese‹ nörgelte etwas herum und ging dann telefonieren. Jemand wird sie holen und an die Neiße fahren.

3. Die Wops

Donnerstagfrüh, Krosno Odrzańskie, über dreißig Kilometer von Arek Baneckis Haus und fast fünfhundert Kilometer vom Basar *Europa* entfernt, auf dem Arul und seine Gefährten auf ›Herrn John‹ warten.

Soldatin Joanna Woźniak macht sich auf den Weg zur Arbeit. Sie bessert noch die schwarzen Striche über den Augen nach. Aussehen: hübsche Blondine. Ausbildung: Biologin. Beruf: Grenzbeamtin. Sie ist wegen ihres Mannes – einem Militärarzt – aus Łódź nach Krosno gezogen. Sie arbeitet in der Kommandantur der Lubskoer Abteilung des Grenzschutzes in der Sektion Readmisja[17].

Wenn die Deutschen einen Ausländer schnappen und beweisen, dass er vom polnischen Ufer kam, übergeben sie ihn den Polen. Er landet dann in der Readmisja, zusammen mit den Ausländern, die von den polnischen Grenzern eingefangen werden. Hier haben die Beamten achtundvierzig Stunden, um – wie sie sagen – »den Klienten zu bearbeiten«.

---

17 Rückführung.

Wenn er keine Papiere hat, kommt der Gefangene in Abschiebehaft. Dort wartet er, bis die Botschaft seines Landes ihm einen Pass ausstellt. Wenn er ihn innerhalb von neunzig Tagen nicht bekommt, muss er frei gelassen werden.

Kinder dürfen nicht in Abschiebehaft, also landen Familien mit Kindern in der einzigen, bewachten Einrichtung für Ausländer in Polen – in Lesznowola bei Warschau.

Mohamed Sonstwie

Den Beschluss über die Abschiebung eines Ausländers aus Polen holt Soldatin Woźniak beim Wojewoden. Dann fährt sie zum Gericht, das über die Haftfestsetzung entscheidet.

»Manchmal sagt ein Ausländer bei Gericht, er würde nicht Al Ali Achmed heißen, wie er es angegeben hat, sondern Mohamed Sonstwie«, erzählt Joanna Woźniak. »Also ändere ich alle Papiere auf diesen Namen und düse zum Wojewoden, um den neuen Beschluss zu holen. Doch dann sagt Mohamed, er sei mit dem Geburtsdatum nicht einverstanden. Und wieder fragt mich der Richter, ob ich die Papiere ändern werde. Ich habe keine Wahl und fahre wieder zum Wojewoden. Doch wenn gerade Samstag ist und das Amt zu, lehnt der Richter die Abschiebehaft ab. Dann lassen wir den Ausländer frei.«

Aus dem Tamil ins Urdu, aus dem Urdu ins Polnische

Die Sektion Readmisja belegt das zweite Stockwerk eines großen Gebäudes aus rotem Backstein. Ein Stockwerk tiefer arbeiten Kollegen der Operationsabteilung des Grenzschutzes – die *Ohren*. Unter ihnen sitzen die *Spürnasen*, das heißt Offiziere der Ermittlungs- und Fahndungsabteilung. Sie bearbeiten die polnischen Schmuggler. Im Erdgeschoss ist auch der Gefängnisbereich – Zellen mit Afghanen, Kurden, Srilankern …

Für eine afghanische Familie mit einem kleinen Jungen laufen gerade die achtundvierzig Stunden ab. Sie müssen freigelassen werden, weil im Abschiebezentrum Lesznowola ein Iraker mit Kindern drei freie Plätze belegt hat. Vier erwachsene Iraker werden nach Katowice in Abschiebehaft gebracht.

Gestern mussten andere Afghanen frei gelassen werden (darunter ein Paar und dessen zwei kleine Töchter) und acht Jungen aus Sri Lanka, weil kein Dolmetscher da war. Joanna Woźniak erinnert sich, dass einer von ihnen, mit dem Namen Arul, fließend Englisch sprach. Sie wollte, dass er alles seinen Gefährten übersetzt, aber die Richterin aus Zielona Góra war nicht einverstanden. Die Anordnung ist eindeutig: Jeder Ausländer muss den Gerichtsbeschluss in einer ihm verständlichen Sprache lesen.

»Mit den Dolmetschern ist es problematisch«, gesteht Major Wiesław Wójcik von der Readmisja. »Mit den Srilankern ist es am schwierigsten, sich zu verständigen, weil es praktisch keine Dolmetscher für Tamil und Singhalesisch gibt. Bei wichtigen Verhören bedienen wir uns eines Srilankers aus Warschau, aber er spricht nur ganz schlecht Polnisch, also kommt er mit einem Kollegen. Der eine übersetzt aus dem Tamil ins Urdu, der andere aus dem Urdu ins Polnische. Zwölf Stunden Verhör, fünfzig Zloty die Stunde, dazu die Fahrtkosten, Übernachtungen, Verpflegung.«

Der Dolmetscher hat geweint

Für die Flüchtlinge aus Afghanistan und Pakistan gibt es in Krosno Odrzańskie zwei Dolmetscher; einen Zahnarzt aus Cibórz und einen Internisten aus Sulęcin. Ich habe den zweiten kennen gelernt, Mohammad Fahim, ein Tadschike aus Afghanistan, der seit fünf Jahren in Polen lebt. Seine polnische Frau lernte er während des Medizinstudiums in Bulgarien kennen. Er ist weder Berufsdolmetscher noch vereidigt. Ein ruhiger und höflicher Mensch. Seit zwei Jahren übersetzt er schon für die Grenzer. Einmal hat er sogar geweint, als eine Afghanin erzählte, wie die Taliban ihre Familie überfallen hatten. Sie schlugen und vergewaltigten sie und ihre Tochter. Sie floh mit ihrem Mann. Eineinhalb Monate saßen sie in einem Keller in Pakistan, weil sie nicht weiter durchkommen konnten. In diesem Keller bekam sie Wehen und weder ihr Mann noch der Schlepper wussten, was sie tun sollten. Das Kind ließen sie in Pakistan zurück. Sie wissen nicht, ob es lebt. Sie kamen bis nach Polen und wurden in der Neiße geschnappt.

»Sie erzählte, und ich durchlebte alles«, sagt der Dolmetscher.

»Wären sie auch geflohen?«

»Ja. In Afghanistan können die Taliban jeden Moment ins Haus eindringen, die Familie überfallen, sie töten. Arbeitsbetriebe wurden geschlossen, Schulen, Universitäten. Wie soll man so leben, wie an die Zukunft der Kinder denken? Sie müssen fliehen. Wenn ich dorthin zurückkehren würde, würden mich die Taliban wahrscheinlich töten, weil ich eine Katholikin geheiratet und den Glauben verraten habe.«

So weit wie möglich weg von der Hölle

Ich schaute in die Arrestzelle hinein: die nächsten Flüchtlinge aus Afghanistan, die an der Neiße gefangen wurden. Rahmadulach, seine Frau Sakima und zwei Töchter sitzen in Trainingsanzügen auf Matratzen, die auf dem Boden ausgelegt wurden. Der Internist aus Sulęcin übersetzt.

Drei Wochen waren sie unterwegs. Welche Route? Das wissen sie nicht, sie fuhren nachts – mit Zügen, Autos. Waren zu Fuß unterwegs. Sie zeigen die Blasen an ihren Füßen. Wohin fahren sie? So weit wie möglich weg von Afghanistan, von der Hölle. Es könnte Belgien, Deutschland, Holland sein. Und Polen? Rahmadulach überlegt einen Moment. »Wenn sie uns hier aufnehmen …«

Von der Ausbildung her ist er Wirtschaftswissenschaftler. Zehn Jahre arbeitete er in einer Bank, dann im Finanzministerium. Zu Zeiten von Präsident Najibullah war er Mitglied der damals regierenden Kommunistischen Partei, die Krieg führte gegen die muslimischen Mudschaheddin, die später von den Taliban besiegt wurden.

Sakima war Kindergärtnerin, doch die Taliban haben alle arbeitenden Frauen entlassen. Sie sollten zu Hause sitzen, nicht rausgehen und ihr Gesicht nicht zeigen.

Für den Transport haben sie einundzwanzigtausend Dollar bezahlt: »Für meine Frau und mich jeweils siebentausend, und für die Mädchen dreieinhalbtausend für jede«, zählt Rahmadulach auf.

Sie verkauften das Haus in Kabul, ein bisschen haben die Verwandten geliehen. Der Agent versicherte, sie würden irgendwo in Westeuropa Asyl bekommen.

Ich frage, ob sie wussten, dass für illegale Grenzüberschreitungen Gefängnis drohen würde.

»Ich dachte, alle wüssten, welche Situation in Afghanistan herrscht, und dass sie uns helfen würden und nicht verhaften.«

»Und wenn euch die Polen abschieben?«

»Töten uns die Taliban.«

Am nächsten Morgen hatte der Internist aus Sulęcin Bereitschaftsdienst bei der Ambulanz, und der Zahnarzt aus Cibórz war im Urlaub. Also wurde die afghanische Familie aufgrund fehlender Dolmetscher frei gelassen.

Soll man sie in den sicheren Tod zurückschicken?

Die Grenzer geben zu, sie würden manchmal denselben Menschen immer wieder einfangen, und er hätte dann jedes

Mal einen anderen Namen und eine andere Nationalität. Pakistani und Inder geben sich oft als Afghanen aus, um den Status eines politischen Flüchtlings zu bekommen. »Wir wissen nie, ob die Angaben, die sie auf dem Fragebogen machen, richtig sind. Wir haben in Warschau ein Zentralregister der Ausländer mit Fingerabdrücken, aber an der Grenze läuft uns die Zeit davon, also nehmen wir die Version des Ausländers.« »Manchmal erinnert das an einen Kampf mit Windmühlen«, sagt Major Wójcik von der Readmisja. »Die Flüchtlinge aus Afghanistan oder aus dem Irak sind praktisch nicht abzuschieben; bei ihnen herrscht Krieg oder das Regime von Hussein, und deshalb erlaubt die Helsinki-Stiftung für Menschenrechte nicht, sie in den sicheren Tod zurückzuschicken.«

Sri Lanka hat keine Vertretung in Polen. Die nächsten sind in Bonn und in Moskau. »Die aus Bonn würden sogar gerne kommen, um ihren Landsleuten Ersatzdokumente auszustellen. Doch wenn ein Srilanker nicht zurückkehren will – und von den von uns Festgenommenen wollte das noch keiner – dann geben sie ihm keine Papiere«, erklärt Major Wójcik.

Seiner Meinung nach sollte Polen mit Weißrussland und Russland ein Abkommen über die Rückführung abschließen (so wie mit den Deutschen, oder wie vor Kurzem mit Litauen), weil die Festgenommenen oft sagen, sie seien mit dem Flugzeug nach Moskau oder Minsk geflogen und danach hätte man sie in einem Lastwagen transportiert. Dann könnte man sie in das Land abschieben, durch das sie zuletzt gefahren sind.

Doch die Grenzer zweifeln an der Wirksamkeit der Abkommen mit ihren östlichen Nachbarn: »Trotz eines Abkommens über Rückführung will die Ukraine nicht einmal ihre eigenen Leute zurücknehmen, wenn sie keine Papiere haben.«

Der Hund haut ab, die Ware kehrt zurück

Der Chef der *Spürnasen*, das heißt der Leiter der Abteilung für Ermittlung und Fahndung in Krosno Odrzańskie ist Major Sylwester Skoneczny, Absolvent der Akademie für Innere Angelegenheiten in Piaseczno. Seit 1980 überwacht er die polnische Grenze.

»Zuerst waren es die DDRler«, sagt der Major. »Sie kamen zu uns. An ihrem Ufer lagen Berge von Schuhen, an unserem – nasse Hosen. Doch der richtige Verkehr über die ›Grüne Grenze‹ fing erst nach 1990 an. Ich nenne es den zweiten Völkerfrühling. Zuerst kamen die Bulgaren, dann eine Welle von Rumänen. Jedes Jahr dreizehn-, fünfzehntausend Festgenommene (der Rekord: 1992 zwanzigtausend). Sie kamen in vollen Bussen an die Neiße, stiegen aus und gingen durch den Fluss. Damals fingen wir jedes Mal um die fünfzig Personen ein. Und ein Mal schnappten zwei Beamte hundertsiebzehn Bulgaren.«

Dann waren es die Kippenschieber; die meisten Zigaretten wurden 1994 und 1995 geschmuggelt. Vor drei Jahren ist ein Teil der Schieber auf Menschen umgestiegen und zur ›Grünen‹ strömte die erste Emigrantenwelle aus Indien, Pakistan, Sri Lanka und Afghanistan.

Die, die bei den Zigaretten blieben, das sind heute richtige Gangster, die mit Hunden und Waffen arbeiten. Wenn sie einen Schuss* vorbereiten, stellen sie genaue Erkundigungen an. Sie kämpfen um die Furten, denn ein Kippenschieber, der dreißig Kilo auf dem Rücken schleppt, muss seichtes Wasser haben – wenn ein Schuss nicht gelingt, verliert er mehrere zehntausend Zloty.

In Menschen muss man nicht so viel investieren: Wenn's ein Reinfall wird, haut der Hund ab – früher oder später kehrt die Ware sowieso zu ihm zurück.

»Der ganze Transport funktioniert nach dem Prinzip einer Warengroßhandlung«, erklärt Major Skoneczny. »Die Flüchtlinge bezahlen in ihren Ländern. Irgendein Agent sammelt Menschen ein, die dorthin gelangen wollen, wo es ›sicher und nett‹ ist. Mit dem Flugzeug fliegen sie nach Moskau, Lemberg oder Kiew, und dann in Lastwagen ab an die Grenze. Wie sie rüberkommen? Eingeschlossen in einem LKW oder zu Fuß. Sie gelangen bis vor Warschau, weil es leicht ist, sich dort zu verstecken. Dann übernimmt sie ein Großhändler-Koordinator, der am *Stadion des Jahrzehnts* oder am Stadion *Skra* einen Krämerladen hat. Er telefoniert mit jemandem an der Neiße oder an der Oder und die beiden treffen eine Vereinbarung. Der Andere holt die Ware in Warschau ab und versteckt sie in einer Höhle*. Er hat auch einen Wagen auf der anderen Uferseite, der die Ware weit ins Innere Deutschlands fährt.

Bei den Schlepperbanden gibt es verschiedene Einflusszonen: Die Warschauer Gruppe transportiert Ware aus Indochina, die Posener spezialisiert sich auf Vietnam und Thailand, und die Breslauer auf die afrikanischen Länder.«

In der Kommandantur der Zentralen Grenzwacht können die Beamten nicht sagen, wie viele Ausländer, die an der Grenze angehalten werden, jedes Jahr wieder freikommen (nach neunzig Tagen Abschiebehaft oder weil es an Dolmetschern und an Plätzen zur Verwahrung mangelt). Solche Statistiken führen sie nicht.

»Manchmal denke ich so für mich; warum soll ich diesen armen Inder, der aus materieller Not geflüchtet ist, oder den Afghanen, der seine Haut rettet, wie einen Kriminellen behandeln?«, sagt Major Skoneczny. »Ich leite ein Strafverfahren ein, lege die Anschuldigungen vor, das Gericht verdonnert ihn zu neunzig Tagen Arrest, und dann kommt er doch frei. Wenn es um die Papiere geht, da ist alles okay: Ich habe meinen Teil getan, der Richter den seinen. Aber wäre es nicht besser, dieses Geld bei der Bekämpfung polnischer Gangs einzusetzen?«

Der Fisch schwimmt über die Ostgrenze

Die Schlepper werden immer gewiefter, ändern ihre Methoden, sind immer besser ausgerüstet. Mittlerweile hat jeder Hund ein Handy, die Chefs sogar mehrere.

Auch die Grenzer gehen jetzt anders vor.

Major Skoneczny erinnert sich an das Bild eines Wops, das in seiner Schule hing; ein Soldat steht am Grenzpfahl mit Feldstecher um den Hals, der Wachhund bei Fuß. Der Mann schaut mit wachsamem Blick in die Ferne.

»Und wie sieht der Wop heute aus?«

Der Major überlegt einen Moment.

»Wie Zorro. Wir überwachen nicht mehr nur die Grenze, sondern sind im ganzen Land tätig.«

Die Grenzer meinen, Polen sei wie ein Fischernetz. Der Fisch schwimmt fast ohne Hindernisse über die Ostgrenze, überquert das ganze Land und erst beim Übergang der westlichen Grenze schnappen ihn die Polen oder die Deutschen. Diese Art des Fischens verursacht große Kosten. Dabei würde es reichen, das Netz im Osten auszuwerfen …

Major Jerzy Olszowski von der Grenzwacht in Krosno Odrzańskie meint, Polen sei nicht im Stande, seine Westgrenze hundertprozentig abzusichern. »Man kann doch nicht auf Gräben und elektrisch geladenen Stacheldraht zurückgreifen, oder die Autos vom Dach bis zu den Rädern auseinandernehmen, so wie es nach dem Krieg war. Heute fertigen wir allein an den Übergängen der Lubskoer Grenzwachtabteilung vierzig Millionen Wagen ab!«

Der Kahle verhaftet mit einer Hand

Den *Kahlen* kennt jeder entlang der westlichen Grenze. Groß, rasierter Schädel, breites Lächeln. Vom Kinn bis zum Ohr eine Narbe von einem Rasiermesser.

Ein Kind des Grenzortes Gubin, ausgebildet als Techniker für Landwirtschaftsmechanisierung, von Beruf ›Krieger‹ einer Spezialabteilung der Lubskoer Grenzwacht.

Vor Kurzem überwältigte er einen Schmuggler an der Oder bei Kostrzyn. Dabei trug er eine Skimaske.

»He, du schlägst ja zu wie der *Kahle*«, schnaufte der Schmuggler voller Anerkennung, als er schon im Gras lag.

Der Kahle hat nie gelernt zu kämpfen. Er sagt, er hätte etwas Talent vom Vater und ein wenig vom Onkel. »Diese ganzen östlichen Kampfarten sind ja ganz nett, doch an der Grenze muss man etwas anderes können.«

Der Kahle schwört auf *Combat*, eine in Spezialabteilungen entwickelte, zurzeit sehr moderne Kampfart: du beißt, trittst, würgst; alles, um den Gegner unschädlich zu machen. In der Schulung zeigte ihnen ein Veteran der Spezialabteilungen ein paar Tricks. Zum Beispiel, wie man mit Kochgeschirr oder mit einem Löffel aus der Grundausrüstung eines Soldaten kämpft. Oder wie man jemanden mit nur zwei Fingern verhaftet. Der Kahle streckt mir seine Pranke entgegen. »Mit dem Zeigefinger schnappst du den Typen am Mundwinkel, den Daumen bohrst du unter sein Ohr und drückst zu. Einmal habe ich zwei so abgeführt, mit der linken Hand den einen, mit der rechten den anderen.«

Während einer Aktion beobachtete er Schlepper durch den Feldstecher; sie liefen mit einer Gruppe Schwarzer am Ufer entlang. Der Kahle und ein paar Jungs aus seiner Abteilung warteten an einer Baumgruppe. Sie waren in Zivil, der Kahle wie ein Skin: mit einem Hakenkreuz auf dem T-Shirt.

»Servus, habt ihr irgendwo Schirmlinge* gesehen?«, wurden sie von den Schleppern angesprochen.

»Nein, alles sauber, aber hier sammeln heute wir die Pilze«, richtete sich der Kahle auf.

»Was redest du da? Wir haben den Streifen für heute ge-kauft*«, ging der Schlepper hoch und bereute es gleich.

Ein Maulwurf* kann jedem unterkommen

Spitzel gibt es auf beiden Seiten.

Die Kommandanten der Grenzwachen, die jeden Tag den Schleppern hinterherjagen, schnappen zunächst einen ›Weißfisch‹, also jemanden, der kleineren Schmuggel betreibt. Sie bieten ihm Unantastbarkeit für ständige Informationen über einen dicken Fisch aus der gleichen Branche. Der Spion arbeitet dann weiter am Fluss, während seine Kollegen plötzlich in Schwierigkeiten geraten.

»Warschau macht uns Druck«, beklagen sich die Grenzer, »mehr einfangen, die Quote verbessern‹. Warschau wiederum bekommt Druck von den Deutschen: ›Wenn ihr in die EU wollt, müsst ihr Erfolge aufweisen‹. Dabei ist die Vereinbarung mit einem Schlepper illegal und grenzt an ein Verbrechen. Man kann so enden wie der Kommandant von der Wache in R.«

»Ich habe ihn gut gekannt«, sagt der Hauptmann von der Nachbarwache, »ein richtiger Tölpel und so ehrlich, dass es schon wehtat. Ihm kam es nicht einmal in den Sinn, Geld von den Schleppern zu nehmen. Er hatte einen Informanten, so wie wir alle. Anders kannst du niemanden kriegen. Doch er hatte Pech, die Polizei schnappte irgendeinen Kippenschieber. Um seinen eigenen Arsch zu retten, fing er an zu singen und behauptete, der Kommandant aus R. würde von einem Schmuggler Kohle nehmen. Um die Sache wurde es laut; Staatsanwalt, die Presse bekam Wind, der Kommandant landete im Knast. Er verbrachte ungefähr drei Wochen im Arrest. Jetzt sitzt er zu Hause. Die haben ihm das Leben zerstört.

Schlepper kaufen auch Grenzer. Zum Beispiel wurde der Kommandant von der Wache in C. von ihnen bezahlt. Die *Ohren* und die *Spürnasen* aus Krosno sind ihm auf die Schliche gekommen.

Noch ein anderer Kommandant fing die Kippenschieber wie Fliegen. In letzter Zeit sieht er ein wenig blass aus. Jeder Einsatz – ein Griff ins Klo. Dabei schnappen die Deutschen innerhalb seines Kontrollabschnitts an gleicher Stelle sowohl Schmuggler als auch Ausländer.«

»Er hat einen Maulwurf«, lachen die Kollegen. »Jemand von seinen Leuten arbeitet für die Schmuggler. Ein Maulwurf kann jedem unterkommen und es ist schwer, ihn zu erwischen.«

Herr Kazio, ich krieg' Sie am Arsch

Nach der Arbeit treffe ich mich mit der *Spürnase* Mirek. Beim Bier ist er gesprächiger. Er entspannt sich ein wenig, doch selbst nach ein paar Flaschen beobachtet er jeden, der zur Bar reinkommt.

»Verdammt, vielleicht dreh' ich schon durch, aber heute Morgen, auf dem Weg zur Arbeit, saß mir die ganze Zeit ein roter Opel im Nacken … Das ist das Schicksal einer *Spürnase*: alle Schlepper und Schieber kennen dich. Du verhörst sie, durchsuchst ihre Wohnungen und du weißt nie, was ihnen durch den Kopf schießen könnte.«

Die Kollegen nennen Mirek den »Ukrainer«, – »denn wenn er sich an einen Schmuggler dranhängt, dann lässt er nicht mehr los«. So wie bei diesem Kazio aus Żary.

Von Beruf Maurer und Inhaber einer Transportfirma, spezialisierte sich Kazio aufs Schleppen von Schwarzen.

»Ständig ist er uns entwischt. Hier eine Niederschlagung, da eine bedingte Niederschlagung des Verfahrens«, erzählt Mirek. »Während eines Verhörs wurde ich stinkig. Er hatte mal wieder ein kleineres Ding gedreht und lachte mir ins Gesicht: ›Herr Mirek, Sie können mich mal. Ihr könnt mir gar nichts.‹ Ich beherrschte mich: ›Herr Kazio, diesmal krieg’ ich Sie am Arsch.‹ Da lacht er noch lauter: ›Eine Kiste Wodka drauf!‹ Bis heute hat er den Wodka nicht herbeigeschafft, obwohl er seit ein paar Monaten eingesperrt ist.«

Kazio war zu selbstsicher, wurde unvorsichtig. Einen seiner LKW-Fahrer bezahlte er nicht für achtzehn Fahrten mit jeweils dreißig Schwarzen. Davor hat er es sich mit den Warschauer Großhändlern verdorben: Er kassierte die Vorauszahlung und lieferte die Ware nicht. Die Großhändler schickten Kazio ein paar ›Soldaten‹[18] auf den Hals. Die nahmen ihn mit in den Wald. Sie bearbeiteten ihn bis zum Abend. Dann packten sie ihn in den Kofferraum und warfen ihn vor das Haus seines Komplizen.

»Wir bekamen einen Wink und statteten Kazio einen Besuch ab«, erzählt Mirek. »Die Not kann selbst bei so einem Gangster die große Liebe zu den Gesetzeshütern entfachen. Er lag im Bett, verunstaltet bis zur Unkenntlichkeit. Der Kopf aufgedunsen, nicht mal ein Auge konnte er öffnen.«

›Und, Herr Kazio? Sind Sie auf einer Bananenschale ausgerutscht?‹

›Ja, ja, meine Lieben, auf einer Bananenschale‹, stöhnte er. Er kam aber wieder auf die Beine und schleppte weiter.

Wir trugen alle alten Verfahren zusammen, in denen sein Name auftauchte. Vor zwei Jahren hatten die Deutschen seinen Fahrer erwischt, als der in einem Opel sieben Srilanker nach Berlin fuhr. Ein halbes Jahr später schnappten Polizisten aus Września einen anderen Fahrer, der in Kazios Auftrag in einem Mercedes acht Schwarze von Warschau nach Żary transportierte. Im August letzten Jahres holten Kazio und seine Frau – eine Friseurin – in Sulechów am Bahnhof Ware aus Warschau ab (Sri Lanka – neun Stück). Grenzer haben sie angehalten. Es endete mit einer Niederschlagung und die Ware wurde von der Grenzwache nach achtund-

18 hier: Schläger

vierzig Stunden am Bahnhof von Krosno Odrzańskie raus-gesetzt.«

Die *Spürnasen* observierten den Bahnhof. Da kamen Kazio und sein Fahrer, luden die Schwarzen in einen Liefer-wagen und fuhren Richtung Grenze los. Die Grenzwacht hielt den Wagen mit der Ware an, doch Kazio machte sich in einem Opel aus dem Staub. Das war da, als er sagte, die *Spürnasen* könnten ihn mal.

»Eine Woche lang habe ich alle Verfahren zusammen-getragen«, erzählt Mirek weiter. »Die Untersuchung kam voran. Jemand hat sich daran erinnert, dass Kazios LKW einmal bei Warschau im Straßengraben gelandet war. Aus dem Anhänger stiegen siebzig Schwarze aus; sie versuchten den Wagen wieder herauszubekommen. Die Oma aus einem Ort an der Neiße, die ihr Haus als Höhle vermietete, be-klagte sich beim Untersuchungsrichter: ›Die Neger haben mitten im Zimmer ein Lagerfeuer gemacht und Herr Kazio drohte mir: ›Wenn du nur einen Ton sagst, mache ich deine Familie kalt.‹ Nach zwei Wochen untersuchten wir schon die Warschauer Einzelheiten, und nach drei waren wir in Suwałki.

Es stellte sich heraus, dass unser Kazio mit einem Groß-händler – Spitzname *Dicker* – in Warschau zusammenge-arbeitet hat. *Dicker* ist Libyer, in die Rubrik ›Beruf‹ schreibt er: Flughafenschutzmann. Er ist mit einer Polin verheiratet, offiziell lebt er vom Handel auf dem Basar. Er hat Verbin-dungen zu den Hauptkoordinatoren der Fluchthilfe, die ir-gendwo im Osten sitzen, vielleicht in Moskau. Bei Suwałki hatte er einen anderen ›Kazio‹, der die Flucht der Leute über die Ostgrenze nach Polen organisierte.

Nach einem gelungenen Wurf rief ein Schwarzer aus Berlin den Koordinator an. Dann floss das Geld: aus der Zentrale in Moskau zum *Dicken*, der wiederum den Typen bei Suwałki und unseren Kazio auszahlte. Und Kazio be-zahlte seine Kuriere, seine Hunde, und die Vermieter der Höhlen. Ein Beispiel für eine der Überweisungen: der *Dicke* an Kazio, am 27. Dezember 1996, fünfundzwanzigtausend Zloty.

Wir waren schon dabei, Kazio hoppzunehmen«, sagt Mirek, »als wir einen Hinweis bekamen, dass er nach Łódź fahren würde, um gefälschte Banknoten zu holen.

Die Kollegen beobachteten ihn mit zwei Wagen. Auf dem Rückweg verhafteten sie ihn. Den *Dicken* buchteten sie auch gleich mit ein.«

Was Menschenschmuggel angeht, ist das laut den Grenzern die größte Sache in der Geschichte der Grenzwacht. Fünfzehn Angeklagte. Es gibt eine Anklageschrift, die erste Verhandlung ist gerade gelaufen. Der Staatsanwalt wirft Kazio und dem Dicken vor, sie hätten von Juli 1996 bis September 1997 ungefähr eintausendfünfhundert Ausländern zur Flucht verholfen.

»Nach Abzug aller Kosten bleiben zweihundert Mark pro Kopf, netto«, rechnet eine *Spürnase*. »Alles zusammen dreihunderttausend Mark, also ungefähr sechshunderttausend Zloty.«

Die Ware kam von alleine in die Höhle zurück

Auf dem Hof von Banecki war ich am Mittwoch. Und am Freitagmorgen begannen die Grenzwacht und die Polizei eine Geheimaktion unter dem Decknamen ›Fremder‹. Sie überprüften bekannte Höhlen, Bahnhöfe, Basare. Die Beamten aus Polanowice schauten wie immer bei den Baneckis rein. Im großen Zimmer waren die Fenster verhangen, auf dem Boden saßen acht junge Männer aus Sri Lanka. Der Hausherr war nicht da. Über dem Stuhl hing ein weißes T-Shirt mit der Aufschrift ›Hamburg‹.

Banecki erklärte später, dass er nichts davon wusste: »Wahrscheinlich sind sie von alleine reingekommen.«

Am nächsten Tag fuhren die Grenzer die Srilanker auf den Gubiner Bahnhof und ließen sie frei (weil kein Dolmetscher zur Verfügung stand). Jeder von ihnen hielt ein neues Papier mit dem roten Stempel des Wojewoden in der Hand, das besagte, sie sollten Polen freiwillig über den Grenzübergang am Flughafen Warszawa-Okęcie verlassen. Wieder fuhren sie ohne Fahrkarte nach Warschau.

Manche Namen und Umstände wurden geändert.

Kleines Wörterbuch

Hund, Führer – derjenige, der durch den Fluss führt

Schwarze, Ware – Ausländer, die über die Grenze geführt werden

Wurf, Schuss – illegale, von Schleppern organisierte Überquerung der Grenze

rüberwerfen – Ausländer illegal über die Grenze bringen

Zolls – die deutschen Grenzbeamten

Wops – polnische Grenzwacht

Großhandlung – ein Ort in der Gegend einer großen Stadt. Die Schlepper versorgen sich hier mit menschlicher Ware

Höhle – ein Haus in der Nähe der Grenze, in der die Immigranten auf ihre Flucht warten

Schirmlinge – andere Bezeichnung für die Wops (sitzen im Gras wie die Pilze), auch »Grünköppe« (nach der Farbe des Baretts)

einen Streifen kaufen – einen Grenzer für einen unbewachten Grenzabschnitt bezahlen

Maulwurf – ein Grenzer, der für die Schlepper arbeitet

1998

ADAM UND EWKA IM PARADIES

Słubice ist eine Scheißstadt voller Diebe. Nicht ich habe mir das ausgedacht. Die sympathische Dame aus dem Informationsbüro der Stadt hat das natürlich auch nicht so gesagt. Sie lobte Słubice. Gab mir ein paar Prospekte: Grenzmetropole. Collegium Polonicum. Die Europäische Universität Viadrina, über fünfhundert Hotelbetten warten, hervorragende Investitionsbedingungen, siebzehntausend Einwohner und zwanzig Millionen Durchreisende …

Ein Grenzparadies – dachte ich bei mir.

Von der Scheißstadt sprach die Schwarze um fünf Uhr morgens, als wir aus der Diskothek *Lubusz* auf dem Heimweg waren. Leere Straßen. Manchmal eilte jemand in einem gestohlenen, klapprigen *Polonez* mit fremden Kennzeichen vorbei. Streifenwagen der Polizei fuhren herum. Ein dunkelblauer Bus mit der Aufschrift ›Holidays‹ brachte die Gäste aus einer anderen Diskothek nach Hause. Kindergarten um diese Uhrzeit? Es fiel mir schwer, meine Gedanken zu sammeln, als aus ›Holidays‹ eine kleine Gruppe Mädchen herausströmte – zwölf, dreizehn, vierzehn Jahre alt. Auf dem Bürgersteig hüpften sie herum wie kleine Frösche.

Die Schwarze ist nicht viel älter, fünfzehn Jahre. Langes,

loses, schwarzes Haar, ein Jeans-Minikleid auf nackter Haut, Reißverschluss vom Dekolleté bis zu den Schenkeln. Die Disco-Queen. Sie zog die Plateauschuhe aus und ging barfuß, wobei sie jedes Steinchen verfluchte.

Sie war nicht betrunken, nur stinksauer auf die älteren Mädchen:

»Diese Nutte Agniecha wollte mich fertigmachen. Weil die Typen auf mich abgefahren sind und nicht auf sie. Die können mich am Arsch lecken, die alten Weiber! Die Polizei auch!«, zischte sie, als der Streifenwagen an uns vorbeifuhr.

Auf der Hälfte des Weges zog sie die Strumpfhose aus, weil sie sich am großen Zeh durchgescheuert hatte. Sie ging langsam, rauchte und spuckte vor sich auf den Boden.

Das Haus ist schon wach

Um zehn bin ich im Eckzimmer des zweiten Stocks aufgewacht. Zwei Schlafsofas, der Schrank beklebt mit deutschen Fußballern, in den Schubladen Zollformulare und ein Stapel des Bulletins ›Polnischer Monitor‹ (alle ausführlich erklärten Zollvorschriften mit Kuli unterstrichen, hier und da große Ausrufezeichen). Vor mir wohnte hier drei Jahre lang Andrzej aus Kętrzyn. Er hatte das Studium an der Technischen Militärakademie geschmissen und kam nach Słubice, um Zigaretten zu schmuggeln. Dann wechselte er zum Autohandel. Andrzej hat es zu etwas gebracht und jetzt investiert er in legale Geschäfte – als Versicherungsagent verkauft er private Rentenversicherungen.

Ich warf einen Blick aus dem Fenster. Das Haus war schon wach. Auf der Terrasse, in der Sonne, saß die Schwarze – wie immer tagsüber still und verschlossen. Daneben Adam, ihr Vater, der im Rollstuhl herumzappelte.

»Wie die Ratten schlüpfen sie durch, verdammte Scheiße«, er beugte sich über die Balustrade und versuchte zu erkennen, wer aus dem Haus ging. (Nachts, wenn sich Adam in seinem Kack-, Schlaf- und Esszimmer hinlegt, beginnt das Haus ein eigenes Leben zu führen. Nächtliche Gäste tauchen auf. Die einen kommen, die anderen gehen, die Tür ist offen.)

Adam ist fünfzig Jahre alt. Ein in Słubice altbekanntes Mannsbild. Bezirksmeister im Motocross (auf einem frisierten Motorrad). In Handdrücken schaffte ihn niemand in der Stadt. Beim Bierfest in Frankfurt konnte auch keiner mithalten. Früher brachte er hundert Kilo auf die Waage, jetzt – zusammen mit dem Rollstuhl – nicht einmal achtzig. Er war Taxifahrer, Schmuggler und Fahrer eines großen Lastwagens Marke *Star*.

Seit sechs Jahren – inklusive der Pause für einen misslungenen Sprung ins Wasser – baut Adam ein Bordell.

Das sollte die Investition in eine glückliche Familie werden, das Paradies auf die Słubicer Art: feste Arbeit für ihn, seine Lebensgefährtin und die Töchter. Die helfen ein wenig in der Küche, und wenn sie heranwachsen, werden sie das Geschäft übernehmen.

Das Paradies besteht aus drei Stockwerken und ist noch nicht fertig. Für einen Fünfer pro Nacht kann hier jeder wohnen. Niemand fragt nach deinem Namen, woher du kommst und warum; wahrscheinlich weil es mehr oder weniger klar ist: um irgendein Ding an der Grenze zu drehen.

In jedem Zimmer wohnt jemand anderes.

Piotrek Wystawka

In Zimmer acht im ersten Stockwerk wohnt Piotrek. Etwas über zwanzig, spanisches Aussehen, spitzes, schwarzes Schnurrbärtchen. Er hat Bergarbeiter gelernt, sich aber geschworen, dass er unter der Erde nicht den Arsch hinhalten wird. Seit sechs Jahren in Słubice. Wenn er aufsteht, macht er zuerst den Fernseher an und schaut alles was kommt; bei ›Domowe przedszkole‹ – einer Sendung für Kleinkinder – ist er gerührt. Nachmittags steigt er auf ein deutsches Damenfahrrad mit gelben Rädern (ein einfaches Mountainbike wäre für diese Arbeit nicht geeignet) und fährt über die Brücke nach Frankfurt. Er lebt vom Sperrmüll. Täglich die gleiche Strecke: sechzig Kilometer durch Straßen, auf denen die Deutschen Geräte abstellen, die sie nicht mehr brauchen. Fernseher, HiFi-Türme, Computer. Er nimmt alles auf dem Fahrrad mit rüber, sogar Waschmaschinen und Küchenmöbel. Zuweilen trifft er auf nagelneue Sachen, wie letztens auf zwei noch verpackte Monitore. »Manchmal trägt die Firma auf der einen Seite eine neue Anrichte rein, und über die zweite Treppe tragen sie die Jungs aus Polen wieder raus. Weil der Dame die Farbe nicht gefällt. Denn der Deutsche ist so einer, der es nicht an den Laden zurückgibt. Dazu ist er zu stolz.«

Vor vier Jahren hatte sich Piotrek verliebt. »Damals war ich ein ganz schöner Gauner. Täglich schleppten für mich zwanzig ›Ameisen‹[19] Zigaretten über die Brücke.«

Auf dem Basar sah er Maus; minus zwanzig Grad und sie klappert mit den Zähnen. Sie verkaufte Jeanshosen bei einem Händler aus Warschau.

Heute ist ihr kleiner Sohn zwei Jahre alt. Sie haben nicht geheiratet: keine Zeit, Diskos, Arbeit. Er opferte sich für die Familie: Morgens arbeitete er bei der Müllabfuhr von Słubice und danach schmuggelte er Zigaretten. Er zahlte die Wohnung ab, die der Schwiegervater versoffen hatte. Nachdem alles abbezahlt war, schmissen sie ihn raus; das Kind blieb bei der Mutter. Maus ging wieder auf den Basar, sie verkauft jetzt Gemüse.

»Ich arbeite jetzt nur noch für mich. Vielleicht willst du ein Autoradio? Blaupunkt, günstig, fünfzig Mark.«

---

19 Leute, die für Schmuggler Ware über die Grenze bringen.

Adam machte in Glasperlen

Als im Juni 1972 auf der Brücke von Słubice Gierek und Honecker die Freundschaft zwischen Polen und der DDR sowie die Öffnung der Grenze für den visafreien Verkehr zwischen den Ländern mit einem internationalen Kuss besiegelten, arbeitete Adam – der Phönizier von Słubice – die Handelswege aus. »Meine Kumpels und ich waren die Ersten, nach uns kamen dann die mit den Kristallgläsern, Korbwaren und Zigaretten. Wir überschwemmten die DDR mit Lutschern am Stiel und Glasperlen. Ich machte in Glasperlen. Wissen sie, diese kleinen, gläsernen Scheißdinger in verschiedenen Farben. Ich düste mit einem großen Fiat zu einem mir bekannten Schmuggler in Ustrzyki Dolne, der diese Perlen aus der Tschechoslowakei schmuggelte. Von ihm aus ging es geradewegs nach Warschau. Dort fädelten dafür angestellte Frauen die Perlen auf Nylonfäden und ich fuhr mit der Ware zurück nach Słubice. Wenn du dir das alles um den Hals gehängt hast, konntest du kaum laufen. Aber an der Grenze haben sie damals nicht kontrolliert. Du hast dich am Zoo oder in der Unterführung hingestellt und schon standen die DDRler Schlange. Acht fette Mark für eine Kette. Dann schnell zu den Arabern, um sich die dicken Goldbarren zu holen. Ich stieß sie am *Różycki-Basar* ab, oder irgendwo unterwegs. Das war Kohle!«

Er zeigt zwei große Siegelringe an den gelähmten Fingern, ein Armband und ein Kettchen mit einem großen Kreuz, alles aus arabischem Gold.

Mirka aus Masuren und die dicke Wieśka

Zimmer Nummer drei neben der Treppe belegt seit Kurzem Frau Mirka – klein, korpulent, mit einer diskreten Tätowierung über dem Schulterblatt. Sie hat sich heute auf dem Garagendach gesonnt; die Haut sollte hellbraun werden, aber Mirka schlief ein und jetzt ist sie rot. Verkäuferin von Beruf, vor sechs Jahren ist sie mit ihrer Schwester aus Masuren hierher gekommen.

Sie arbeitet im Bordell der Siedlung. Eine Woche tagsüber, eine Woche nachts und eine Woche hat sie frei.

»Aber nicht das, was Sie denken«, lächelt sie. »Für diese Sachen sind die Mädchen da. Ich wasche die Bettwäsche und mache Ordnung in den Arbeitsräumen. Denn bei uns in der Firma (dieses ›bei uns‹ sagt sie mit Stolz) haben die Mädchen separate Zimmer zum Schlafen und zum Arbeiten. Ein Privatclub mit Klasse. Nicht wie bei den Nachbarn; der rosa BH einer Ukrainerin hängt schon seit einem Jahr an der Leine, da ist nix los.« Mirka lobt ihren Chef, einen Polen-Deutschen aus Berlin. Dreißig Mädchen – aus der Ukraine, aus Weißrussland, ein paar Polinnen aus entlegenen Gegenden. Sie bedienen fünf bis sechs Kunden am Tag.

Mirka zahlt Adam nichts für ihr Zimmer, dafür hilft sie, das Haus in Ordnung zu halten; sie räumt auf, wäscht, macht Abendbrot, kassiert die Gebühr von den Pokerspielern oder sorgt für Ruhe bei den Mietern im Dachgeschoss (Adam schafft es mit dem Rollstuhl nicht, da hochzukommen). Gefährtin, Hausherrin, Pflegerin.

Manchmal träumt Adam von Mirkas dicken Schenkeln.

»Zum Sex bin ich nicht mehr zu gebrauchen, aber irgendwas fühle ich doch noch und ein paar Mal, als ich eine Partnerin mit Erfahrung hatte, ist sogar was draus geworden.«

Vorher wohnte in der Drei die dicke Wieśka aus einer kinderreichen Familie bei Ośno. Jung, achtzehn Jahre alt. Sie erzählte, ihr Vater habe sie seit ihrer Kindheit missbraucht und als sie den Personalausweis bekam, sei sie gleich nach Słubice abgehauen. Wieśka kümmerte sich auch um Adam und wartete, bis ihr Zenek aus dem Gefängnis kam. Sie machte sich ein wenig Sorgen, was er wohl zu dem schönen, weißen Lamapelz sagen würde, den ihr Adam gekauft hatte. Doch Zenek interessierte der Pelz nicht. Er blieb ein paar Nächte und fuhr dann ins Unbekannte.

Adam hat keine gute Erinnerung an Wieśka.

»Sie stahl mir Geld, den Mietern auch. Ich glaube, sie ist zurück aufs Land gegangen.«

»Und der Lamapelz?«

»Den hat sie zurückgegeben. Der sah ja an ihr aus wie ein Kleid an einer fetten Sau.«

Adam und Ewa (aus dem ›Hühnerstall‹)

Im Mai 1980 goss Adam die Fundamente unter sein erstes Haus. Damals war er schon geschieden (»Mit meiner Ehefrau lebte ich nur eineinhalb Jahre zusammen, in einer Pension, nicht der Rede wert.«) Er trennte sich auch von seiner ersten Lebensgefährtin, Iwonka (»Meine Schuld; sie erwischte mich mit irgend so einer Tussi in einem Hotel. Sie kam frühmorgens über die Terrasse und ich lag in den Armen der Anderen. Sie hatte ihren Stolz, ich auch, und so endete es. Schade, weil ich sie wirklich geliebt habe.«)

Im Winter übernachtete er in einer seiner sieben Garagen (er baute und verkaufte sie; diese Art von Geschäften).

Im Frühling zog er in einen Bauwagen in einem alten Obstgarten (den Obstgarten hatte er noch vom Verdienst an den Glasperlen gekauft). Er trank einen ganzen Monat lang ohne Pause; wegen Iwonka, aus Liebeskummer. Bis er einmal in den Spiegel schaute: »Adam, verdammte Scheiße, du musst weiterleben. Bau' ein Haus.«

Er band die alten Pflaumen- und Apfelbäume an den *Star* – Adam hatte damals eine eigene Transportfirma – und riss sie mit den Wurzeln aus der Erde. Er rodete den ganzen Obstgarten und goss das Fundament. Es fehlte nur noch eine Frau. Er ging auf Brautschau in den ›Hühnerstall‹. Alle gingen dorthin: ein Arbeiterinnenhotel von *Komes* – damals eine riesige Kleiderfabrik für eineinhalbtausend Näherinnen. Im ›Hühnerstall‹ lernte er die rothaarige Ewka kennen, eine blutjunge Näherin aus einem Dorf bei Gorzowo. Zusammen bauten sie das Haus; einen damals in der Volksrepublik Polen typischen Kasten mit einem flachen Dach.

Borys, Igor und der Belgier

Wir spielen Karten, um die Zeit totzuschlagen. Igor aus Lviv, Borys aus Lida und ein schmächtiger Belgier ohne Vorderzähne. Sie sind seit drei Tagen bei Adam, belegen die Zimmer im dritten Stock. Der Belgier teilt sich das Bett mit einem anderen. Es war in ihrem Zimmer, als die betrunkenen Russinnen am ersten Abend herumkreischten.

Sie warten auf irgendwelche Autos aus dem Westen. Heute Morgen haben sie auf dem Hof einen Opel Omega von einem Deutschen gekauft. Der Wagen ist schon weg, Richtung Osten. Beim Wegfahren spuckte er Öl.

Borys spielt in Lida Bassgitarre in der Rockband *LSD*. Alle Lieder sind auf Englisch. Manchmal spielt er im Westen, in Restaurants, während die Gäste ihr Kotelett essen. Er trägt ein schwarzes T-Shirt mit drei Sechsen und einem Verbotszeichen.

»Satanismus nein, verstehst du?«

Der Belgier in dunkelblauer Anzugshose – das Jackett hat er verloren – ist ständig betrunken. Er weiß wohl selbst nicht mehr, was er an der polnischen Grenze eigentlich macht. Er stammelt etwas von Autos und dreht sich nach jedem Mädchen um. Angeblich will er bei sich zu Hause ein kleines, gemütliches Bordell mit Schönheiten aus dem Osten eröffnen.

Igor repariert Autos, er ist Schlosser und Lackierer. Breites Lächeln, goldener Zahn. In Słubice rät er den Kumpels, was sie kaufen sollen und wie sie es rüberbringen können.

»Mafia kein Problem, du zahlst Dollars und fährst. Sie haben Telefon, sprechen ob du schon bezahlst. Du fährst ruhig. Schlechter einzelne Banditen, schlagen, nehmen Auto weg.«

Igor schenkt den Wodka ein und erzählt von Lviv (»Das ist herrliche Stadt, du weißt?«). Von seinen Töchtern, die wunderschön Klavier spielen. Polnisch hat er durchs Fernsehen gelernt, er empfängt *Polsat*, das erste und das zweite Programm.

»Wolodja, du Journalist, aber du fragst wie Spion«, Igors Zahn blitzt gefährlich auf.

»Und du hast das Grinsen eines Auftragsmörders«, pariere ich.

Ich war wohl ein wenig zu weit gegangen. Irgendwie lief es nicht mehr mit dem Kartenspiel, der Wodka schmeckte auch nicht mehr. Ich ging auf mein Zimmer. Und schloss mich ein.

Und es war wie im Paradies

Adam und Ewka (aus dem ›Hühnerstall‹) haben nicht geheiratet. Es hat sich nicht ergeben. Doch es ging ihnen gut. Zuerst kam die Rote zur Welt, dann die Schwarze. Adam sagt, sie seien glücklich gewesen, sie hatten ihr Paradies. Geld, Ferien in Dziwnowo, Kurzreisen nach Berlin, ein neues Haus mit neun Zimmern, zwei Autos (er einen Mercedes, sie einen Opel).

Sie züchteten Enten, Hühner und Schweine. Jeden Abend stellte Ewka am Tor zum Paradies den Anhänger vom Campingwagen auf und verkaufte Zigaretten in ganzen Stangen und Kartons. Während der Woche fuhr er mit dem *Star* Baumaterial aus. Damals bauten alle Häuser: Basarverkäufer, Schmuggler, Typen, die auf der Straße Schwarzgeld tauschten und in Wechselstuben investierten. Dann bauten diejenigen, die bei den anderen Arbeit bekommen hatten. Die ersten kleinen Hotels schossen aus der Erde, Privatclubs machten auf, Diskotheken.

An Samstagen und Sonntagen wechselte Adam zum Taxigeschäft. Die Arbeit war einfach, fünfhundert Taxis fuhren die gleiche Strecke. Kunden gab es für alle genug. Die Fahrt von der Grenzbrücke, wo die Deutschen Schlange standen, bis zum Basar (nicht ganz ein Kilometer) kostete fünf Mark. Zurück – die nächsten fünf. Bis drei Uhr nachmittags – zweihundertfünfzig Mark. Von Zeit zu Zeit schmuggelten Adam und Ewka Zigaretten auf die deutsche Seite.

Die Mark floss im kräftigen Strom ins Paradies und die Hausbesitzer überlegten, wo sie das Geld anlegen könnten.

»Ein Bordell! Das ist ein Bombengeschäft!« Adam war Feuer und Flamme. Sie begannen, ihren Kasten mit dem flachen Dach in ein großes dreistöckiges Haus umzubauen. Es war so geplant: Im alten Teil, das heißt im Erdgeschoss und im ersten Stock, die ›Geschäftsräume‹, darüber der private Bereich (im zweiten Stock zwei große Wohnzimmer mit Kaminen und im Dachgeschoss die Schlafzimmer und die Zimmer der Mädchen). In jedem Stockwerk Küche und Bad.

Adam machte sich an die Arbeit. Als er an jenem Sonntag im Juli mit seinen Töchtern an den See fuhr, war das neue Haus fast fertig.

Staszek Warszawa und die Typen aus Łodź

Die Basarverkäufer wohnen im Erdgeschoss – Staszek Warszawa mit seinem Sohn und zwei Typen aus Łodź. Sie sind letzten Samstagabend gekommen, mit einem Fremden aus Konino. Sie kamen einzeln ins Haus herein. Zehn neue Kartenspiele, vier schwarze Aktentaschen, in jeder ein paar Tausend Mark. Alle zwei Wochen spielen sie bei Adam knallharten Poker, in der Küche, im zweiten Stock.

Über zehntausend Mark liegen manchmal auf dem Küchentisch und die Kartenspiele fliegen aus dem Fenster; wenn einer schlechte Karten hat, beschuldigt er die Kumpels, sie würden ihn betrügen und mit gezinkten Karten spielen.

Die Männer haben gewöhnliche Basar-Lebensläufe; die Familien in Zentralpolen, die Arbeit fünfhundert Kilometer weit weg von Zuhause – auf dem Markt von Słubice. Während der Woche kümmern sie sich ums Geschäft, sonntags schauen sie zu Hause rein. Sie fahren zurück über Tuszyn oder das *Stadion des Jahrzehnts* in Warschau, wo sie Ware kaufen.

Sie haben gleich nach der Grenzöffnung angefangen, als es so voll war, dass man in Słubice nicht durchkommen konnte: überall Betten, Klapptische, Massen von Deutschen. Jetzt beklagen sie sich, es sei Schluss mit den Basaren.

»Daher gibt es so viele Besoffene auf der Straße«, Adam rückt auf dem Rollstuhl hin und her. »Diese hirnlosen Arschlöcher saufen billigen Fusel, weil das Geschäft nicht mehr läuft.«

Im Februar haben Ciapek – ein Basarverkäufer aus Łodź – und der *Radfahrer* – ein Gipser aus Słubice – an einem Abend 18 Flaschen Wein getrunken. Der absolute Rekord im Paradies. Sie soffen in der Sechs, in Ciapeks Zimmer. Das war dann auch zu viel für den Basarverkäufer aus Łodź; er starb zwei Tage später. Das Zimmer steht immer noch leer.

Adam verabschiedet sich von der Welt

1994, an einem Julisonntag, ist Adam mit seinen Töchtern zum See gefahren. Ewa blieb daheim, sie wollte Zigaretten verkaufen. Sonntagabend, wenn der Basar geschlossen hatte, bezahlten die Deutschen ordentlich für die Kippen auf ihrem Weg zum günstigen Sex und Benzin.

Adam kann sich an alles genau erinnern, sogar wie er leere Zigarettenkartons in den Kofferraum geladen hat (auf der Rückfahrt wollten sie auf einer verwilderten Plantage Johannisbeeren zum Einmachen pflücken).

Er glitt mit dem Mercedes die Straße entlang und grüßte die Kumpels unterwegs. Wie immer schaute er kurz zur neuen Kirche des Heiligen Geistes und lächelte. Adam hatte beim Bau mitgeholfen, er hatte die Balken, den Kies und den Sand für den Pfarrer transportiert.

Dann dachte er an den neuen Mercedes (in ein paar Tagen sollte er ihn abholen). Adam bemerkte nicht einmal, dass die Mädchen aufgehört hatten zu singen und anfingen, sich zu streiten. Er mochte es, wenn sie fröhlich miteinander schnatterten.

Sie badeten im Waldsee. Seine Brüder mit ihren Familien kamen. Das Brett war an drei gefällten Erlen festgemacht, zwei, drei Meter über dem Wasser.

Und da soll der besttrainierte Typ von Słubice nicht runter springen!? Er wird sich abstoßen und weit springen, dahin wo das Wasser tief ist. Adam weiß noch wie er dachte: »Das Wasser tropft mir von der Badehose aufs Brett, es ist glatt!«

Die Beine rutschten ab.

Unfähig sich zu bewegen, lag er mit weit geöffneten Augen auf dem flachen Grund des Sees. »Das war's. Da hab ich aber Scheiße gebaut!« Als sie ihn rausgezogen haben, verabschiedete er sich von seinen Töchtern, von seinem Bruder, von den Bäumen, vom Himmel, von der Welt. Schnell diktierte er noch seinen letzten Willen. Er teilte sein Paradies unter den Kindern und Ewa auf.

Dann war er mal weg, mal wieder da. Hohes Fieber, Gesprächsfetzen, die Zimmerdecke im Krankenhaus, Köpfe, die sich über ihn beugten.

Die Stimme des Arztes: »Sie haben sich fünf Wirbel gebrochen, auf der Höhe des fünften Halswirbels ist das Knochenmark beschädigt, Lähmung von den Schultern abwärts.«

Die Landung des Kleinflugzeugs bei Gorzowo. Riesige Staubwolke. »Haben wir Feuer gefangen?«, stöhnte er erschrocken zum Sanitäter. »Beruhige dich, Alter, das sind nur Maulwurfhügel.«

Zwei Mal war er am Sterben. Doch mit zwei heftigen Schlägen auf den Brustkorb zwang ihn der Arzt zurück ins Leben. »Wissen Sie, was das für ein verdammter Schmerz ist, wenn das Blut zu fließen beginnt? Als ob dir am ganzen Leib Zähne wachsen würden und sie jemand ausreißt.«

Er erinnert sich an Ewas nach hinten gestreckten Hintern, als er am Karfreitag nach Hause kam. Die Sanitäter schoben den Rollstuhl in den Flur und fuhren weg. Und sie putzte das Küchenfenster. Sie drehte sich nicht einmal um: »Und du, altes Arschloch, was willst du hier? Dein Platz ist im Pflegeheim.«

Ess-, Kack- und Schlafzimmer

Adam fährt hoch auf die Terrasse, mit einem Aufzug eigener Konstruktion (Geländer aus alten Metallbetten, damit der Rollstuhl nicht rausfällt, ein bisschen Alteisen vom Bau und eine dicke Stahlleine vom Bagger. Ein Saufkumpel hat alles zusammengeschweißt).

Er belegt das größte Zimmer, früher – vor dem Sprung – das Fernseh- und Schlafzimmer. Jetzt:

»Ess-, Kack-, Schlaf-, Piss- und Waschzimmer, alles in einem«, sagt Adam, wütend darüber, dass die Stadt einem Invaliden nicht einen Zloty gegeben hat, um das Badezimmer umzubauen.

Über dem Krankenhausbett mit Gewichten und einer Kloschüssel, die man hin und her schieben kann, ein Wandteppich mit Hirschen an der Tränke. An den Wänden Jagdtrophäen des Hausherren; der Kopf eines Wildschweins, Geweihe, Vögel.

Jeden Morgen kommt Frau Kazia von der Sozialpflege und wäscht Adam. Dann trinken sie Kaffee.

»Herr Redakteur, was soll das für eine Metropole sein?«, seufzt Frau Kazia. »Jetzt herrscht Armut in Słubice. Alle Betriebe sind zugrunde gegangen, im März haben sie *Komes* aufgelöst. Mit dem Basar ist auch Schluss, es gibt keine Arbeit.«

»Aber viele Bordelle.«

»Oh ja, zehn oder mehr, aber nicht jeder hat Geld, um einen Privatclub aufzumachen. Und unsere DDR-ler stinken auch nicht gerade nach Geld. Schon manches Mal habe ich in unserer Siedlung gesehen, wie ein Deutscher unten an den Wohnblocks einen Kanister aufgemacht hat – so einen umgebauten – und Stangen mit Zigaretten reinstopfte. Er verschloss ihn dann mit Klebeband und sprühte Spray drauf. Ein Reicher würde sich doch für ein paar Zigaretten nicht solche Mühe machen. Oder der, der zum Laden kommt – die Nachbarinnen sind dann wie die Geier; wenn sie ihn sehen, kommen sie schon vom Weiten mit ihren Einkaufstaschen angerannt. Er kauft vier Kartons Ariel und schüttet den Weibern das Waschpulver in Plastiktütchen. Und in die Arielkartons packt er Zigaretten.«

Frau Kazia hat Angst um ihren Sohn, weil er sich mit irgendwelchen Typen einlassen könnte; diese Jungen benehmen sich doch heutzutage wie Wölfe. Sie treiben sich in Kellern herum und klettern auf Balkone. Sie stehlen und überfallen die Leute am helllichten Tag. Sie rauben ein Auto, toben sich auf einem alten Panzerübungsplatz aus, zertrümmern den Wagen und lassen ihn dann einfach stehen.

Ewka wohnt hier nicht mehr

»›Und du, altes Arschloch, was willst du hier?‹ Das hat sie zu mir gesagt! Damit fing die Hölle an«, Adam kreist mit seinem Rollstuhl im Zimmer. »Ich liege die ganzen Tage da wie ein Klotz, ich kann mir nicht mal eine Fliege von der Nase scheuchen und höre, wie diese Hure Ewka mit ihrem Liebhaber in den Zimmern rummacht; in einem, im zweiten, im zehnten. Irgend so einen Verheirateten hat sie kennengelernt. Das Geld aus dem Safe habe ich aufgeteilt und meinen Bruder beauftragt, den Mercedes zu verkaufen.«

Adam meldete seine Lebensgefährtin im Paradies ab, änderte das Testament, damit sie nicht auf seinen Tod wartete.

»Da fing sie an, die Töchter gegen mich aufzuhetzen. Die Ältere schlief in meinem Zimmer, sie drehte mich nachts um, doch die Mutter redete auf sie ein: ›Lass den alten Kadaver einfach liegen‹. Die Mädels begannen auszugehen, wann sie wollten; die Straße hat sie großgezogen. Sie gingen nicht zur Schule. Wenn ich vom Bett gefallen bin, dann lag ich den ganzen Tag auf dem Boden.«

Adam begann, sich vor ihnen zu fürchten, beklagte sich bei den Polizisten und der Richterin, die Mädchen hätten versucht, ihn zu vergiften und Quecksilber in den Pfefferminztee geschüttet, der ihm für die Nacht neben das Bett gestellt wird. Sie würden ihn misshandeln, junge Flittchen und Diebe anschleppen und sich alles unter den Nagel reißen. Dann, nachdem die Polizei die Rote und die Schwarze in Gryfice nach einer mehrtägigen Flucht geschnappt und sie in Gewahrsam genommen hatte, fand die dicke Wieśka – als sie ihr Zimmer aufräumte – einen kurzen Brief. Die Schwarze verabschiedete sich vom Leben.

»Wahrscheinlich wollte sie damals Schluss machen. Ich weiß«, seufzt Adam, »sie haben's auch schwer.«

Die Schwarze und die Rote

Die Schwarze und die Rote wohnen neben dem ›Kack-, Schlaf- und Esszimmer‹.

»Weißt du noch, wie du ihm ins Glas gepinkelt hast?«

»Dir haben sie wohl ins Gehirn geschissen. Du warst es doch, die Vater in die Flaschen pinkelte.« Sie kichern. Sie verbringen die Ferien im Paradies. Den Rest des Jahres sind sie in einer Erziehungsanstalt für Jugendliche, weit weg von Słubice.

Die Rote ist siebzehn Jahre alt, an den Augenbrauen und in der Nase steckt ein Ring. Sie ist groß, hat ein trauriges Lächeln und reichlich Pickel im Gesicht. Wenn sie ausgeht, macht sie dick Puder drauf. Beide Mädchen haben es in diesem Jahr gerade erst in die achte Klasse geschafft. Die siebente hat die Rote vier Mal wiederholt. Die Schwarze ein Mal. In der Anstalt werden sie einen Beruf erlernen – Köchin.

Die Schwarze ist nicht gesprächig.

»Weinst du manchmal?«

»Klar, wenn mich mein Freund nicht liebt.«

»Ich meine, ob du wegen dir weinst.«

»Was geht mich mein Leben an?«

»Hast du schon mal mit einem Mann geschlafen?«

»Ja, das erste Mal vor einem Jahr.«

»Da warst du vierzehn.«

»…«

»Machst du das oft?«

»Ich bin keine Nutte«, geht die Schwarze hoch und sagt ›die drei Grundsätze eines Minderjährigen‹ auf, die in ihren Kreisen gelten: ›Scheiß auf die Bullen; Sauberkeit und Hygiene; die Hurerei bekämpfen‹.

Die Mädchen haben mir ein kariertes Heft auf mein Zimmer mitgegeben. Die Rote schreibt dort alle Weisheiten rein; die aus Słubice und die aus der Erziehungsanstalt. Sie kann schön malen: Gitterstäbe, Bugs Bunny und Casper, wieder Gitterstäbe und Gefängnisketten, Tätowierungsmuster.

Die ›Zehn Gebote eines glücklichen Menschen‹ ähneln sich allesamt.

Erstes: ›Der Mensch wird müde geboren und lebt um sich auszuruhen‹. Sechstes: ›Was du heute tun musst, mach es übermorgen. Du wirst zwei Tage frei haben.‹ Neuntes:

›Wenn du Lust auf Arbeit verspürst, setz dich hin und warte ab, bis sie vergeht‹.

Reime aus dem Tagebuch: ›Jeder weiß, dass alle Mädchen danach gieren, durch'n Dieb die Unschuld zu verlieren. Sind die Diebe harsch und barsch, wackeln Mädels mit dem Arsch.‹

Ein Eintrag: ›Du sagtest einmal, dass der Schwanz denkt. So ist es allemal, doch nur in deinem Fall. Deshalb will ich dir einen guten Rat schenken: versuch auch mit dem Kopf und nicht nur mit dem Schwanz zu denken.‹

Ein goldener Gedanke: ›Wenn du nichts hast, wofür du leben kannst, lebe den Anderen zum Trotz.‹

Was denn für ein Paradies?

Die Schwarze und die Rote wärmen sich in der Sonne auf der Terrasse.

»Das Fluchen haben wir vom Vater. Als er von der Arbeit kam, ging er zuerst zu den Hühnern, dann zu den Enten und zum Hund. Er prüfte, ob sie Wasser hatten. Wenn es irgendwo fehlte, konnte man gleich hören: ›Ihr Arschlöcher‹. Er schlug uns und Mutter.«

Beide Mädchen halten jetzt zur Mutter. Vater ist ein Lügner. Nicht sie hat ihm Geld gestohlen, sondern er ihr.

»Was denn für ein Paradies!? Das war eine Scheißarbeit auf dem Feld und bei den Schweinen. Hundert Hühner und Enten.«

Die Schwarze: »Mutter hat mir erzählt, dass sie noch das Feld pflügte, als sie mit mir schon im achten Monat war, bis sogar die Nachbarin Vater deswegen angeschrien hat.«

Die Rote: »Er hat mich verloren, als ich zwei Jahre alt war. Hat mich zu seinen Kumpels mitgenommen, hat getrunken und mich vergessen. Erst zu Hause hat er's gemerkt. Sie konnten mich nicht finden. Und ich bin einfach über die Felder und Wiesen gelaufen«, lächelt die Rote, »bis zum Truppenübungsplatz bei Kunowice. Weil ich gerne Schmetterlingen und Würmchen hinterhergelaufen bin.«

Jetzt leben sie hinter Gittern; Wecken um sechs Uhr früh, Schule – hinter Gittern, Mittagessen – hinter Gittern, ihr Zimmer – hinter Gittern. Die Schwarze saß schon fünf Mal wegen der Fluchtversuche in der Isolierzelle.

Adam rückt auf dem Rollstuhl hin und her: »Sie sind es, die lügen, die Mutter hat's ihnen beigebracht. Wenn sie nicht aufhören, werde ich sie mit einer grünen Minna in die Anstalt zurückschicken, da soll'n sie bleiben.«

Der Student bechert kräftig

In Adams früherem Jagdzimmer wohnt ein Student, ein junger Germanist, der von der litauischen Grenze hierherkam (er spricht auch sehr gut Litauisch und Estnisch). Ledig, Brille auf der großen Nase. Er ist Übersetzer an der Grenzstation in Świecko.

Als er vor zwei Jahren im Paradies eintraf, waren alle Zimmer von Zigarettenschmugglern belegt. Sie dachten, er würde auch schmuggeln.

Eines Tages wollte einer von ihnen nach Hause und schlug ihm vor: »He, wirf für mich sechzig Stangen über die Grenze, wir verrechnen das dann später.«

Es wurde ungemütlich, doch Adam beruhigte sie: »Der Student ist in Ordnung.«

Der Student hat Heimweh. »Dort ist echtes Grenzland, die Menschen sind verwurzelt, haben Traditionen, nicht so wie hier; alle sind an diesem Ort zufällig, Reisende wie Einwohner: Vater aus Podole, Mutter aus Weißrussland …«

»Und es gibt noch großes und schnelles Geld.«

»Eben, sie haben sich hier selbst verloren. Es fehlt an echten, einfachen Beziehungen zwischen den Menschen. Überall – zwischen Frau und Mann, zwischen Nachbarn und Freunden – die Mark ist knallhart auf dem Vormarsch.«

»Dieses Grenzglück frisst ihre Seelen.«

»So ist es wohl.«

»Hat Köpfchen, der Student, oder? Is nett mit ihm zu plaudern«, Adam rollt auf die Terrasse. »Doch der Student hat sich auch verändert. He, he, he. Als er hier ankam, las er nach der Arbeit ein Buch oder die Zeitung, jetzt bechert er kräftig. Jeden Tag kommt er vollgepichelt zurück. Ich sag's Ihnen, Słubice ist eine Scheißregion, man stumpft total ab, alles geht hier kaputt. Würden Sie hier etwas länger herumhängen, dann würde auch aus Ihnen irgendetwas Böses herauskriechen. Nicht wahr, Student? He, he, he.«

Nichts ist mehr heilig, selbst einen Krüppel durchsuchen sie

Auf der Terrasse gibt Adam Ratschläge, wie man am besten Zigaretten schmuggelt. Manchmal schmuggelt er sie mit seinem behindertengerechten Opel. Er nimmt sich jemanden zur Hilfe. Die Zigaretten versteckt er im Kofferraum unter dem zusammengeklappten Rollstuhl. Einmal schnappten ihn die Deutschen. (»Nichts ist mehr heilig, verdammt noch mal, selbst einen Krüppel durchsuchen sie«). Er verlor damals dreitausend Mark.

»Wiechu, hör auf mich Älteren. Ich würde mir mit den Pontons nicht den Arsch aufreißen; dieses Gepumpe, Gemache, wozu? Pack die Kippen in drei Säcke aus festem Stoff und ab in die Oder damit. Dann setz' dich drauf und schwimme quer rüber, so dass du genau bei den Gärtchen am Ende von Frankfurt anlegst.«

Wiechu nickt und lächelt. Er ist aus Łukowo gekommen, ein junger Schmuggler, die Nase ein paar Mal gebrochen, wie bei einem Boxer. Er ist kurz vorbeigekommen, um für den letzten Aufenthalt zweihundert Mark zu bezahlen. »Sorry, Herr Adam, damals hab ich's nicht geschafft, weil ich die Hunde im Nacken hatte. Sie kannten meine Adresse. Ich musste abhauen. Meine Jungs werden auch noch für die Zimmer bezahlen. Sie werden jetzt bestimmt kommen, weil ihnen die Kohle ausgegangen ist, also müssen sie einen Wurf machen.«

Cygan, Adams großer, schwarzer Schäferhund, ist sanft wie ein Lamm. Er reibt sich an dem Rad des Rollstuhls. Zwei Mal ist er von einem Auto überfahren worden. Der Tierarzt, Adams Bekannter, hat ihm deutsche Spritzen verschrieben, damit die Knochen schneller zusammenwachsen. »Ich hab schon ganz andere Halbleichen unter den Rädern hervorgezogen und sie sind durchgekommen«, lobte er das Medikament. »Und du, Adaś, was nimmst du?« Und er verschrieb Adam dasselbe, auf Cygans Rezept.

Adam hat schon dreißig von den Hundespritzen genommen.

»Wissen Sie, dieser Tierarzt ist gleich danach gestorben. Aber er hat mir alles genau erklärt, was und wie ich es bis zum Ende der Kurbehandlung nehmen muss. Als ob er etwas gespürt hätte. Und ich sag' Ihnen noch was. An diesem Tag, als ich gesprungen bin, habe ich Ewka ein Geheimnis verraten. Zwölf Jahre haben wir zusammengelebt, keine Geheimnisse; gemeinsames Bett, gemeinsames Kochen, gemeinsames Geschäft, wir haben zusammen geschmuggelt. Sie wusste, wo ich meinen Safe hatte, wo das Geld war. Wo ich aber den schwarzen Marmor vom deutschen Friedhof vergraben habe, wusste niemand. Morgens sprachen wir darüber, dass ein uns bekannter Taxifahrer gestorben ist. ›Wenn was ist, dann brauchst du dir um den Marmor für mein Grabmal keine Sorgen zu machen; er ist neben der Garage vergraben.‹ So hab' ich's ihr gesagt. Eine Ahnung oder was? Irgendetwas muss dran sein, verdammte Scheiße.«

»Und Gott?«

»Klar gibt's den. Manchmal denke ich, ob ich diesen

Rollstuhl nicht als Strafe bekommen habe.« Einen Moment lang sitzt Adam mit gesenktem Kopf da. »Nein, doch nicht, eine zu große Strafe. Denn was würde dann für Mörder und Vergewaltiger bleiben?«

Monika mit den langen Beinen

Sie wohnt in der Zwölf. Sie ist aus Lublin gekommen. »Ein kleines Städtchen ohne Perspektiven. Wenn jemand – mit Verlaub – an einem Ende des Ortes furzt, dann hört man es am anderen.«

Hübsch, gute Figur, wie bei einem Model. Nach dem Abitur ohne Beruf. In Słubice blieb sie zunächst in einem Klamottenladen hängen, doch der Besitzer zahlte mal und dann wieder auch nicht. Sie weiß nicht, was sie mit sich anfangen soll, sucht nach Arbeit und Liebe. Eine Zeit lang war sie mit Piotrek aus Zimmer acht zusammen, doch gestern hat sie zwei aus Olsztyn für die Nacht angeschleppt, in einem Ford mit weißem Kennzeichen.

Täglich trägt sie ein paar Stangen Zigaretten über die Brücke, um von etwas zu leben. Wenn sie schlafen geht, ist sie betrunken.

Ein Bombengeschäft

Das Paradies läuft illegal, offiziell wohnt hier niemand. Nur Adam mit Cygan. »Doch wovon soll ich leben? Meine Markvorräte schmelzen und außerdem wird die Mark immer billiger. Die armselige Rente macht gerade vierhundertfünfzig Zloty aus. Und so kommen die Heizkosten wenigstens wieder rein und ich hab' jemanden zum Reden. Wie oft war es schon so; ich fahre an eine Türschwelle heran, reiße die vorderen Räder hoch – so wie man uns das im Krankenhaus beigebracht hat – hoppla, zu stark und schon liege ich auf dem Rücken. Einen halben Tag lang, bis ein Mieter zurückkommt und mich aufhebt.«

Vor zwei Jahren fing Adam wieder an, über ein Bordell nachzudenken. »Um die richtigen Weiber auszuwählen, dafür reicht's noch bei mir«, lacht er. »Diese Nutten aus den Privatclubs in Słubice sehe ich fast täglich. Nichts Besonderes; hässlich, krumme Beine, so dass sie nur ein dummer Deutscher nehmen würde, oder wenn man besoffen ist. Doch die kassieren hundert Mark pro Stunde. Und wie sie das machen! Drei Tage lang halten sie einen Kunden hin; Diskothek, Spaziergang, der Deutsche ist entzückt, schaut ihnen in die Augen, und die ganze Zeit flattern die Hunderter. Dann in die Bar – dort sind ja auch spezielle Preise – und Champagner ans Bett, der zehn Mal teurer ist. Erst dann lassen sie sich bumsen. Es gibt auch noch extra eine Badewanne mit Schaum und für vier Personen – dreihundertfünfzig Mark pro Stunde. Ein Bombengeschäft!«

Jetzt sucht Adam nach einem Geschäftspartner. Allein, im Rollstuhl, würde er es nicht schaffen, einen Club zu eröffnen. Zwei Sicherheitsleute müssen dabei sein, eine oder zwei Putzfrauen. Die Töchter werden in der Küche helfen. Die Barfrau kann gleichzeitig die Puffmutter sein. Na, und die Nutten müssen Klasse haben, zehn Stück mindestens.

Doch wenn er keinen Partner findet, dann wird er alles verkaufen und zum Teufel mit dem Paradies.

P. S. Die Namen des Paradiesbesitzers und seiner Mieter habe ich geändert. Ich bitte um Entschuldigung für die hässlichen Ausdrücke, doch ohne sie wäre das Paradies von Adam und Ewka (aus dem ›Hühnerstall‹) nicht richtig dargestellt.

1999

FÜR DIE ROBE ÜBER DIE ODER

Eine Dame ließ sich von einem Herren verzaubern. »Ich bin vom Sirius«, hatte er sich ihr vorgestellt. »Dort gibt es keine Krankheiten, keine Kriege, nur die allgemeine Glückseligkeit. Ich kann auch Sie mitnehmen, doch dafür ist Geld notwendig.«

Er riet ihr, die Police einer Lebensversicherung zu unterschreiben, ihm die Vollmacht zu erteilen, das Geld entgegenzunehmen und einen Unfalltod vorzutäuschen. Dann würde er sie auf den Sirius bringen.

»Schmeißen Sie, während Sie baden, den eingeschalteten Fön in die Wanne«, sagte er. Die bezauberte Dame tat, was er ihr geheißen hatte. Eine sensible, deutsche Sicherung rettete ihr das Leben.

Eine authentische Geschichte. Bekannt als *Sirius-Fall*. Die meisten Fälle, die die Studenten der deutschen Rechtswissenschaften in Frankfurt an der Oder lösen, entstammen echten Gerichtsverfahren.

Es stellt sich das Problem: Wie soll man den Schuft vom Sirius verurteilen? Die Dame hat den Fön doch selbst in die Wanne geworfen. Selbstmord ist weder in Polen noch in Deutschland strafbar. Beihilfe und Verleitung zum Selbstmord ist in Deutschland ebenfalls kein Verbrechen. In Polen schon.

Die Lösung: Ein deutsches Gericht bediente sich der Verordnung über die ›mittelbare Täterschaft‹ – es verurteilte den Herren vom Sirius für den Tötungsversuch. Das Werkzeug des Verbrechens war die leichtgläubige Dame – und dieses Werkzeug ist gegen sich selbst vorgegangen.

Professor Bogusław Banaszek aus Breslau, einer der sechzehn Rechtsprofessoren an der Europäischen Universität *Viadrina* in Frankfurt, leitet seit 1998 Seminare zum Thema Individualrecht.

»Ich halte die Vorlesungen auf Deutsch«, erzählt er. »Die Hälfte im Saal sind Deutsche, die andere Hälfte Polen. Ich spreche über das Thema ›Würde‹. Zwei Referate – ein deutsches und ein polnisches. Doch es folgt keine Diskussion. Ich nenne ihnen ein Beispiel: ›In einer bayerischen Kleinstadt lässt der Bürgermeister die Peepshow schließen, weil die Würde der Frauen, die dort arbeiten, verletzt wird. Eine von ihnen, erbost darüber, dass sie ihre Arbeit verlieren wird, legt beim Gericht Einspruch ein: ›Und warum schließt ihr nicht die Bordelle? Und was ist mit den Pornokassetten bei den Videoverleihen? Wird dort etwa nicht die Würde der Frau verletzt?‹

Weiterhin Schweigen im Saal. Ich dachte schon, mein Deutsch sei so schlecht, dass sie mich nicht verstünden.

Schließlich steht ein polnischer Student auf und bittet mich, ›Würde‹ zu definieren. Und ein deutscher Student fragt: ›Welche Urteile sind bei ähnlichen Fällen gefallen?‹

An der Viadrina treffen nicht nur zwei verschiedene Rechtssysteme aufeinander, das polnische und das deutsche, sondern auch zwei unterschiedliche Lehrmethoden. Der Jurastudent in Polen paukt Definitionen und Gesetzestexte. Der Deutsche lernt das Recht, indem er konkrete Fälle löst. Überall hat er es mit Rechtsfällen zu tun: bei Vorlesungen, Übungen, Prüfungen, Seminararbeiten.«

Seitdem Studenten nach Frankfurt und Słubice gekommen sind, leben beide Teile der früheren Oderstadt auf und haben Farbe bekommen. Die neue Viadrina in Frankfurt wurde 1991 eröffnet (eine Universität gleichen Namens wirkte schon zwischen 1506 und 1811). Von Anfang an hatte die Frankfurter Lehranstalt mit der *Adam-Mickiewicz-Universität* in Posen zusammengearbeitet. Die Frucht dieser Zusammenarbeit ist das *Collegium Polonicum* auf der Oderseite von Słubice.

An der Viadrina hat der Fachbereich Rechtswissenschaften die meisten ausländischen Studenten. Ein Drittel aller Jurastudenten sind Polen; jedes Jahr kommen ungefähr sechzig neue, um dieses Fach zu studieren. Nach dem Abitur reisen sie an und legen eine Deutschprüfung ab. Pass, Grenze, zur Viadrina – links hinter der Brücke. Nach ein paar Monaten merken sie nicht mehr, dass sie jeden Tag die Grenze der Europäischen Union überschreiten, und durch eine Drehtür dort rein- und rausgehen. Und zwar ohne in der Schlange zu stehen, anders als der Rest der Polen; ein Privileg der Viadrinastudenten. Anfangs waren die Ortsansässigen verärgert – am Übergang eine Schlange von einer Stunde und dreihundert Studenten laufen einfach an der Seite vorbei. Eine wütende ›Ameise‹ schlug einer Studentin sogar ins Gesicht.

Die Neuen werden von den Studenten der höheren Semester eingewiesen.

»Nach einem Monat werdet ihr flüchten wollen, ihr werdet die Koffer packen, überzeugt davon, dass das Jurastudium auf Deutsch nichts für euch ist«, warnen sie. »Doch ruhig Blut. Das ist normal, wir haben das alle durchgemacht.«

Das erste Jahr ist das schlimmste. Ein Lehrgang über deutsches Recht; Straf-, Zivil- und Öffentliches Recht. Alles auf Deutsch. »Ich kann gut Deutsch, doch erst nach einem Monat fing ich an, die Rechtssprache zu verstehen«, sagt eine Studentin.

»Eine Kommilitonin weinte vor Verzweiflung, und ein Kommilitone schlief regelmäßig bei den Vorlesungen in Zivilrecht ein, weil er nachts Deutsch gebüffelt hatte.«

»Dann kennst du die Rechtsterminologie nur auf Deutsch, du versuchst sie nicht einmal zu übersetzen. Du sagst ›Fall‹ anstatt *kazus* und ›Anspruch‹ anstatt *roszczenie*, und du gehst nicht zum *budynek główny*, sondern zum ›Hauptgebäude‹. Du merkst nicht, wann du anfängst Viadrinisch zu sprechen, wie alle Viadriner. Deutsche Wörter, polnische Syntax.«

»Um den Schein für eine ›Hausarbeit‹ zu bekommen«, erklärten mir die Studenten aus dem dritten Jahr, »musst du den ›Aufbau‹ kennen, na, verdammt, wie heißt das doch auf Polnisch? Na so ein Skelett. Ah! Ein Schema, nach dem du die ›Fälle‹ löst. *Schritt po schrittche,* also Schritt für Schritt. Du beschreibst *okoliczności sprawy* – ›den Sachverhalt‹ – also dass der Eine dem Anderen eine reingehauen hat, und wessen *wina* – ›Schuld‹ – es ist. Ach so, und dann noch drei *mainungi*, also verschiedene Rechtsgutachten. Wenn die Arbeit gut ist, bekommst du den ›Schein‹- *zaświadczenie*.

Sie schockieren die polnischen Professoren, wenn sie sagen, eine Sache wäre *sztrajtyś* – also streitig.

»Sporna«, verbessern geduldig die Professoren, aber sie bekämpfen das Viadrinische nicht mehr, so wie früher. Viadrinisch war, ist und wird sein.

Zbigniew Wernikowski ist im zweiten Jurastudienjahr und schon Magister. Vor ein paar Jahren absolvierte er das Fach Management an der Fakultät Rechts- und Verwaltungswissenschaften der Breslauer Universität. Damals hatte er sich nicht für Jura entschieden, weil er wusste, dass er in Polen ohne Beziehungen oder familiäre Verbindungen kein Rechtsreferendariat bekommen würde. Er war schon Banker, Versicherungsagent, Immobilienmakler und Möbelverkäufer. Doch seine Träume vom Anwaltsberuf hat er nicht aufgegeben. Deshalb schlug er einen Umweg ein – über die Viadrina.

»Ob jemand als Jurist zugelassen wird, darüber entscheidet in Polen die Korporation der Anwälte. Bei der Prüfung können sie sogar nach der Höhe der Cheopspyramide oder nach den Ergebnissen der Fußballliga fragen, wenn sie wollen. Dann bist du geliefert. Du kannst keinen Widerspruch einlegen, weil die Prüfung mündlich ist. Das ist krank. Das deutsche System ist fairer, es hat klare Kriterien. Ich werde von einer staatlichen Kommission geprüft und nicht von einem Juristen, für den ich ein Konkurrent sein werde. Später entscheidet der Markt, wer der bessere *adwokat*, also Rechtsanwalt ist.«

Wernikowski hat einen klaren Plan: An der Viadrina wird er das polnische und das deutsche Recht abschließen und dann das sehr schwierige, deutsche Staatsexamen machen. Anschließend das Referendariat. Er hat sich bereits erkundigt: zwei Jahre lang, drei Tage die Woche, man verdient sogar achthundert Euro. Er weiß auch schon, dass man in Berlin mit bis zu zweieinhalb Jahren am längsten auf einen Platz wartet, während es in Mecklenburg am schnellsten geht. Dann nur noch das Zweite Staatsexamen bestehen und er wird Rechtsanwalt sein. Er hat gelesen, dass der Bundesgerichtshof die ›Verweigerung der Zulassung zur Rechtsanwaltschaft wegen Mangel an Bedarf‹ als gesetzeswidrig erkannt hat. Deshalb gibt es in Deutschland arbeitslose Anwälte oder Anwälte, die Taxi fahren. In Polen noch nicht. In Deutschland gibt es 150.000 Anwälte – in Polen 25.000. Dann wird Rechtsanwalt Wernikowski nach Polen zurückkehren, denn nach dem Eintritt Polens in die EU wird jeder Anwalt dort eine Kanzlei eröffnen können. Das einzige Hindernis wird die Sprache sein.

Sein ›Plan B‹ ist eine Karriere als Experte für Wirtschaftsrecht bei den deutsch-polnischen Kontakten. Deutsche Firmen werden Rechtsanwälte brauchen, die Polnisch sprechen. Die Polen werden auf der anderen Seite der Oder arbeiten, ihre Firmen werden auf dem westlichen Markt Fuß fassen. Für die Viadriner wird es viel Arbeit geben.

›Plan C‹: Brüssel. »Das ist wenig wahrscheinlich«, meint Wernikowski, »weil bei uns die Parteizugehörigkeit über die Unionsposten entscheidet.«

Professor Dieter Martiny, der sich an der Viadrina um ausländische Studenten kümmert, hat beobachtet, dass immer mehr Polen zum Anwaltsberuf in ihrem Land einen Umweg wählen. »Sie sagen, diese Methode sei sicherer, denn in Polen werden diese Berufe mittlerweile vererbt.«

Magister Wernikowski ist es um die nächsten Jahre, die er dem Studium opfern wird, nicht schade. »Ein Jurist lernt für sein ganzes Leben.« Und in der Viadrina gibt es eine hervorragende rechtswissenschaftliche Bibliothek. Die Jurastudenten haben sogar ihre eigenen Zeitschriften. Er hat vor Kurzem den Bericht einer jungen Deutschen gelesen, die ihr Referendariat in China machte.

Wernikowski versucht sich jetzt schon auf dem deutschen Markt. Er hat um sein Wohngeld gekämpft. Diese finanzielle Hilfe für ärmere Frankfurter können auch polnische Studenten, die in Frankfurt wohnen, in Anspruch nehmen. In diesem Jahr wurde das Wohngeld stark gekürzt und die meisten Polen haben es nicht bekommen. Sie zogen auf die günstigere, polnische Seite – nach Słubice. Doch Wernikowski hat Einspruch eingelegt. »Wofür bin ich denn Anwalt?«

Karolina Mat-Madajczak aus dem vierten Studienjahr sinniert über ihren Nachnamen: »Er ist gut für eine Anwältin, weil er sich von anderen unterscheidet. ›Mat‹ ist ein Pseudonym meines Großvaters aus der Partisanenzeit. Doch wenn ich mal heiraten will, werde ich ein Problem haben.«

Sie hat während einer Vorlesung in Familienrecht gefragt, ob sie den Nachnamen des Ehemanns hinzufügen könnte. »Nein, zwei Bindestriche darf man nicht im Nachnamen haben.«

Sie stammt aus Posen. Die Eltern sind vereidigte Dolmetscher für die deutsche Sprache. Warum sie Jura studiert?

»Seit meiner Kindheit sagten meine Tanten: ›Du wirst einmal Rechtsanwältin werden; du redest jetzt schon jeden an die Wand.‹ Als dann im August die Sternschnuppen vom Himmel fielen, träumten meine Freundinnen davon, einen tollen Typen kennenzulernen, doch ich habe gebetet, an der juristischen Fakultät aufgenommen zu werden.«

Bei der Aufnahmeprüfung musste sie hundert Fragen beantworten. Fünfzig zu Deutsch, fünfundzwanzig zu Geschichte und fünfundzwanzig zu Sozialkunde. Der Computer wertete alles aus.

»Vier Stunden später wusste ich, dass ich es geschafft hatte.«

Sie war nach Frankfurt gezogen, um Kontakt zur deutschen Sprache zu haben. »Viele Mitstudenten kennen nur das Juristendeutsch, doch wirklich unterhalten können sie sich nicht.«

Sie mietete zusammen mit einem Freund zwei Zimmer in einem früheren DDR-Wohnblock für hundertsiebenundzwanzig Euro, und sie bekamen fünfzig Euro Wohngeld. Als die Stadt die finanzielle Hilfe strich, zog Karolina in die Wohnblocks von Słubice um. Jedes halbe Jahr zahlt sie einhundertsiebenundsechzig Euro Semestergebühren. Dafür kann sie Straßenbahnen, Busse und regionale Züge in ganz Brandenburg und Sachsen kostenlos benutzen. Die Fahrt in Deutschlands Hauptstadt kostet sie ebenfalls nichts. Jeden Monat ist sie verpflichtet, vierundfünfzig Euro für eine Krankenversicherung zu zahlen, dafür erhält sie einen Teil der Medikamente in Deutschland gratis. Alle zwei Jahre verlängert sie für zwanzig Euro ihr Visum. Brot kauft sie in Polen, weil es dort besseres gibt. Kosmetik- und Drogerieartikel in Deutschland. Schuhe in Polen, Klamotten in Deutschland.

Anna Dłucik aus Mysłowice gefielen die modernen Studentenwohnheime in Słubice auf Anhieb. Die sind nicht wie in Kattowitz: ein armseliges Zimmer mit vier reingezwängten Betten und ein Fensterbrett statt eines Kühlschranks.

Es gefällt ihr, dass der Professor mit einem Mikrofon im Hörsaal herumgeht und mit den Studenten diskutiert. »Hallo, was denken Sie darüber?« An den polnischen Hochschulen hält der Professor eine Vorlesung und dann geht er. Anfangs hatten die Polen Angst vor diesem Mikrofon. Sie wurden rot.

Der Schrecken der ersten Semester ist Professor Wolff Heintschel von Heinegg, ein Experte für Internationales Öffentliches Recht.

»Ich habe gezittert, wenn er näher kam«, erinnert sich Grzegorz Kostka aus Danzig. »Bei seinen Vorlesungen ist absolute Ruhe, er hat eine kräftige Stimme, die Hand in der Tasche. ›Wenn ihr denkt, ihr müsstet nicht mitarbeiten, dann seid ihr am falschen Ort‹. Wenn jemand in der Vorlesung quatscht, dann kann es passieren, dass er ihn vor allen niedermacht. Doch unter vier Augen ist er ein sehr sympathischer Typ.«

»Ein Jurist muss fähig sein, sich spontan in verschiedenen Situationen verbal auszudrücken«, lächelt Professor Heintschel von Heinegg, »daher das Mikrofon. Ein Fehler, den du vor der ganzen Gruppe gemacht hast, wird dir kein zweites Mal passieren.«

Anna Długuk möchte in Polen Richterin werden.

»Mich reizt dabei die Unabhängigkeit«, sagt sie. »Die Polen können nach der Viadrina nicht in Deutschland als Richter arbeiten; dieser Beruf ist deutschen Staatsbürgern vorbehalten. Er ist mit sehr viel Prestige behaftet. Zur Rechtsprechung werden nur die Besten zugelassen. Bei uns sind es die Kinder von Anwälten, die Rechtsanwälte werden, sowie die zum Beruf zugelassenen. Richter werden diejenigen, die diese Arbeit wirklich machen wollen; es gibt weniger Geld, aber die Verantwortung ist viel größer.«

Anna Ostrowska aus Breslau (Abitur 1999) joggt abends auf dem Flussdeich entlang der Oder. Sie hat neun Jahre Basketball gespielt. Sie hätte in den USA Karriere machen können, wie manche ihrer Kolleginnen aus dem Verein *Ślęża Wrocław*. Hübsches Mädchen, bei dem Wettbewerb einer Fotoagentur war sie das ›Gesicht des Jahres 1996‹. Als Model hatte sie ihr Debüt mit dreizehn Jahren: der Umschlag eines Buchs von Krystyna Siesicka, die Titelseite der Jugendzeitschrift *Filipinka*, Fernsehwerbung.

»Ich träumte immer von einem Diplomatenleben«, lacht sie. »Als ich klein war, las ich in der Frauenzeitschrift *Twój Styl* Artikel über Damen in ausländischen Residenzen, Botschaftergattinnen, Ehefrauen von Diplomaten.«

Sie dachte nicht an Jura, weil sie es nicht mochte, wenn Mama – Richterin von Beruf – an Urteilsbegründungen schrieb, anstatt mit ihr zu spielen. Jetzt ist sie eine der besten Studentinnen. Sie spricht hervorragend Deutsch. Anfangs war sie ein wenig enttäuscht, weil die Polen und Deutschen jeweils für sich blieben. »Bei den Veranstaltungen waren die Polen ruhig und die Deutschen plapperten zu jedem Thema was ihnen gerade in den Sinn kam. So richtig habe ich die Deutschen erst kennen gelernt, als ich angefangen habe, in Frankfurt Salsa zu tanzen.«

Sie möchte in Brüssel arbeiten, hat schon ein Praktikum bei der Vertretung der Europäischen Kommission in Warschau gemacht – an der Information. Doch sie befürchtet, es diesmal noch nicht nach Brüssel zu schaffen. Das Diplom wird sie frühestens im Juni machen und die Rekrutierung der Brüsseler Beamten soll im Januar beginnen. »Simultandolmetscher werden immer gebraucht«, tröstet sie sich. Vielleicht wird sie mit ihrer Arbeit in Brüssel erst mal auf diese Weise beginnen. Während des letzten halben Jahres hat sie intensiv Französisch gelernt. Jetzt ist sie nach Frankreich gefahren, um dort ein Semester lang zu studieren.

An der Viadrina fährt man ständig irgendwohin.

»In Polen«, vergleicht Karolina Mat-Madajczak, »ist die

Regel: Abitur, Studium, dann bist du vierundzwanzig Jahre alt und suchst Arbeit. Doch der Deutsche fährt nach dem Abitur für ein Jahr in die Vereinigten Staaten und arbeitet dort körperlich – um zu erfahren, wie schwer es ohne Ausbildung ist. Er kommt zurück und studiert, aber schon mit einem ganz anderen Bewusstsein. Er weiß, was er will. Wenn an einer polnischen Uni eine Studentin ein Urlaubssemester nimmt, dann ist sie entweder schwanger oder sie kommt mit dem Studium nicht klar. Hier dagegen nehmen sie Urlaub und fahren zu einem Praktikum, machen ein Semester Jura in Spanien, Frankreich, Holland. Hier gibt es keine gemeinsamen Abschlüsse, weil jeder in einem anderen Tempo studiert.«

Karola Olejnik hat im September ihre Magisterprüfung in polnischem Recht bestanden und in einem Jahr wird sie das Staatsexamen in deutschem Recht machen. Dann, während sie auf ein Referendariat in Berlin wartet, wird sie in den USA den Titel *Magister Legum* erlangen. Magister der Rechtswissenschaften wirst du dann, wenn du zum Beispiel schon das Diplom in polnischem Recht hast und dann noch das Studium eines anderen Rechts abschließt. Polen mit dem Magistertitel der Adam-Mickiewicz-Universität studieren deutsches Recht. Auf der Viadrina reicht es nicht, eine gute Magisterarbeit zu schreiben, in der man das polnische Recht mit dem deutschen vergleicht. Ehrgeizige deutsche Studenten bemühen sich meist noch um den Titel *Magister Legum* in den USA. Karola will auch dorthin. Dem polnischen und deutschen Recht wird sie noch angelsächsisches Recht hinzufügen. Ein Semester in den Staaten kostet ein paar Tausend Dollar, also will sie eine große Anwaltskanzlei davon überzeugen, sie dorthin zu schicken. Die Kanzleien sehen den Titel *Magister Legum* als eine Art Doktorat. Sie schätzen Juristen, die sich in mehreren Rechtssystemen auskennen.

Zwei Mal die Woche arbeitet Karola in einer öffentlichen Rechtsberatung, die von Studenten durchgeführt wird. Sie selbst haben das organisiert und es in einer Kirche in Słubice bekannt gegeben. Alle Beratungen sind kostenlos. Ein reines Volontariat. Sie lernen, mit dem Klienten zu sprechen, konkrete Fälle zu lösen, Prozessschriften zu verfassen. Eine Polin beklagt sich, sie könne von dem Vater ihres Kindes – einem Deutschen – die Alimente nicht eintreiben. Einen deutschen Anwalt kann sie sich nicht leisten. Die Studenten haben ihre Schreiben vorbereitet und den Fall geführt. Mittlerweile zahlt der Vater. Die ›Ameisen‹ und die Mütter der ortsansässigen Schmuggler kommen mit der Bitte, Anträge für sie zu schreiben, um die Geldstrafen in Raten zahlen zu können. (»Der Bub hat nur ein Mal etwas rübergebracht und die Deutschen haben ihn gleich geschnappt.«)

Karola Olejnik wohnt in Frankfurt. Im Sommer hat sie ein Praktikum in einer Warschauer Kanzlei gemacht. »Als die Damen in der Kanzlei hörten: ›Eine Jurastudentin sucht einen Praktikumsplatz‹, wollten sie mich schnell abfertigen. Doch als ich sagte, ich sei von der Viadrina, waren sie auf einmal sehr nett.«

Die Polen, die an der Viadrina studiert haben, belegen alle freien Stellen der deutschen Anwaltskanzleien in Warschau, die neu auf den Markt kommen. Die Kanzleien interessieren sich für diese Studenten schon während ihres Studiums.

»Leider werden sie oft als billige Arbeitskräfte ausgenutzt«, sagt Professor Martiny. »Sie arbeiten hart, haben aber keine Möglichkeit, ihr Rechtsreferendariat zu machen. Sie sind immer von dem Anwalt abhängig. Ein anderer deutscher Karriereweg hat im Moment noch den Nachteil, dass man eine Arbeitserlaubnis in Deutschland beantragen muss.«

Im letzten Jahr schnitt die Viadrina bei einer vom Magazin *Stern* durchgeführten Umfrage unter den Hochschulen mit einer rechtswissenschaftlichen Fakultät in der Kategorie ›Studentenbewertung‹ am besten ab.

»Hier lässt es sich gut studieren; jeder hat Kontakt zum Professor, bei den Übungen zählen die Gruppen ungefähr fünfundzwanzig Studenten; in Berlin sind es mindestens fünfzig. Die Humboldt-Uni ist ein Massenauflauf«, sagen die Studenten.

Fragt man jedoch die Professoren deutscher Lehranstalten wohin sie ihr Kind zum Jurastudium schicken würden, erwähnen sie die Viadrina nur selten. Sie ziehen die alten Universitäten mit einer rechtswissenschaftlichen Tradition vor. Die Bewertung der Viadrina wird bei den Befragungen auch durch ihren Standort in Frankfurt an der Oder negativ beeinflusst. Lange Zeit hatte die Stadt einen schlechten Ruf als Grenzstadt. Hässliche Wohnblocks, Ostgrenze. Für viele Deutsche ist das schon Westsibirien.

Im Sommer fahren alle polnischen Studenten der Viadrina nach München, um dort etwas dazuzuverdienen. Die Studentinnen arbeiten in Geschäften, die Studenten bei BMW. In drei Wochen verdienen sie fast sechstausend Zloty. Und nach der Arbeit: bayerisches Bier, man sitzt an langen Tischen und alle singen. Die Bedienung im bayerischen Dirndl schiebt mit ihrem Busen fünfzehn Maßkrüge vor sich her.

»Die dortigen Deutschen sind tolerant, fröhlich und respektieren die Polen. Der Sohn des BMW-Direktors besserte in den Ferien ebenfalls seine Kasse auf und arbeitete mit uns zusammen«, erzählen die Studenten.

Die polnischen Studenten an der Viadrina dürfen drei Monate im Jahr ohne Arbeitserlaubnis arbeiten und dann noch mal drei mit einer Genehmigung des Arbeitsamtes. Sie verdienen dazu, indem sie die wissenschaftlichen Mitarbeiter der Viadrina unterstützen; für das Sammeln von Informationsmaterial, Buchkorrekturen, Kopieren gibt es fünf Euro die Stunde. Sie arbeiten in der Frankfurter Druckerei, die Jungs an den Druckmaschinen, die Mädchen stecken Werbebroschüren in die Zeitungen, bis ihnen vom Geruch der frischen Druckerfarbe schwindelig wird. Manchmal stehen sie schon um fünf Uhr früh vor dem Frankfurter Arbeitsvermittlungsbüro, wenn die Deutschen noch schlafen. Manche von ihnen arbeiten sogar in Berlin, in Anwaltskanzleien und Banken.

Das Jurastudium dauert fünf Jahre, es gibt weder Studienbücher noch deutsche Diplome; nur ein sehr schwieriges Staatsexamen, durch das dreißig Prozent der Geprüften durchfallen. Fast drei Viertel der Studenten resignieren schon während des Studiums vor der Prüfung, wissend, dass sie keine Chance haben zu bestehen.

Für gewöhnlich schließen die Polen nur den polnischen Teil der Studien ab und erlangen den Magistertitel der Adam-Mickiewicz-Universität – den gleichen wie die Jurastudenten in Posen. Von den fast dreihundert Magistern der Adam-Mickiewicz-Universität, die bislang auf der Viadrina studiert haben, meldeten sich nur elf für das deutsche Examen an. Alle haben bestanden, und so haben nur sie das deutsche Jurastudium absolviert.

»Viadrina ist eine große Chance, aber auch ein Risiko«, sagen die Studenten. »Du kannst auch neun Jahre studieren. Du hast die freie Wahl, niemand prüft, was du machst und in welcher Reihenfolge, doch wenn du das Staatsexamen nicht bestehst, hast du nichts – als ob du das deutsche Recht überhaupt nicht studiert hättest. Und wenn du zwei Mal das Staatsexamen nicht bestehst, kannst du dich in ganz Deutschland nicht mehr prüfen lassen.«

Deshalb wird das Jurastudium auf der Viadrina reformiert. Die Lehranstalt hat beschlossen, zwei Titel einzuführen: ›Bachelor of German and Polish Law‹ (nach drei Studienjahren) und ›Master of German and Polish Law‹.

In diesem Jahr werden gleich sieben Polen zum Staatsexamen antreten.

Zu der elitären Gruppe jener, die das Examen schon bestanden haben, gehört Jarosław Dudzicz. An der Viadrina leitet er die Übungen in Strafrecht. Er ist aus der Gegend von Zamość hierhergekommen. In Lublin hat er Germanistik studiert. Fürs Staatsexamen hat er eineinhalb Jahre gelernt. Sieben Stunden täglich. Nur Rechtsfälle. Unternehmen, die die Studenten professionell auf die Prüfung vorbereiten, verlangen achtzig bis neunzig Euro im Monat. In Berlin und in größeren Städten noch mehr. Dudzicz konnte sie ein wenig herunterhandeln, dafür hat er immer vor dem Unterricht die Stühle aufgestellt. Alle, die zum Staatsexamen antreten, sehen ähnlich aus; blass, dunkle Ringe unter den Augen. Die Deutschen nennen sie ›Bibliotheksleichen‹. Das Staatsexamen besteht aus neun schriftlichen Prüfungen von jeweils fünf Stunden.

»Eine Stunde lang suchst du nach der Lösung und vier schreibst du. Sogar um auf die Toilette zu gehen, ist dir die Zeit zu schade«, erinnert sich Jarosław Dudzicz an sein Examen. »Dann die ganztägige mündliche Prüfung im Gerichtsgebäude. Eine Prüfungskommission aus vier Personen. Sie können alles fragen. Die Leute bekommen nervöse Tics, ein Deutscher verdrehte ganz furchtbar den Kopf. Ich machte die Prüfung mit einem Polen und zwei Deutschen. Einer der Deutschen war zuerst dran, er bekam einen Rechtsfall, doch er kam kein Stück voran. Dank uns hat er bestanden, weil wir auf die richtige Spur gekommen sind. Das polnische Büffeln von Gesetzen kam uns zugute.«

Dudzicz fand heraus, dass man die besten Ergebnisse erzielt, wenn man die polnische Methode, Jura zu studieren, mit der deutschen verbindet. Die polnische gibt einem das definierte Raster der ganzen Rechtsordnung, die deutsche lehrt praktisches Denken. An der Viadrina treffen diese zwei Methoden aufeinander. »Das ist die einzige Universität in Europa, wo man die Qualifikationen in zwei Rechtssystemen erlangen kann – im deutschen und im polnischen. Die *Jagiellonen-Universität* in Krakau arbeitet mit der Heidelberger Uni zusammen, doch das ist kein vollständiger Lehrgang in deutschem Recht.«

Das polnische Recht findet kein großes Interesse bei den deutschen Studenten. Einer von den wenigen Deutschen, die Magister des polnischen Rechts werden möchten, ist Michael Ziern aus der Gegend von Göttingen. Er hat Polnisch in Krakau gelernt, wo er seinen Zivildienst leistete. Dort machte er auch vor Kurzem ein Praktikum. In einer Kanzlei, die Rechtsfälle annahm, deren Durchführung sie deutschen Kanzleien übertrug. Ziern sieht seine Zukunft in einer großen deutschen Kanzlei, wo er für die polnischen Rechtsfälle verantwortlich sein wird: Vereinbarungen, Verteidigungsschriftsätze. Doch für die Vertretung vor dem polnischen Gericht wird er polnische Juristen engagieren.

»Manchmal können zwei unangebrachte Wörter über die ganze Sache entscheiden«, erklärt er. »Doch an der Viadrina habe ich polnische Kommilitonen, die so gut Deutsch sprechen, dass sie ohne Probleme vor deutschen Gerichten auftreten können.«

Michael erinnert sich an den Rechtsfall ›gestohlener Opel‹ (ein Hausarbeitsschein im Seminar zu Sachrecht):

»Ein Opel, der 1991 in Berlin gestohlen wurde, trifft nach vier Jahren in Polen ein. Dort kauft ihn ein Pole. Zwei Jahre später, während einer Reise nach Deutschland, nimmt ihm der deutsche Grenzschutz den Wagen ab. Der Pole legt Widerspruch ein. Er meint, der Opel gehöre ihm. Er habe nicht gewusst, dass der Wagen gestohlen sei. Er habe ihn in gutem Glauben gekauft und der Diebstahl sei schon sechs Jahre her. Er beruft sich auf das polnische Zivilgesetzbuch. Eine gestohlene oder verlorene Sache, die gutgläubig erworben wird, ist nach drei Jahren das Eigentum des Käufers.«

Das deutsche Gericht hat dem Polen den Opel nicht zurückgegeben, weil Paragraf 935 des deutschen Zivilgesetzbuchs besagt, dass eine gestohlene oder verlorene Sache nicht gutgläubig erworben werden kann. Sogar nach zwanzig Jahren muss man sie dem Eigentümer zurückgeben.

Und selbst wenn man sich auf das polnische Zivilgesetzbuch berufen würde, so war der gestohlene Opel vier Jahre in Deutschland und der Pole ist nur zwei Jahre mit ihm gefahren und nicht drei, also kann er sich nicht auf die Verordnung über den gutgläubigen Erwerb berufen.

»Und wenn der Pole drei Jahre mit dem Opel gefahren wäre?«, fragte ich.

»Hm. Im Sachrecht gibt es sehr interessante Unterschiede zwischen dem polnischen und deutschen Gesetzbuch. Man müsste Professor Martiny fragen.«

»So viel ich weiß«, überlegt Professor Martiny, »hat das Oberste Gericht in Polen in den letzten Jahren seine Rechtsprechung verschärft und jetzt ist es schwer, dort ein gestohlenes Auto gutgläubig zu erwerben. Doch wenn zwei Rechtsordnungen zu verschiedenen Schlüssen kommen, gibt es sozusagen zwei Wahrheiten. Dann gilt die polnische Rechtslage nur in Polen, und die deutsche in Deutschland. Der Opel hätte dann zwei Besitzer. In Polen gehört er dem Polen, und in Deutschland dem Deutschen. An der Grenze haben wir dann einen Streit darüber, wer den Opel nun hat.«

Professor Martiny ist eine Koryphäe in der deutschen Rechtswissenschaft. Er war Experte am Hamburger *Max-Planck-Institut*. Er beschäftigt sich mit Internationalem Privatrecht und Vergleichendem Recht. Ihn interessieren grenzüberschreitende Fälle. Deshalb ist er an die Viadrina gekommen. Der Alltag an der deutsch-polnischen Grenze ist reich an Fällen aus dem Internationalen Recht.

»Eine gewisse Notarin aus Frankfurt hat mir erzählt, ein Deutscher – ein Restaurantbesitzer – sei mit seinem polnischen Freund zu ihr gekommen. Sie wollten sich als homosexuelles Paar registrieren lassen. Unter anderem fragten sie nach Erbschaftsregelungen, falls einer von ihnen sterben sollte. Sie sagte: Stirbt der Deutsche, dann erbt der Pole, doch wenn der Pole stirbt, bekommt der Deutsche nichts. Weil sich in Deutschland homosexuelle Paare registrieren lassen können und in Polen nicht. Also haben sie verzichtet.«

Laut polnischer Definition regelt das Internationale Privatrecht ›die Beziehungen zu einem fremden Element‹. Es legt fest, welches Recht (welchen Staates) in Kollisionssituationen angewandt werden soll. Deutsche nennen es Kollisionsrecht.

»Die Viadrina sollte das Forschungszentrum des europäischen Kollisionsrechts werden«, sagt Olga Tytoń, die bei Martiny ihre Dissertation schreibt. Eine Warschauerin, Absolventin der Viadrina. Sie war bei der studentischen Selbstverwaltung und in der Senatskommission. Als sie für das Studentenparlament kandidierte, beklebten ihre Kommilitonen die Universität mit Plakaten: ›Tytoń[20] – schadet aber nicht‹. Sie gewann die Wahl mit den Stimmen der Polen, weil die Deutschen den Scherz nicht verstanden haben. Olga will ihre wissenschaftliche Laufbahn an der Viadrina fortsetzen. Zurzeit untersucht sie Lücken beim Schutz des Verbrauchers, der ausländische Dienstleistungen in Anspruch nimmt.

»Wenn ich in Frankfurt von meiner Wohnung aus per Internet ein Buch bei Amazon.com bestelle und dann doch verzichte, verklagt mich Amazon.com. Das Gericht in Frankfurt wird festlegen, dass laut den europäischen Kollisionsregeln das Recht des Staates angewendet werden sollte, in dem der Konsument wohnt. Es wird also das deutsche Recht anwenden, das dem Konsumenten erlaubt, von dem Kaufvertrag zurückzutreten. Letztendlich wird Amazon.com verlieren. Es reicht jedoch, dass ich das Buch in Słubice bestelle, und schon verliere ich die Sache. Wie man sieht, schützt das europäische Kollisionsrecht den aktiven Konsumenten, der die Grenze überschreitet, nicht.«

Professor Martiny bewundert die polnischen Studenten. Sie sprechen Fremdsprachen und sind wagemutig, weil die Viadrina zur Selbständigkeit erzieht. Sie sehen die Universität als Tür zu Europa.

---

20 dt.: Tabak

»Ich bin nur der Portier, der ihnen die Tür öffnet, und sie gehen weiter nach Brüssel oder bemühen sich um Stipendien und Praktika innerhalb Deutschlands. Sie gehen nach Spanien, England, Wales, Holland, in die Vereinigten Staaten, an die verschiedensten Orte der Welt.«

»Und wenn Polen in der Europäischen Union sein wird, wie wird dann die Viadrina aussehen?«

»Ich hoffe, dass sich der Plan unserer Rektorin Gesine Schwan verwirklichen lässt und die Viadrina zu einer polnisch-deutsch-französischen Universität wird. Dann hätten wir noch das französische Recht.«

Ich danke Anna Ostrowska, Michael Ziern und Grzegorz Kostka für die Hilfe bei der Materialsuche. Mein spezieller Dank geht an die Europäische Vereinigung der Jurastudenten in Słubice, ELSA.
2003

DER RADIOWECKER VON FRAU MOHS

Silke Mohs aus Halle in der früheren DDR tritt aus dem Arbeitsamt auf die Straße. Wütend auf die Beamtin, weil die sie wieder an die französische Grenze schicken wollte. Das Amt sucht Arbeit in ganz Deutschland. Wenn sie etwas finden, musst du hinfahren, sonst verlierst du deinen Anspruch auf Arbeitslosenunterstützung.

»Ich habe doch meine Oma in Pflege«, wehrte sich Frau Mohs.

»Es gibt Altersheime«, beharrte die Beamtin.

»Und eine Wohnung? Wenn ich ans andere Ende von Deutschland fahre, muss ich dort ja etwas mieten. Wovon soll ich leben?«

»Die Arbeiter aus dem Osten, aus Polen und Russland, schlafen in Autos. Das können Sie auch.«

Frau Mohs platzte der Kragen, die Beamtin gab nach.

Frau Mohs ist dreiundvierzig Jahre alt und seit 1993 ohne Arbeit. Ständig hört sie, dass sie – wie alle Ossis – faul, unselbstständig und verwöhnt sei. Dass man ihr auch noch die Unterstützung kürzen sollte, dann würde sie jede Arbeit annehmen.

Der Generalsekretär der CSU sagte, die Arbeitslosen

sollten nicht in den Süden in Urlaub fahren, sondern ihr Geld für die Rente zurücklegen. Ein anderer kam auf die Idee, sie sollten mit Straßenbahnen herumfahren und aufpassen, dass niemand eine Bombe legt.

Jetzt öffnet Frau Mohs Türen und lächelt freundlich. Sie ist Portier im Gebäude der Stiftung von August H. Francke, der vor dreihundert Jahren begonnen hatte, armen Kindern aus der Gegend zu helfen. Sie arbeitet unentgeltlich, um nicht nur zu Hause zu sitzen. Vielleicht wird ja eine Stelle frei. In Halle herrscht offiziell eine Arbeitslosigkeit von siebzehn Prozent. (Faktisch ist sie noch höher, weil die Arbeitslosen, die im Arbeitsbeschaffungsprogramm zu finden sind, in der Statistik nicht auftauchen.)

Touristen schauen herein, eine alte Dame nervt, weil sie einen Schlüssel auf der Straße gefunden hat. Einmal hat eine junge Frau an der Tür entbunden. Sie hatte sich geirrt. Das Krankenhaus ist gegenüber.

Gestern ist Frau Merkel reingegangen. Sie hielt einen Vortrag. Später ging sie ein zweites Mal rein und raus, weil sie etwas vergessen hatte. »Ich geh schon, ich geh schon«, lächelte sie Frau Mohs zu. »In natura sieht sie besser aus als im Fernsehen«, dachte sich Frau Mohs. Sie steht nicht auf die Merkel. »Eine Kanzlerin aus dem Osten, doch für die Ossis hat sie nichts getan. Die CDU hat sie nur zur Wahl aufgestellt, um die Stimmen der Ossis einzusacken.«

Wenn Angela Merkel angehalten hätte, um mit der Frau an der Tür zu sprechen, dann hätte Frau Mohs sie gefragt: »Warum nennt man uns sechzehn Jahre nach der Vereinigung ›die neuen Länder‹? Wenn ich so viele Jahre mit einem Mann zusammen wäre, dann würde ich auch nicht sagen, dass er ›neu‹ ist«, ärgert sich Frau Mohs. Und in den Süden fährt sie nicht. Einmal war sie auf den Kanarischen Inseln, furchtbar teuer. In der letzten Zeit fährt sie mit ihrem Mann in die Berge bei Dresden.

Sie hätte der Merkel gesagt, dass sie sich im vereinigten Deutschland wie eine Bürgerin zweiter Klasse fühle. Dass sie von den billigen Lebensmitteln bei Aldi Übergewicht bekommen habe, und Bluthochdruck von den Protesten 1994, als die ehemaligen DDR-Bürger gemerkt haben, dass es nicht so gekommen ist, wie Kohl es versprochen hatte.

Früher fühlte sie, dass sie wichtig war und gebraucht wurde und jetzt ist sie – wie sie es nennt – die graue Masse.

Sie würde ihr sagen, dass sie bei den letzten Wahlen ihre Stimme der PDS gegeben hat. Obwohl es eine kleine, bedeutungslose Partei ist, entstanden aus der kommunistischen SED, der Führungspartei der DDR. Dafür würde sie aber solche Menschen wie Frau Mohs repräsentieren. Gleich nach der Vereinigung hat ihr Mann die CDU gewählt, weil er auf der anderen Seite der Mauer Familie hatte und an die freie Marktwirtschaft glaubte. Sie hat ihre Stimme der SPD gegeben. Doch jetzt werden die Mohs nicht mehr wählen gehen, sie sehen keinen Sinn darin.

Vielleicht würde Frau Merkel nicht mehr zuhören wollen, doch Frau Mohs hätte sie noch eingeholt und hinzugefügt, dass sie sich nicht zu wehren weiß, weil die Welt, in der sie groß geworden ist, nicht mehr existieren würde. Die DDR wurde ausgelöscht, zu einem lächerlichen und verbrecherischen Land erklärt, also hätte Frau Mohs keine Vergangenheit. Es würden ihr vierzig Jahre Leben in der BRD fehlen. Sie versuche es nachzuholen, doch sie käme nicht nach. Und noch: dass das kranke Tier in einer Herde als Erstes stürbe.

Mittwochs hat Silke Pioniertreffen. Sie hilft alten Menschen, die Einkäufe zu machen. 1972 geht sie in die zweite Klasse. Drei Mal die Woche – Leichtathletikunterricht. Die Pioniere sammeln Altpapier. Für die Wandzeitung schreibt Silke: ›Bei der Olympiade in München hat unser Land mehr Medaillen gewonnen als die imperialistische BRD.‹ Seit einem Jahr hat die DDR einen neuen Parteiführer – Erich Honecker.

Silke hat Ordnungsdienst. Sie ruft: »Für Frieden und Sozialismus, seid bereit!« Die Klasse antwortet: »Immer bereit!«

Der Pionier ist wachsam. Jeder DDR-Bürger muss wachsam sein. Die Parteigenossen sind wachsam. Gerade hat sich der SED-Vorsitzende des Bezirks Halle in seinem monatlichen Bericht über die politische Unbekümmertheit der Leiter der sozialistischen Betriebe bei Honecker beschwert: »Die Großhandlungen im Bezirk Halle erhielten aus dem Import einen größeren Posten Herrensocken mit dem Abbild des Berufsfußballers Uwe Seeler, der für den Verkauf in den Läden vorgesehen ist«.

Seit einigen Tagen üben die Pioniere auf dem Schulhof, huckepack auf den Rücken eines sowjetischen Soldaten zu springen. Silke klettert auf so einen Großen mit Schnauzbart. Sie hat keine Angst. Die Soldaten aus der UdSSR haben ihren Stützpunkt in Halle-Neustadt.

Halle-Neustadt ist eine neue, sozialistische Stadt; für die Arbeiter aus der Erde gestampft. Mama und Papa sind Schweißer und arbeiten in einer Chemiefabrik. Silke geht Papa abholen. Sie steht auf der Brücke, die Masse der Arbeiter strömt aus dem Bahnhof. Alle sehen gleich aus. Ihren echten Vater kennt Silke nicht. Mama sagt, er sei Russisch- und Deutschlehrer gewesen und wäre weggefahren. Früher haben sie in dem kleinen Dorf Leuna gewohnt, gleich am Fabriktor.

Der große Kran stellt neue Wohnblocks hin. Neustadt hat eine bessere Versorgung als andere Städte; es gibt immer Wasch- und Backpulver. Warmes Wasser, alles neu. Bei der Oma in Merseburg sind die Toiletten im Flur. Wenn die Leute fragen, woher die Enkelin kommt, sagt Oma stolz: »Aus Halle-Neustadt.« Die Geschäfte in Merseburg sind wie aus alten Büchern; dunkel, überall Kartons, in denen die Ware versteckt wird. In Neustadt sind die Läden groß und hell, die Waren liegen in den Regalen.

Silke wohnt im Block Nummer 682 und geht in die *Juri-Gagarin-Schule*. Alle aus einem Block gehen in die gleichen Klassen. Wenn Elternsprechtag ist, sind im ganzen Wohnblock keine Erwachsenen anzutreffen.

Endlich! Der große Tag! Silke springt auf den Rücken eines Sowjetsoldaten. Sie laufen in der Menge – Hunderte von Soldaten, die Pioniere auf ihren Rücken tragen. Silke winkt mit der roten Fahne dem bärtigen Fidel Castro aus dem Bruderstaat Kuba zu.

»Für uns war Polen der Westen. Ihr hattet Coca-Cola und Privatunternehmer. Bei uns hat Honecker die privaten Betriebe abgeschafft. In Polen gab es solche Sticker, mit Namen drauf. Wenn jemand nach Polen fuhr, nahm er die Bestellung für den ganzen Betrieb auf und brachte allen Sticker mit. Die Männer haben sie ihren Frauen und Freundinnen geschenkt. Als ich klein war, bin ich einmal mit Mama wegen der Lutscher am Stiel nach Polen gefahren. Die Verkäuferin hatte einen ganzen Bund davon, sie schillerten in allen Farben. Ich streckte die Hand aus und sagte etwas. Da steckte die Verkäuferin die Lutscher weg und sagte, es gäbe keine mehr. Die deutsche Sprache hatte ihr wohl nicht gefallen. Mama war aufgeregt. Ich weinte. Danach bin ich nicht mehr nach Polen gefahren.«

»Wegen dieser Lutscher?«, frage ich.

Frau Mohs lacht.

»Und was haben Sie in der letzten Zeit über Polen gehört?«

»In der letzten Zeit?«, sie wird ernst. »Irgendwie nichts. In unserer Zeitung schreiben sie nichts über Polen. Im Fernsehen auch nichts. Eine Bekannte war in Polen, in einem Sanatorium. Sie sagte, es sei dort schön und nicht teuer.«

»Sonst nichts? Irgendwelche Assoziationen?«

»Na, so ein Witz: Warum bekommt ein polnisches Neugeborenes gleich zwei Klapse auf den Hintern?«

»Warum?«

»Nein, das ist ein dummer Witz«, Frau Mohs ist verlegen.

»Aber bitte doch.«

»Nehmen Sie es mir auch nicht übel? Also: Den ersten

Klaps bekommt es wie jedes Kind und den zweiten, weil es dem Arzt die Uhr geklaut hat.«

»Und wissen Sie, wer bei uns Präsident ist?«

»Keine Ahnung.«

»Dieser, wie heißt er doch gleich«, schaltet sich Herr Mohs ein. »Kwaśniewski! Nein? Wer denn?«

»Kaczyński, der Zwilling.«

»Wohl erst seit Kurzem, weil ich von ihm nichts gehört habe.«

Frau Mohs: »Es gab Wałęsa, das weiß ich, Havel …«

Herr Mohs: »Und den mit der dunklen Brille …«

Frau Mohs: »Na, gleich … Jaruzelski! Er sieht Castro ähnlich.«

Herr Mohs: »Ach was, Castro hat doch einen Bart.«

Frau Mohs: »Aber er steht auch so steif da, wenn er Ansprachen hält.«

Herr Mohs: »Aber sagen Sie mal; wenn wir nach Polen fahren würden, würden uns die Leute als Faschisten und Nazis beschimpfen?«

Das Jahr 1980. Die Grenze zu Polen wird zugemacht. Silke ist siebzehn Jahre alt, weiß nichts über *Solidarność*. Ein Jahr später feiert die DDR ›XX Jahre sichere Grenze‹ (1961 wurde die Mauer gebaut). Silke hängt ein Plakat mit einem DDR-Soldaten auf und schneidet die Losung ›Zum Wohle des Volkes‹ aus Pappe.

Sie geht auf die Berufsschule, um sozialistische Gebrauchswerberin[21] im Bereich Werbung zu werden. Sie lernen, Losungen zu schreiben; mit Feder, Bleistift und Tinte. Sie lernen, Losungen an Wänden anzubringen. Es war nicht leicht, aufgenommen zu werden, nur zwei Plätze, davon einer für einen Behinderten. Auf eine Erweiterte Oberschule[22] ist sie nicht gegangen, weil ihr Bildung unwichtig

---

21 ostdeutsches Wort für Dekorateurin
22 Schule mit Abiturabschluss in der DDR (Gymnasium)

scheint: Ein Arbeiter steht höher als ein Intellektueller. Eine Mitschülerin von der POS[23] wollte auf die Erweiterte Oberschule, doch sie kam aus einer schlechteren – intellektuellen – Familie, also musste sie abwarten, was Silke wählen würde. Die Tochter eines Arbeiters hat Vortritt.

In *Stabü* (Staatsbürgerkunde) lernen sie, dass der Sozialismus dem Kapitalismus überlegen ist. Silke hört nur mit einem Ohr hin. In den Häusern wird westdeutsches Fernsehen geschaut. Man darf es nicht, aber niemand kann es verhindern. Die jungen Aktivisten aus der FDJ klettern nicht mehr auf Dächern herum, um Fernsehantennen nach der richtigen, östlichen Richtung zu drehen.

19 Uhr: Gleich nach dem Sandmännchen sieht man auf dem Fernsehbildschirm Dächer und Fernsehantennen. Es ertönt eine unheilvoll klingende Musik und ein schwarzer Adler fliegt auf die Zuschauer zu, bis er das ganze Bild ausfüllt.

Es beginnt *Der schwarze Kanal*, eine Sendung, die darüber berichtet, wie schlimm es im kapitalistischen Westen ist. Flure von westdeutschen Arbeitsämtern werden gezeigt, voll von traurigen Arbeitslosen.

Silke sieht sich das nicht an. Als sie klein war, hatte sie Angst, der Adler würde aus dem *Schwarzen Kanal* durchs Fenster stürzen und sie rauben.

Vor den Nachrichten, der *Aktuellen Kamera*, um halb acht, zeigt das Fernsehen eine Uhr. Eine ähnliche Uhr gibt es um acht vor der *Tagesschau* – den Nachrichten des westdeutschen Fernsehens.

Deshalb fragen die Lehrer listig, welche Zeit die Uhr vor den Nachrichten angezeigt hat.

Man muss ›19.30 Uhr‹ sagen, weil sonst der Lehrer an die entsprechenden Stellen weitergibt, dass bei Silke zu Hause das verkehrte Fernsehen geschaut wird.

---

23 Polytechnische Oberschule (vergleichbar mit der Realschule im Westen)

Silke baut mit bei der *Erdgastrasse*; eine sowjetische Gasleitung, durch die das Gas zu allen sozialistischen Ländern fließen soll. Der Bau des Jahrhunderts! – heißt es in der DDR. Den Streckenabschnitt in der Ukrainischen Sowjetrepublik baut die FDJ.

Silke will von zu Hause weg, sie ist neunzehn Jahre alt. Die Partei hat denjenigen, die zum Bau der Gasleitung fahren, versprochen, sie würden außer der Reihe eine Wohnung in Neustadt bekommen. Silke fliegt zum ersten Mal mit einem Flugzeug. Das Basislager ist in Wołowiec – eintausendfünfhundert Personen. Als sie durch das Dorf gefahren sind, haben die Ortsansässigen den Bus mit Steinen beworfen. Sie schrien ›Faschisten‹ und ›Heil Hitler‹.

Silke arbeitet in der ›Propagandaabteilung‹, schneidet Buchstaben aus: ›Lernen, lernen, und nochmals lernen‹.

Sie hängt auf: ›Überholen ohne einzuholen‹. Die DDR-Bürger wollen es dem Westen nicht gleichtun, ihn aber überholen.

Es gibt wenige Mädchen, auf zwölf FDJ-ler kommt eine FDJlerin. Eine Frau, eine Ukrainerin, stürzt ins Lager, reißt die Schlafdecken der Jungs hoch und ruft »Nadja! Nadja!«. Silke wohnt in einer Wagenbaracke mit einem Arbeiter, der älter ist als sie. Eine Liebe eher aus Vernunft, weil es bei so einem Mehrheitsverhältnis zwischen Frauen und Männern sicherer ist, einen Kerl zu haben. Alle baden zusammen. FKK ist in der DDR weit verbreitet. Der Körper ist die Grundlage des Sozialismus, er baut die neue Zukunft. Im Sport zeigt er der ganzen Welt, dass der Sozialismus einen schöneren Menschen hervorbringt.

Man trinkt viel. Sie schmuggeln Selbstgebrannten ins Lager. Nach dem Wodka versuchen sie Silke zu überreden, in die Partei einzutreten. Doch sie kann viel vertragen und lässt sich nicht einschreiben. Sie ist Mitglied bei der *Gesellschaft für Deutsch-Sowjetische Freundschaft*, doch es ist ihr schade um das Geld für die Parteibeiträge. Die Brigade hat deswegen Unannehmlichkeiten. Sie fürchten, die Auszeichnung

›Brigade der sozialistischen Arbeit‹ nicht zu bekommen. Silke hat sich mit Kaviar übergessen.

Sie hängt ihre BHs vor dem Fenster auf, am Morgen ist die Leine leer. Silke ist verzweifelt, jemand hat ihre ganze Unterwäsche gestohlen. Sie fährt in den Ort und kauft sowjetische; dick, rosafarben und steif.

Nach drei Jahren kommt sie 1985 aus der UdSSR zurück, doch eine Wohnung gibt es nicht. Sie schreibt an den ersten Parteisekretär des Bezirks Halle: »Ihr habt sie versprochen, also gebt mir eine.« Sie droht, an Honecker zu schreiben.

Das macht man so und manchmal hilft es.

Statt einer Einzimmerwohnung bekommt sie zwei große Zimmer. Die Kolleginnen auf der Arbeit beneiden sie – auf eine Wohnung wartet man sieben Jahre. Das Regalsystem *Sibylle*, das Silke noch vor ihrer Abreise in die Ukraine ergattert hatte, helfen zwei Kollegen aus Mamas Brigade zusammenzuschrauben. Einer bohrt Löcher in die Wand, bis es spät wird. Und bleibt. Herbert ist Bäcker und fünfzehn Jahre älter als sie.

Das Jahr 1987 – Silke ist schwanger, sie wollen ihre zwei Zimmer in eine Dreizimmerwohnung umtauschen. »Sie müssen warten, wir werden sehen, ob das Kind lebend zur Welt kommt«, sagt der Mann bei der Kommunalen Wohnungsverwaltung, weil sich die Menschen um die Wohnungen schlagen. Marie wird geboren. Herbert transportiert die Möbel mit seinem *Trabant*.

Auf einen *Trabi* wartet man zwölf Jahre.

Damals. Frau Mohs beobachtet hinter den Gardinen hervor einen fremden *Wartburg*, der am Wohnblock Nummer 623 steht.

Herr Mohs: »Sie besuchen ihre Familie und warten.«

Frau Mohs: »Seit heute Morgen? Und warum verstecken sie sich in ihren Autositzen, wenn jemand aus dem Wohnblock kommt? Das sind Diebe.«

Sie schreiben die Autokennzeichen auf und gehen zur Polizei. Der Polizist notiert die Nummer auf einer Zigarettenschachtel. Lächelnd kommt er zurück: »Alles in Ordnung, danke für die Wachsamkeit.«

Heute, nach Jahren, will Frau Mohs nicht in ihre Akte schauen. »Kinder haben Eltern bespitzelt, der Ehemann die Ehefrau. Wenn er sie bespitzelt hat, dann musste er das. Die Wessis lachen darüber, dass bei uns jeder zweite ein Spitzel war. Sie wissen nicht, wie es war. Meine Eltern mussten sich in die Partei einschreiben, um eine Wohnung in Neustadt zu bekommen. Und es war richtig, das zu tun. Heute wissen wir, dass mein Mann von seinen Bäckerkollegen bespitzelt wurde. Die Stasi interessierte sich für ihn, weil er eine westdeutsche Tante hatte.«

»Von allen Kuchen mag ich Schweinekotelett am liebsten«, scherzt Frau Mohs und bestellt Sülze und einen Schoppen. Sie mag Gurkensuppe; und Grillen auf dem Balkon.

Auf dem Tisch eine Zeitung, in der noch mal die Sache mit Grass aufgegriffen wird.

»Haben Sie davon gehört?«, frage ich Frau Mohs.

»Dass er das mit der SS zugegeben hat? Das ist doch Reklame.«

»Reklame? Dass er bei Mördern eingetreten ist?«

»Nun, auf der einen Seite war er schon siebzehn, da sollte er wissen, was schlecht ist. Das stimmt. Doch so wie es mir die Großeltern erzählt haben, war ihnen damals das alles nicht bewusst. Sie haben Hitler auf Händen getragen.«

»Aber werden sie ihm nicht den Nobelpreis wegnehmen?«

»Nein. Das ist Reklame fürs Buch. Ich lese Grass übrigens nicht, weil er furchtbar langweilig ist. Außer *Die Blechtrommel*.«

Die Männer drehen sich um. Silke Mohs hat Sommersprossen und rote Haare. Sie geht im Ladenschaufenster in die Hocke und malt eine rote Losung: ›Alle Macht dem Volke‹. In drei Tagen, am 7. Oktober, ist das Fest der DDR.

Die Losungen denkt sich die Zentrale aus. Sie haben viel rote Tusche ausgegeben. Die Arbeitskolleginnen aus dem CENTRUM Warenhaus, in dem Silke arbeitet, sagen, man könne sich mit dieser Tusche hervorragend die Haare färben. Silke, frisch verheiratet, muss auf ihr Äußeres achten. Wo wirst du jetzt bessere Farbe bekommen? In den Regalen gibt's nur den letzten Dreck.

Ständig fehlt es an etwas: Zahnpasta, Nietenhosen[24], Schrankwände, Zwiebeln, Kaffee. Die Kaffeekrise hat die scheußliche *Erichs Krönung* hervorgebracht. So haben die Leute die Kaffeemischung aus Zichorie, Rüben und Gerste genannt, die Honeckers Politbüro im Sommer 1977 auf den Markt gebracht hat. Die DDR hatte keine Devisen für den Import von echtem Kaffee.

Die Mädchen fragen, woher Silke die neuen Ohrringe hat. Dabei sind es Reißzwecken, die sie rot angemalt hat. Mit einer Freundin hat sie eine ganze Serie von den Reißzwecken-Ohrringen gemacht und sie auf dem Markt verkauft. »Ein DDR-Bürger konnte selbst aus einem Stück Scheiße ein Bonbon machen«, lacht Silke.

Sie ist Jugendbrigadier der jungen Warenhausmitarbeiter. Sie muss die Freizeit der Brigade organisieren, doch niemand will zu den Treffen kommen. Silke erfindet immer etwas, wenn sie ihrer Vorgesetzten Bericht erstattet. Dass die Brigade im Park Enten gefüttert hätte oder dass sie in Popgymnastik gewesen sei. Wahrscheinlich weiß die Vorgesetzte, dass Silke lügt, und weiter oben wird die Vorgesetzte wohl auch lügen.

Nach der Arbeit färben sich die jungen Frauen mit der Tusche die Haare rot. Silkes Haar ist rot wie Feuer, als sie nach Neustadt zurückkommt. Ihrem Mann gefällt es. Sie lieben sich leidenschaftlich.

Am nächsten Tag springt Herr Mohs zum Feierabend unter die betriebseigene Dusche der Neustädter Bäckerei,

---

24 Bezeichnung für Jeans in der DDR

in der er arbeitet. »Herbert, du bist ganz rot! Hast du einen Schlaganfall?«. Die Kollegen sind erschrocken. Herr Mohs eilt zum Arzt. Der Arzt kann nicht verstehen, wieso der Bäcker Mohs sich rot angemalt hat.

Die kleine Marie lernt laufen. Am Wohnblock vor dem Fenster hängt eine große Losung: ›Unser Wort gilt: Dem Sozialismus unsere Tat‹.

Silke Mohs mag Halle-Neustadt. Ein bequemer Ort; Geschäfte, der Kindergarten um die Ecke, der Aufzug hält alle drei Stockwerke. Neustadt hat Richard Paulick entworfen, ein Schüler von Walter Gropius, der den Grundideen der *Bauhaus*-Schule treu geblieben war.

Zwischen den Wohnblocks: der Kindergarten, die Schule und Platz zum Wäscheaufhängen. Schach- und Tischtennistische aus Beton. Überall nackte, monumentale Skulpturen. Sie symbolisieren: ›Bau des Sozialismus‹, ›Bedeutung der Chemieindustrie‹ (ein Block aus Plastik), ›Kampf für den Frieden‹.

Die Mohs planen die Zukunft. Wenn Herr Mohs in Rente geht, wird auch Frau Mohs aufhören zu arbeiten. Sie werden mit dem Trabant durch die DDR fahren und in ihrem Schrebergarten des Kleingärtner- und Kleintierzüchterverbands ausspannen. Um für eine ruhige Zukunft zurückzulegen, wechselt Frau Mohs zu einer besser bezahlten Arbeit. Sie setzt Teleskopantennen für Radioempfänger und Fernseher zusammen.

Januar 1989. Honecker versichert, dass die Mauer noch fünfzig oder sogar hundert Jahre stehen wird. Niemanden wundert das besonders.

Herbst. Jeden Montag Demonstrationen in vielen Städten der DDR. Frau Mohs fährt immer wieder nach Halle. Viele Menschen. Sie skandiert mit ihnen ›Wir sind das Volk‹.

»Ist doch wahr!«, denkt sich Frau Mohs. »Die DDR gehört doch nicht Honecker und den Parteifunktionären.

Sie haben alles kaputt gemacht.« Die DDR gehört solchen Menschen wie Frau Mohs.

Warum kann man nicht nach Westdeutschland fahren? Die Mauer kann ja stehen bleiben, aber die Familien müssen sich besuchen können.

Der Sozialismus ist eine gute Idee, die aber schlecht umgesetzt wurde.

Schluss mit der Herrschaft der Greise. Es wird eine neue Sowjetunion geben, eine bessere DDR.

Die Mohs wollen mehr Kinder, doch jetzt ist so ein Durcheinander. Sie wollen warten, bis es sich geklärt hat.

Das Abendbrot vor dem Fernseher, die Mohs schauen die Aktuelle Kamera. »Herbert! Was hat er gesagt? Jeder darf in den Westen fahren?! Sofort?«

Frau Mohs rennt zu den Nachbarn rüber. Sie schalten das Radio ein: »Die Grenzen sind offen.«

Es war schon merkwürdig, dass Krenz Honecker abgelöst hat. Honecker ist nicht gestorben, er war nicht krank, er ist einfach abgetreten. Aber dass die Grenze zum Westen offen sein sollte?

Die Nachbarn düsen mit dem Trabant nach Berlin, um über die Grenze zu fahren. Die Mohs sind vorsichtig. In der DDR steht immer noch die sowjetische Armee.

Am nächsten Tag Schlangen vor dem Rathaus wegen Sondervisa. Wenn jemand versucht reinzugehen, ohne zu warten, rufen die Leute: »Da, Stasi!«

Die Mohs fahren im Dezember zu ihren Verwandten. Dunkle Wolken und Kälte. Als ihr Trabant die Grenze passiert, kommt die Sonne heraus. »Ja, das ist der Westen«, sagt Frau Mohs zu ihrem Mann. Auf dem hinteren Fahrzeugsitz pinkelt Marie in einen Nachttopf.

Die Verwandten sind herzlich. Sie schauen sich den Trabant an, hundert Mal muss man die Motorhaube anheben und die Benzinstandanzeige präsentieren. Sie nehmen die Mohs in ein Restaurant mit. Das Ehepaar wird aus der Speisenkarte nicht schlau, die Gerichte sind ihm unbekannt, viele haben englische Namen. Es wartet, was die Verwandten bestellen. Frau Mohs weiß nicht, wie man Kiwi und Mango isst.

Die Mohs gehen ihr ›Begrüßungsgeld‹ abholen; einhundert Westmark. Frau Mohs kauft dafür einen Radiowecker (er weckt sie bis heute). Die Nachbarn aus Neustadt tauschen ihr ›Begrüßungsgeld‹ in Ostmark um (Umrechnungsfaktor 1:7). Siebenhundert DDR-Mark – das ist mehr als der Monatslohn von Frau Mohs.

Juli 1990. Die Mohs machen ein Foto von sich, wie sie vor einer Bank Schlange stehen. Sie lächeln.

Die ›Währungsunion‹, von Freitag auf den Montag. Bis zum Freitag mussten sie alle Ostmark auf ihr Konto einzahlen. Heute stehen sie an, um die Westmark abzuholen. Umrechnungsfaktor 1:1.

Es gibt Limits. Ein erwachsener DDR-Bürger (bis 59 Jahre) kann bis zu viertausend Ostmark umtauschen. Ältere können sechstausend Mark umtauschen und für ein Kind gilt das Limit von zweitausend Mark.

Die Menschen handeln mit Konten und verkaufen nicht ausgeschöpfte Limits weiter. Eine Bekannte von Frau Mohs verdiente an ihrem Limit dreihundert Westmark und kaufte gleich DDR-Kindermöbel, weil sie sehr günstig geworden waren. Die Ossis kaufen DDR-Damenbinden auf; sie sind ganz billig und erprobt. Plötzlich müssen die Firmen im Osten ihren Mitarbeitern drei Mal so viel Lohn zahlen und kämpfen ums Überleben. Sie senken die Preise und werfen die ganze Ware auf den Markt. Vor der ›Währungsunion‹ haben Händler aus dem Westen den ausgehungerten und desorientierten Ossis Westwaren für den dreifachen Preis aufgedrückt.

Von einem Tag auf den anderen verschwinden DDR-Waren. Frau Mohs erkennt ihren *Konsum* nicht mehr. Am Freitag waren nur Wurstzipfel in der Auslage, und am Montag so viel Fleisch und Wurst wie du willst. »Wer soll das alles essen?«, denkt Frau Mohs.

Alle sind zufrieden. Inke, eine Arbeitskollegin, schlägt sich schon die zweite Woche den Bauch voll mit Joghurt von *Zott*. Frau Mohs probiert zum ersten Mal im Leben *Milchschnitte*, die sie aus der Werbung des Westfernsehens kennt und von der sie immer geträumt hat. Sie dachte, die sei knusprig und dabei ist das eine fade Masse.

Jetzt, nach der Vereinigung, wird alles besser. Das sagen sie im Fernsehen. Frau Mohs montiert weiter Antennen.

Aus der Fabrikhalle verschwindet die Losung ›Mein Arbeitsplatz – mein Kampfplatz für den Frieden‹.

Die Nachbarin aus Neustadt sagt, in den Chemiebetrieben in Leuna gäbe es wieder Massenentlassungen. Sie hätten schon fünfzehntausend Menschen gekündigt. Frau Mohs schreibt sich in die Gewerkschaft ein, angeblich werden Gewerkschaftsmitglieder nicht entlassen.

Es kommen Herren in schönen Anzügen. Sie gehen im Betrieb herum, als gehöre er ihnen, schauen den Arbeitern auf die Hände, prüfen ihre Arbeit. Die Leute fühlen sich unbehaglich. Der Direktor beruhigt sie, man sei auf der Suche nach einem Investor.

Der Firmenvorstand kündigt das Programm ›Kurzarbeit‹ an. Sie arbeiten drei Stunden am Tag.

Programm ›Kurzarbeit Null‹. Null Arbeit. Frau Mohs sitzt zu Hause. Der Lohn wird weitergezahlt.

Sie wird entlassen. Weint. Will nicht zum Arbeitsamt. Schämt sich, es könnte jemand sehen. Sie geht mit einer Bekannten hin. Die Flure sind voll von Arbeitslosen, genauso wie im *Schwarzen Kanal*, als sie den Alltag in der kapitalistischen BRD zeigten.

»Was haben Sie vorher gemacht?«, fragt die Beamtin.

»Wann?«

»Na, vorher«, die Beamtin bringt das Wort DDR nicht heraus.

»Ich habe Losungen geschrieben.«

»Was für Losungen?«

»»Es lebe der 1. Mai! Alle Macht dem Volke!«

»Das reicht, das reicht«, schneidet ihr die Beamtin das Wort ab und notiert: ›Reklame und Marketing‹.

Frau Mohs denkt, sie würde leicht Arbeit finden. Reklame ist Kapitalismus.

Sie geht häufig zur Arbeitsvermittlung. Als Arbeitslose aus dem Bereich Werbung trifft sie auf Arbeitslose aus Kunst und Kultur. Ihr Mann hat seine Arbeit in der Bäckerei verloren. Sie beklagen sich nicht, denn ein DDR-Bürger kann sogar aus Scheiße … Sie eröffnen in Halle-Neustadt einen kleinen Laden. Souvenirs, Blumen, Nippes. Irgendein Wessi hat sie dazu überredet. Die Wessis kommen in den Osten, kaufen Geschäftsräume auf und vermieten sie an die Ortsansässigen. Die Mohs wissen schon, dass sie sich über den Tisch haben ziehen lassen. Eine hohe Miete, der Vertrag läuft auf zehn Jahre. Sie können nicht zurücktreten.

Das Jahr 1991. Im achten Stock ist ein neuer, junger Mieter in die frühere Wohnung von Ingenieur K. eingezogen. Er hat einen Zettel ausgehängt, er würde die Nachbarn zu einem Fest einladen, damit man sich kennen lernt. Sie sind hingegangen – viel Wodka, der Neue hat aus dem Fenster gekotzt.

Täglich laute Musik, Krach, der Neue kotzt. Die nächsten zwei Familien sind ausgezogen. Im Treppenhaus spielen merkwürdige Typen mit Messern. Das Treppenhaus ist dreckig. Frau Mohs fragt ihren Mann, was ›Dieler‹ bedeute. Immer mehr Neue. In Halle sind die Mieten hochgegangen. Die Menschen schaffen es nicht mehr, sie können ihre Wohnungen nicht länger bezahlen und die Stadt wirft sie raus, nach Halle-Neustadt. Verarmte, Gestörte, Flüchtlinge aus dem Osten. Frau Mohs hat Angst um Marie, fürchtet die schlechte Gesellschaft. Die Wessis sagen, Neustadt sei ein schwarzer Fleck in der Geschichte Deutschlands. Angeblich wollen sie die Wohnblocks abreißen.

Der kleine Laden läuft schlecht. Die Mohs bringen die

Miete nicht auf. Frau Mohs macht Bilder aus getrockneten Kräutern und Sträuße aus Plastikblumen. Sie stopfen sich mit Schmalzbroten voll. Marie geben sie Salami und Bananen in die Schule mit, damit die Leute ihre Armut nicht bemerken. Marie schwimmt sehr gut, gewinnt Wettbewerbe.

Silke besucht einen Computerkurs für Arbeitslose. Es werden keine Buchstaben mehr mit der Schere ausgeschnitten. Alles ist im Computer, dann schneidet eine Maschine die selbstklebende Folie. Sie ergattert eine Stelle bei einer Werbeagentur. Bedingung: ein eigenes Auto. Für hundertfünfzig Mark kauft sie von einem Bäcker aus Neustadt einen Trabant. Von morgens bis abends liefert sie Plakate aus. Sie beklebt den Bus einer Firma für Sicherheitsdienste mit Werbung. Es ist schon dunkel. Sie fällt hin und verrenkt sich den Fuß. Nach zwei Tagen liegt die Kündigung im Briefkasten.

Sie beklagt sich bei ihrem Mann: »Die Lehrer in der DDR hatten Recht. ›Ausbeutung des Menschen durch den Menschen‹.«

Die Zeitungen beschuldigen Kohl, er hätte für den Verkauf des Betriebs in Leuna große Schmiergelder von der französischen *Elf-Aquitaine* genommen. Von der zwanzigtausend Mann starken Belegschaft in Leuna arbeiten nur noch zweitausend.

Frau Mohs weiß noch, wie Kohl nach der Vereinigung von der Wirtschaft redete und dabei versprach, im Osten würden bald ›blühende Landschaften‹ entstehen.

Jetzt sagt irgend so ein Wessi den Arbeitern aus Leuna und Buna, ihre Betriebe seien ›nur ein Furz in der Geschichte der Chemieindustrie‹.

Die Beamten und Professoren aus dem Westen, die in die Ostländer kommen, bekommen Zuschläge. Die Ossis verspotten das als ›Buschzulage‹.

In Neustadt herrscht Armut. In den kleinen Laden kommt niemand mehr. Nachts bringen die Mohs ihre Waren zu Bekannten, damit sie der Ladenbesitzer nicht für die

Miete zurückbehält. Am Morgen tauscht er die Schlösser aus und schleppt die Mohs vor Gericht.

Auf dem Arbeitsamt wird Frau Mohs ein Finanzierungszuschuss aus europäischen Mitteln für eine Geschäftsgründung angeboten. Sie nimmt zwölftausend Mark und eröffnet im Zentrum von Halle den kleinen Laden ›Das originelle Geschenk‹. Um Kunden anzulocken, kauft sie ein Kopiergerät, doch die Miete frisst den Gewinn auf und nach acht Monaten schließt der Laden. Frau Mohs weiß nicht, ob sie den Vertrag nicht genau gelesen hat oder im Arbeitsamt vergessen wurde, ihr zu sagen, dass das Geschäft mindestens ein Jahr bestehen muss. Wenn nicht, muss sie den Finanzierungszuschuss zurückgeben. Sie leiht von Bekannten zwölftausend Mark und gibt sie dem Arbeitsamt zurück. Die Mohs zählen ihre Schulden nicht mehr.

Die Hooligans aus Halle haben einen dunkelhäutigen Spieler von *FC Sachsen Leipzig* zusammengeschlagen. Frau Mohs hat vor Kurzem gehört, im Osten gäbe es deshalb so viele Neonazis, weil die wirtschaftliche Situation in den Ostländern noch schlechter ist als in Deutschland während der großen Krise in den Dreißigerjahren. »Aber angeblich seid ihr ja faul, verwöhnt und unselbstständig wie Kinder«, bemerke ich.

»Das sagen die Wessis.«

Herr Mohs schaltet sich ein: »Die westlichen Firmen haben unsere Fabriken für eine Mark aufgekauft, sie bekamen Zuschüsse. Sie nahmen in den Westen mit, was nicht niet- und nagelfest war; und bei uns verfiel alles. So sind sie die Konkurrenz losgeworden! Sie fuhren nach Hause und hier ließen sie einen Absatzmarkt und Arbeitslosigkeit. Bitte schön, das ist Kapitalismus, nicht wahr? Bei euch, in Polen, war es da anders?«

»Wir hatten kein zweites, reiches Polen, das uns half.«

»Da hattet ihr es besser. Niemand hat euch aus Polen verjagt. Uns dagegen hat man aus der DDR verjagt. Die Ossis

werden gedemütigt, als ob sie an einem Verbrechen teilge-
nommen hätten.«

Frau Mohs: »Als eine Frau aus dem Osten ihre Kinder
umgebracht hat, schrieben die Zeitungen: ›Typisch Osten‹.
Die Wessis wissen zu wenig über uns. Der Ossi ist nicht faul.
Er ist resigniert, weil er an den Wessi-Standard nicht heran-
kommt. Die Latte hängt zu hoch. Die Wessis haben vierzig
Jahre gearbeitet, jeder hat irgendein Kapital, eine Rente, sie
fahren in der Welt herum. Hier dagegen hatte niemand persönliches Vermögen, alles war Gemeingut, außer bei den Par-
teibonzen natürlich. Dabei wohnen wir im selben Land.«

Herbst 2004. Die arbeitslose Frau Mohs sieht sich eine
Fernsehsendung für Arbeitslose an. Sie war schon zwei Mal
mit dem Hund draußen, hat die Glasscheibe der Schrankwand geputzt, die Blumen gegossen, aus dem Fenster geschaut. Sie hat den Roman ›Die weiße Massai‹ zu Ende gelesen – eine Schweizerin verliebt sich in einen Massai. Frau
Mohs träumt von einer Reise nach Kenia.

Im Fernsehen sagen sie, schon bald müssten alle Ar-
beitslosen mit Arbeitslosenunterstützung für einen Euro die
Stunde arbeiten. »Ein-Euro-Job«, wiederholt der Sprecher.
Das neue Programm zur Aktivierung der Arbeitslosen.

Frau Mohs fährt zum Arbeitsamt, weil sie befürchtet, dass
auch die ›Arbeit für einen Euro‹ bald nicht mehr zu haben
sein wird. Sie bewacht Ausstellungen im Museum. Neunhundert Euro Unterstützung mit der Bezeichnung Hartz IV
bekommt sie für sich selbst und Marie sowie hundertzwanzig Euro für hundertzwanzig Stunden Arbeit.

Der Bayer Edmund Stoiber – verärgert darüber, dass die
neuen Länder links wählen – sagt vor der Bundestagswahl,
dass ›frustrierte Menschen nicht über die Zukunft Deutschlands entscheiden sollten‹.

Juli 2006. Frau Mohs wohnt nicht mehr in Neustadt. Sie
fährt nicht gerne hin. Im renovierten Zentrum von Halle-

Neustadt säuft der Abschaum auf dem Bürgersteig und befummelt eine betrunkene Stadtstreicherin. Gleich daneben wachsen leere Wohnblocks mit Gestrüpp zu. Eine Ex-DDR-Oma wühlt im Müll. Frau Mohs schämt sich.

Zwei Bahnhöfe, aus denen einmal Arbeiter aus Leuna und Buna strömten – darunter auch der Vater von Frau Mohs – sind jetzt versifft; eine einzige, riesige Dealerei. An den Bahnsteigen im Untergrund drei Reklametafeln:

›Sie erwartet mehr vom Leben als nur den nächsten Freier‹ – über die Prostitution von Minderjährigen.

Eine zweite Tafel über pädophile Sextouristen. Und ein großes Foto eines sterbenden Kindes in Afrika.

Die Mohs sind nach Halle umgezogen, in neue Wohnblocks. Für drei Zimmer fünfhundert Euro Miete. Günstig, weil am Stadtrand. Es ist ruhig. Nur Rentner. Nach zweiundzwanzig Uhr ist Ruhe. Vor dem Fenster – ein Friedhof.

Marie ist schwanger. Sie und Frau Mohs haben ausgerechnet, dass der neue Ossi am 7. Oktober zur Welt kommen wird, dem Jahrestag der Gründung der DDR.

Jannik Elias (49cm/2910g) wurde fünf Tage nach diesem Termin geboren. ›Der Mensch steht im Mittelpunkt aller Bemühungen‹, schoss Frau Mohs die DDR-Losung durch den Kopf. Sie war bei der Geburt dabei. Marie kratzte ihr die Hände blutig.

Vielleicht wird sich mit Jannik alles ändern –, tröstet sich Frau Mohs.

Endlich hat sie Arbeit. Es hat sich ausgezahlt, ohne Lohn in der Stiftung zu arbeiten. Jemand ist in Rente gegangen und jetzt verdient Frau Mohs am Informationsstand eintausenddreihundert Euro (Durchschnittslohn – eintausendfünfhundert Euro).

Herr Mohs hat einen kleinen Laden mit alten Münzen und DDR-Orden eröffnet. Schlechte Lage, aber für die Miete und die Krankenversicherung reicht es.

Frau Mohs macht sich Sorgen um Marie. Sie ist neunzehn Jahre alt, von Beruf medizinische Dokumentarin und arbeitslos. Sie verdient sich etwas als Bademeisterin in Schwimmbädern dazu. Marie wird bei den Eltern wohnen, weil Janniks Vater, ein junger Deutsch-Ungar, sich nicht zu dem Kind bekennen will. Die Einkünfte der Familie bleiben gleich, denn die einhundertvierundfünfzig Euro, die Frau Mohs für Marie zustanden, wird Marie für Jannik bekommen.

Frau Mohs: »Manchmal bedauere ich, dass Marie nicht in der DDR groß geworden ist. Man musste sich um Arbeit und die Zukunft der Kinder keine Sorgen machen. Alles ging seinen sozialistischen Weg. Fernsehen hat man auch geschaut. Ich will ja nicht eine Rückkehr zur DDR, aber die Menschen lebten mehr miteinander. Ein Nachbar hat auf das Kind eines anderen Nachbarn aufgepasst. Wenn heute jemand von nebenan stirbt, dann verfault er wochenlang, weil jeder nur seinem eigenen Leben nachgeht. Zu DDR-Zeiten waren die sozialen Kontakte anders. Die Frau des Professors putzte das Treppenhaus genauso wie die Frau des Arbeiters. Die ganze Brigade hat gemeinsam geduscht, Männer und Frauen. Es gab viele Feiertage und die Brigade feierte zusammen. Der Direktor tanzte mit der Arbeiterin. Die Menschen verliebten sich, Scheidungen gab's auch viele. Das war das Leben in der DDR. Jetzt sehen uns die Wessis als Wilde.«

Frau Mohs stellt ihren kapitalistischen Radiowecker auf eine aus der Zeitung ausgeschnittene Umfrage.

»Fünf Jahre nach der Vereinigung Deutschlands antworteten 74,8 Prozent auf die Frage, ob die DDR der Versuch war, eine gerechtere Gesellschaft zu schaffen, mit ›Ja‹. Nur 18,2 Prozent waren ohne Vorbehalt mit der Ansicht einverstanden, ›die DDR sei ein rechtloser Staat gewesen‹.

Und ich finde bis heute, dass mir der Sozialismus nichts Schlechtes getan hat.«

Mitarbeit: FRIEDERIKE LIPPOLD

Für die Reportage habe ich das Buch von Stefan Wolle, *Die wunderbare Welt der Diktatur. Alltag und Herrschaft in der DDR 1971–1989*, Linksverlag, Berlin 1998, genutzt.

2006

ZWEI MINUTEN KONTRA DREI

In Bochum verlieren gerade dreitausendeinhundertfünfzig Opelarbeiter ihren Arbeitsplatz, in Gliwice dagegen stellt Opel siebenhundert neue ein.

Gewerkschafter aus Bochum: »Wie heißt das eigentlich: Gliwitze oder Gliwitsche? Weil sich hier die Kollegen darüber streiten. Die Polen in Gliwice betreiben Dumping mit Arbeitskräften. Bitte«, er zieht eine Vereinbarung zwischen *Opel Gliwice* und *General Motors* hervor, »sie haben *GM* versprochen, dass die Löhne der neuen Angestellten fünfzehn Prozent niedriger sein werden als die der alten. Die Nachtschicht wird in Polen fünfzehn Prozent weniger bekommen als die aktuelle Tagesschicht. Das ist ein Zweiklassensystem in der gleichen Fabrik!«

Gewerkschafter mit Schnurrbart aus Gliwice (auf seinem Computer kleben die zwölf Sterne der Europäischen Union): »Was für ein Dumping? Wissen denn die Deutschen überhaupt, wie viel man in Schlesien verdient?

Der Sohn eines Bäckers, den ich kenne, bekommt fünfhundert Zloty auf die Hand und muss noch darum bitten. Nacht für Nacht. Gestern hat er sich etwas verspätet, weil die Straßenbahnen in Bytom nicht gefahren sind, da will sein Chef ihn rausschmeißen. Er hat zehn von seiner Sorte für die Stelle. Unsere neuen Angestellten, das sind sehr junge Leute – ihre erste Arbeit. Sie sind zufrieden, dass sie bei Opel arbeiten. Europäische Union bedeutet nicht, dass man nur den Reichtum teilt, sondern auch die Armut.«

»Das heißt?«

»Na, dass die Deutschen etwas von unserer Armut abkriegen.«

Gewerkschafter aus Bochum: »Wollen Sie wissen, was passieren würde, wenn Opel in Bochum zumacht? Das wäre ein großes Drama. Der größte Arbeitgeber in der Stadt. Es würden nicht nur neuntausend Menschen die Arbeit verlieren, sondern fünfzigtausend. Weil viele Firmen vom Opelwerk leben oder mit ihm kooperieren. Und die Läden? Wer wird sich einen Anzug für tausend Euro in diesem Kaufhaus neben der Fabrik kaufen?«

13.30 Uhr, Gliwice. Zagłębic Śląsko-Dąbrowskie (Dombronner Kohlebecken). Die blaue Schicht fährt zur Fabrik. Die *ulica*[25] *Adama Opla* ist verstopft.

13.30 Uhr, Bochum. Im Herzen des Ruhrgebiets. Gedränge auf dem *Adam-Opel-Ring*. Die Opel der zweiten Schicht fahren zur Arbeit.

In Gliwice wird alle drei, und in Bochum alle zwei Minuten der neue Opel *Zafira* vom Band gehen. Die Produktion des neuen Zafira soll in Bochum in einer Woche beginnen, in Gliwice in zwei Monaten. Bochum soll dreißig Zafiras in der Stunde fertig stellen, Gliwice – zwanzig.

Polnischer Arbeiter von der blauen Schicht (der gerne *New Romantic* hört): »In Bochum ist eine größere Automatisierung. Ein Schweißautomat am Body – dort, wo die Karosserie zusammengefügt wird – ersetzt drei Deutsche. Der Deutsche ist teuer. Wir sind billiger. Man muss nur lernen, den Kopf nicht wegzudrehen, wenn die Funken sprühen. Du hast ja eine Brille, da passiert nichts.«

---

25 dt.: Straße

Polnischer Arbeiter von der roten Schicht: »Unsere Jungs sind nach Bochum gefahren, um die Deutschen zu ›kaizenieren‹. Die Chefs haben das angeordnet.«

»Um was zu tun?«

»›Kaizen‹ das ist auf Japanisch so eine Rationalisierungsidee. So redet man jetzt bei uns. Die Deutschen schauten uns schräg an. Zwanzig Jahre lang hat der Schraubenzieher an einer bestimmten Stelle gelegen und jetzt wird so ein Pole ihn nicht verrücken. Doch nach ein paar Tagen haben sie angefangen, mit uns zu reden.«

»Worüber?«

»Dass sie gegen uns nichts haben und nicht wir diejenigen sind, die ihnen die Arbeit wegnehmen. Das sei die Konzernpolitik. Ein paar haben sich sogar daran erinnert, dass sie Polnisch können.«

Gewerkschafter aus Bochum (fährt einen alten Zafira, den er verkaufen wollte, aber nicht losgeworden ist):

»Als sie zur Schulung gekommen sind, da sagten wir den Polen: ›Ihr könnt GM nicht nur beipflichten – ja, ja und ja. Die machen Geld mit euch. Stellt Bedingungen. Jetzt geht ihr auf alles ein, weil ihr überleben wollt. Doch nach zwei, drei Jahren werdet ihr normal leben wollen; mit Wagen, Haus, Urlaub. Und dann werdet ihr schon zu teuer sein.‹

»Und was dann?«

»›Dann wird GM in die Ukraine übersiedeln, das habt ihr dann davon.‹«

Gewerkschafter aus Gliwice (fährt einen dreijährigen *Astra* aus Gliwice): »Das ist nicht unsere Schuld, dass GM einen ›Schönheitswettbewerb‹ ausgerufen hat.«

»Einen ›Schönheitswettbewerb‹?«

»Das sagen sie bei den Gewerkschaften, in ganz Europa. Die Opelfabriken laufen um die Wette; wer ist billiger, leistungsfähiger, wo gibt's weniger Mängel. Unser *Agila* kommt qualitätsmäßig gleich nach *Toyota*. Wir müssen konkurrenzfähig sein. Wir fühlen uns jetzt sicher, doch die Deutschen fürchten um ihre Arbeitsplätze.«

Gewerkschafter aus Bochum: »Wie sollen wir mit den Polen konkurrieren, wie? Vor einem Monat haben sich die Gewerkschaftsverbände in Antwerpen getroffen, wir wollten mit den Polen reden, doch aus Gliwice ist niemand gekommen.«

Gewerkschafter aus Gliwice: »Beraten die sich etwa mit uns? Woher kennen sie denn unsere Bedingungen? Bespitzeln sie uns?«

Gewerkschafter aus Bochum: »Wir kämpfen allein. Das ist unser großes Problem. Als Opel in Rüsselsheim bedroht war, sagten sie: ›Protestiert, wir machen mit.‹ Wir legten los, sie aber nicht. GM sagte, wenn es weiterhin Probleme mit Bochum gäbe, würden sie die Produktion nach England, Antwerpen oder nach Gliwice verlegen. Wir versuchten, mit den Arbeiterräten der anderen Opelfabriken Kontakt aufzunehmen, um gemeinsam vorzugehen, aber es klappte nicht. Wahrscheinlich haben sie sich insgeheim gefreut, dass wir im ›Schönheitswettbewerb‹ schlechter dastehen.«

Gewerkschafter aus Gliwice: »Als Bochum gegen die Entlassungen protestiert hat, haben wir in Gliwice eine Aktion gestartet; Flugblätter, Spruchbänder, dass wir uns mit ihnen solidarisieren.«

Bochum wird in Deutschland als führendes Beispiel für gelungene Strukturreformen angesehen. Anfang der Sechzigerjahre war die Opelfabrik für Bochum und das Ruhrgebiet das, was Opel für Gliwice und Schlesien heute ist. Sie bot ein neues Arbeitsmodell an. Sie veränderte die Landschaft der Fabrikschornsteine und Schächte.

Deutscher Rentner (dreißig Jahre bei Opel): »Dort, wo das Haupttor von Opel ist, war der Schacht der Zeche *Dannenbaum*. Unter der Fabrik liegt Kohle, die noch nicht abgebaut ist. Der Staat hat sie der Zeche abgekauft. Die Bergleute haben noch in der Zeche gearbeitet, da schulten wir sie schon für die Montage am Opel *Kadett*.«

Deutscher Professor (arbeitet an der Restrukturierung

des Ruhrgebiets): »Als man vor über vierzig Jahren die Opelfabrik in Bochum geöffnet hat, konnte man die ehemaligen
Bergleute problemlos einstellen. Würde man sie heute öffnen, würden die Bergleute dort keine Arbeit finden. Der
technologische Stand wäre zu hoch für sie.«

Jemand aus der Personalabteilung in Gliwice: »Als wir
die Fabrik geöffnet haben, meldeten sich vierunddreißig-
tausend Arbeitswillige. Jetzt haben wir an die zweitausend
Angestellte.«

Ingenieur aus Gliwice: »Zum Arbeitsbeginn der zweiten
Schicht kam sogar Premier Buzek. Der Weg zur Fabrik wurde vom Gemeinderat in Gliwice nach Adam Opel benannt;
aus Dankbarkeit, dass sich GM für Gliwice entschieden
hat.«

Wichtige Person beim Magistrat von Gliwice (fährt keinen Opel): »Manche kritisierten, der Weg zur zukünftigen
Fabrik würde über ein richtiges Feld führen. Doch es be-
durfte nur ein paar Kippwagen Asphalt, damit die Gäste
von GM nicht durch Schlamm laufen mussten. Wir haben
sie auf ihrer Fahrt durch Polen regelrecht abgefangen. Wie
viel Mühe hat man sich doch gegeben – damals saß jemand
aus Gliwice im Industrieministerium – damit die Delegation von GM auf dem Weg von Radomsk nach Krakau sich
zusätzlich zu ihrem Programm noch unsere siebzig Hektar
der früheren LPG-Felder ansieht. Sie kamen auf eine halbe Stunde vorbei und blieben fast drei. Sie ließen uns mit
hundert Fragen zurück. Zum Beispiel: Wie viele Einheiten
Feuerwehrmänner könnten wie schnell bei einem Feuer in
der Fabrik sein? Innerhalb von drei Tagen hatten sie die Antworten. Wir haben das Amt kaum noch verlassen. Heraus-
gekommen ist ein dickes Buch. Später, im obersten Stockwerk des World Trade Centers – ungefähr ein Jahr vor dem
Anschlag – erzählte ich unsere Erfolgsgeschichte.

Weil das wirklich ein Erfolg war, das Jahr 1996. Die
Leute vergessen, dass zwei Jahre zuvor die Eröffnung von
McDonald's das große Ereignis in Gliwice gewesen war.

Opel war der Anfang unseres Industriezentrums. Jetzt haben wir dort so viele Firmen; wenn man die Stadt an ihren Grenzen zumachen und nur die Einwohner von Gliwice beschäftigen würde, dann gäbe es keine Arbeitslosigkeit mehr bei uns.«

Ingenieur aus Gliwice: »Jetzt ist es leichter, bei uns befördert zu werden, weil es eine organisierte Nachtschicht gibt. Für den Zafira werden mehr Hände gebraucht. Es gibt eine rote und eine blaue Schicht und nun wird auch eine grüne kommen. Dass wir Leute einstellen, bitte schön, darüber können Sie schreiben. Aber bitte nicht, dass es siebenhundert sind.«

»Aber die Zeitungen haben schon darüber geschrieben.«

»Na und? Wozu Bochum wieder reizen? Sie werden es doch gleich im Internet lesen.«

»Und was passiert dann?«

»...«

Polnische Arbeiterin (zieht nach der Arbeit ihren Ring an): »Eheringe, Gürtelschnallen, Broschen, alles muss man ausziehen, damit die Karosserie nicht zerkratzt wird.«

Polnischer Arbeiter im Schutzhelm: »Ich sag den jungen Kerlen, sie sollen an den Schutzhelm denken. Einmal ist mir was runtergefallen, ich hebe es auf, der Opel gleitet natürlich über mir voran und rums, verdammte Sch… Glauben Sie mir, ich hätte ein Loch im Kopf gehabt ohne den Schutzhelm. Wissen Sie, dass diese Schuhe den Druck von zwei Tonnen aushalten? Wenn Ihnen der *Astra* auf die Fußzehen runterfallen würde …«

Polnische Arbeiterin: »Als ich bei Opel zu den Tests ging, schrieb ich mir auf die Jeans, welches Bein das rechte und welches das linke ist. Ich verwechsele immer die Seiten. Bei den Tests zählt die Zeit und die manuellen Fertigkeiten werden geprüft. ›Schrauben Sie bitte mit den Schrauben auf der linken Seite das rechte Vorderrad an.‹ Der Geschäftsleiterin in dem Lebensmittelladen, in dem ich bis dahin beschäftigt war, habe ich nichts gesagt. Ich hatte Angst, die Arbeit zu verlieren, davor war ich ja ein Jahr arbeitslos gewesen. Ich habe nicht geglaubt, dass sie bei Opel eine Frau nehmen würden. Papa hat mir zugeredet, er ist Bergarbeiter: ›Das ist nicht mehr irgend so ein Privatunternehmer, sondern Opel! Versuch' es!‹

Für Autos habe ich mich nie interessiert. Ich mag Bücher, als junges Mädchen habe ich viele davon gekauft, die ganze Enzyklopädie. Liebesromane lese ich nicht. Ich schaute gern Papa zu, wie er an unserem *Polonez* herummontierte: ›Kleines, reich mir mal den Schraubenzieher rüber.‹«

Polnischer Arbeiter: »Sehen Sie, wie die Roboter alleine die Fensterscheiben einkleben? Und wissen Sie, wenn bei Opel ›Family Day‹ ist, dann gibt's aufblasbare Märchenschlösser, dann besuchen ganze Familien die Fabrik und die Roboter überreichen den Kindern Lutscher am Stiel. Ich sag' Ihnen, ein Riesenspaß.«

Polnischer Arbeiter während der Zigarettenpause: »Ein Kollege stiehlt Werkzeug. A: Du sagst ihm, ›Hör auf zu stehlen‹; B: Du tust so, als ob du es nicht sehen würdest; C: Du unterrichtest deinen Vorgesetzten. Was würden Sie tun? Das war eine Aufgabe bei dem Test. Ich habe C angestrichen. Vor acht Jahren.

Ich hatte Befürchtungen; so ein wichtiger Betrieb, verdammt, und auch noch aus dem Westen. Die Wagen sind teuer, so ein Teil kostet … oh ha! Wovon soll ich's bezahlen? Einem Kollegen ist das Rückfenster aus der Hand gerutscht, da wurde er grün im Gesicht. Doch er musste nichts bezahlen, das ist bei der Produktion mit einkalkuliert. Hier ist alles so geordnet, es läuft wie am Schnürchen.«

»Und was macht das mit Ihnen?«

»Tjaaa, auch der Mensch ändert sich. Wenn ich jetzt in der Garage am Wagen herumschraube, dann fange ich nicht an, bevor ich mir nicht die Werkzeuge zurechtgelegt habe – in einer bestimmten Reihenfolge und gleich zur Hand.«

Kadermitglied aus Gliwice: »Wir suchen keine Individualisten. So einer hält die Arbeit auf der Linie[26] im stetigen Tempo nicht durch.«

Polnischer Arbeiter im Schutzhelm: »Wir wollen bei GM Nummer eins sein. In vielen Kategorien gehören wir schon zur Spitzengruppe. Wenn wir uns beim Zafira bewähren, werden sie uns ein neues Modell geben. Jeder ist seines Glückes Schmied. Ich bin nicht so einer, der, wenn er bei *Tesco*[27] für fünfhundert Zloty Arbeit bekommt, sich wie ein Ertrinkender daran festhält. Ich habe als Sicherheitsmann in einem Supermarkt gearbeitet, davor bin ich in der Gegend herumgefahren und habe kleine Batterien verkauft. Es macht keinen Spaß, sich aufzudrängen und einer armen Kioskfrau irgendeinen Mist zu erzählen. Ich habe Automechaniker gelernt. Schon als ich klein war, interessierte ich mich für Autos. Opel passt zu mir.«

»Wie hat Opel Ihr Leben verändert?«

»Was denn? Dass ich mit den Kollegen nicht mehr einen heben gehe? Dann gehe ich eben nicht! Wecken um 4.20 Uhr, aus Bytom sind es fünfundzwanzig Kilometer. Meine Kollegen und ich fahren mit nur einem Auto, abwechselnd. Um 5.50 Uhr bin ich schon an meinem Arbeitsplatz. Ein junger Kerl aus Chorzów hatte eine Fahne morgens beim Meeting. Das ist so eine Versammlung, vor der Arbeit: Es wird besprochen, was so läuft und wie. Die haben ihn gleich zum Tor mitgenommen, dort ist ein Alkomat. Der Junge hatte etwas zu viel Promille und eine Stunde später arbeitete er nicht mehr. Entweder Opel oder Wodka.«

Der durchschnittliche Lohn eines Arbeiters in Bochum – zweitausendfünfhundert Euro, in Gliwice – zweitausendsiebenhundert Zloty brutto.

In Bochum – siebzehn Prozent Arbeitslosigkeit, in Gliwice – vierzehn.

---

26 Bezeichnung der Arbeiter für: am Fließband
27 Supermarktkette

Gewerkschafter aus Bochum: »Im Mai haben sie gesagt, dass einen Teil der Produktion des neuen Zafira Gliwice oder Rüsselsheim bekommen würde. Den ›Schönheitswettbewerb‹ hat Gliwice gewonnen. Die Leute bei uns haben protestiert. Wir versuchten GM davon zu überzeugen, dass wir den ganzen Zafira in Bochum produzieren sollten. Man müsse die Produktion nicht verlegen.«

»Worin wart ihr denn besser?«

»Wir waren bereit, unsere Arbeitszeiten zu strecken, am Wochenende zu arbeiten. Aber GM kämpft um Absatzmärkte im Osten. Die Verlegung der Produktion von Zafira ist ein Teil dieser Strategie. Sie wollen auch, dass die Opelfabriken absolut flexibel sind. Dass man in jeder jedes beliebige Modell produzieren kann.«

»Ihr hättet streiken sollen«, sage ich den Deutschen.

Deutscher Arbeiter 1: »Aber wir wissen doch genau, wie man streikt! Morgens schob ich meine Stechkarte rein, zog meinen Arbeitsanzug an, meldete mich an meinem Posten und sagte dem Meister, ich würde kurz zur Gewerkschaft rübergehen, um mich über etwas zu informieren. Ich habe das Recht dazu. Die ganze Fabrik hat das gemacht. Das nennt man Informationsversammlung. Formal gibt es keinen Streik, aber es gibt ihn eben doch. Eine Woche stand alles. Die Frauen kamen mit den Kindern ans Tor, der Metzger brachte Wurst, die Bäcker Brot. Es war wie bei euch mit der Solidarność, die ganze Stadt half mit. *Praktiker* hat uns gelbe Schirme gegeben, weil es regnete, das war im Oktober vor einem Jahr.«

Deutscher Arbeiter 2: »Niemand hat mit uns geredet, der Vorstand wollte uns wohl hinhalten. Die Leute haben das Vertrauen zu den Gewerkschaften verloren. Es gab Streit. Welche Trümpfe haben wir? Die Achsen! Nur Bochum macht sie. Wir blockierten das Tor. Nicht eine einzige Achse ist aus dem Werk rausgegangen. Die Opelfabriken in ganz Europa standen still.«

Deutscher Arbeiter aus Schlesien (die ersten zehn Jahre in Chorzów, seit zwanzig Jahren in Bochum, wo viele schlesische Emigranten leben): »Bochum war schon immer kämpferisch. Vielleicht weil hier so viele Polen sind (lacht). Hier sind einfach viele Arbeiter. Man sagt ›Rotes Ruhrgebiet‹, das Hinterland der SPD. Doch früher hat man um Kleinigkeiten gekämpft, dreizehntes Gehalt, Zuschläge. Jetzt aber ging es um den Arbeitsplatz, weil GM in Europa zwölftausend Arbeiter entlassen wollte, davon fünftausend in Bochum. Bei uns wäre jeder Zweite geflogen.«

»Warum?«

»Sie sagten, dass es in Europa eine Fabrik zu viel gäbe, dass Bochum ein veraltetes Werk sei.«

Gewerkschafter aus Bochum: »Die Bochumer Oberbürgermeisterin hat an GM geschrieben. Kanzler Schröder hat interveniert. Präsident Köhler kritisierte GM, weil sie die Produktion in den Osten verlegen. Nichts.«

Wichtige Person beim Magistrat von Gliwice: »Natürlich haben auch wir um den Zafira gekämpft. Der Stadtpräsident von Gliwice hat persönlich an die Chefs von GM geschrieben. Wenn sich jetzt die deutschen Zeitungen darüber beklagen, dass Bochum gegen Gliwice verloren hat, dann kann es keine bessere Reklame für uns geben. Jedes ernst zu nehmende Unternehmen, das in diesem Teil der Welt einen Platz sucht, wird sich bestimmt an uns erinnern.«

Deutscher Arbeiter (stammt aus Schlesien): »Noch vor fünf Jahren haben sie bei uns gelacht: ›Opel in Polen?! Wer wird dort einen Opel kaufen können, wenn sie nur mit *Trabis* und Pferdewagen herumfahren?‹ So redeten sie. Bei denen war noch nicht angekommen, dass es keine Mauer mehr gab. Seit zwanzig Jahren machte so einer bei Opel Kurbelwellen und da dachte er, dass das bis zur Rente so bleiben würde. Jetzt werden ihnen die Augen geöffnet. Ich fahre immer zu Besuch zu meiner Familie nach Schlesien, da sehe ich, wie sich alles verändert. Neue Autos, Klamotten ...«

Deutscher Arbeiter mit kurzem Schnurrbart (schaut sich nervös in der Bar um. Das Lokal liegt neben der Opelfabrik.

An den Wänden ausgestopfte Tiere; Fuchs, Wildschwein-
kopf): »Zafira ist eine politische Entscheidung. Das sagen
die Leute bei uns. Die Amerikaner haben euch Polen Zafira
für den Krieg im Irak gegeben.«

Polnische Arbeiterin: »Meine Arbeitskolleginnen aus
dem Laden kicherten, dass ich jetzt zusammen mit Kerlen
an Opels herumschrauben würde. Doch als ich sagte, dass
ich gleich am Anfang, ohne groß zu bitten, eintausendein-
hundert Zloty bekommen würde, dreihundert Zloty mehr
als im Lebensmittelladen, da hörten sie auf. Achtstündiger
Arbeitstag, Wochenenden frei. Nicht so wie hinter der La-
dentheke – Arbeit an Feiertagen und unbezahlte Überstun-
den. Wegen Urlaub muss man sich nicht herumzanken. Wir
können uns einen Wagen leisten. Sie haben große Augen
gemacht, als ich erzählte, dass ich zwölf saubere, strahlend
blaue Hemden mit meinem Vor- und Nachnamen bekommen habe. Wir sollen uns mit Namen ansprechen. Nach der
Arbeit gibst du das Hemd einfach in die Fabrikwäsche und
am nächsten Tag ist es sauber. Alle tragen blaue. Ich arbeite
in Männerklamotten, darin sehe ich schicker aus und es ist
bequemer. Als ich bei der Montage der Deckenverkleidung
die Arme hob, lugte bei der Damenbluse gleich der nackte
Bauch hervor.«

»Ich dachte, auf der Linie müsste man Muskeln haben?«

»Das ist keine schwere Arbeit, ich bin zierlich. Im Laden
habe ich auch Kisten geschleppt.

Ins Büro wollte ich nicht, weil's da langweilig ist. Ich war
die erste Frau bei der Montage. Sie hatten noch keine kleinen Handschuhe. Die kleinen Schrauben sind mir aus den
Händen gefallen. Sie steckten mich zu den Sicherheitsgurten. Im Astra gibt's da fünf Schrauben, beim Agila acht. Die
ersten Umdrehungen mit der Hand, um das Gewinde nicht
abzureißen, dann ziehst du die Schraube mit einem dyna-
mometrischen Schlüssel mit der Kraft von fünfundvierzig
Newtonmetern an. Jetzt mache ich das mit einer Hand, aber

damals hing ich am Schlüssel und es passierte nichts. ›Es geht nicht, helft mir‹, bat ich die Kollegen. Doch sie mussten genau zur selben Zeit ihre Handgriffe machen. Zwei Monate später stellte sich heraus, dass ich schwanger war. Sie boten mir eine leichtere Arbeit an, aber da hatte ich schon Übung. Einmal habe ich mich wohl verplaudert oder so was, da kam von der *Qualität* die Information, dass ein Gurt schlecht angeschraubt sei. Jedes Member irrt sich mal.«

»Member?«

»Na, Teammember, ein Mitglied der Truppe. Auf der Linie nennt man sich so, weil wir alle in Teams arbeiten. Man muss gleich erklären, wie es zu dem Versehen kam. Warum der Gurt nicht richtig angeschraubt ist. Weil es vielleicht einen Fehler bei der Arbeitsorganisation gibt. Da hat unser Teamleader geschrieben: ›Weil das Member schwanger ist.‹ Die ganze Linie hat gelacht.

Ich brachte Damian zur Welt und kam zurück zur Deckenverkleidung und zu den Sicherheitsgurten. Jetzt haben sie mich zum Teamleader befördert. Ich weise Neue ein, und wenn ein Member aus meinem Team mal Pipi muss, dann springe ich ein.«

Deutscher Arbeiter (Jahrgang '58; kommt mit einer Fahrgemeinschaft von Gelsenkirchen nach Bochum. Elfjährige Tochter, Ehefrau arbeitet halbtags im Kindergarten. Dreißig Jahre bei Opel): »Bei uns gibt es weder blaue Hemden noch diese japanischen Neuerfindungen, und den Meister siezt man. Wir haben graue Arbeitsanzüge. Ich bin Vertrauensmann bei der Gewerkschaft. Die Arbeiter beklagen sich. Da kann zum Beispiel einer nicht schlafen, hat ständig den Eindruck, dass ihn der Meister ›nach oben‹ rufen könnte. Dort schlagen sie einem vor zu kündigen. Sie suchen noch eintausend Freiwillige.

Im Oktober haben wir einen Marsch zum städtischen Rathaus veranstaltet. Sogar die Gewerkschafter von der Polizei gingen mit. Die Gewerkschafter aus Spanien sind gekommen. Die Leute trugen Spruchbänder: ›Zafira muss in Bochum bleiben‹. Arbeiter aus dem ganzen Ruhrgebiet sind gekommen. Die Fans und die Fußballer von unserem *VfL Bochum* trugen ein Spruchband: ›Opel gehört zu Bochum wie unser VfL‹. Sechsundzwanzigtausend Menschen.

Wie ich lebe? Ganz normal. Ich reise gern. Meine Frau und ich waren in Amerika, Brasilien, in Fernost. Letztes Jahr … Moment, ich hab's gleich … ah ja, auf Zypern. Am besten hat es mir in Sri Lanka gefallen. Elefanten auf der Straße, nette Leute, Buddha-Statuen. Zum Skifahren reisen wir ins Zillertal nach Österreich. Ab und an fahre ich mal kurz nach Norwegen und Dänemark, um dort zu fischen – das offene Meer, super.«

Junger, polnischer Arbeiter: »Ich würde auch gerne auf den Kanaren in der Sonne liegen. Doch die Gewerkschaften haben uns verkauft. Sie haben einen Vertrag mit GM unterschrieben, dass wir drei Jahre lang keine Lohnerhöhung bekommen. Ich mache den gleichen Opel wie ein Deutscher. Er bekommt fast dreitausend und ich nur siebenhundert Euro brutto. Was ist das für eine Gerechtigkeit?«

Gewerkschafter aus Gliwice (arbeitete früher in der Lackiererei, hinter einer Glasscheibe sitzen die Damen von der Verwaltung): »Wir sind eine vernünftige Gewerkschaft. Nach dem Beitritt zur EU hätten wir uns mit dem Arbeitgeber herumstreiten, Lohnerhöhungen fordern, die Emotionen der Arbeiter zum Kochen bringen können. Doch wir setzten auf die Zukunft. Zafira, das ist unsere Tür zur Welt. Wir haben die Löhne eingefroren, sie werden nur entsprechend der Inflationsrate wachsen. Bei GM haben sie gesagt, das sei für den Abschluss des Vertrags mit uns entscheidend gewesen.«

Junger Arbeiter aus Bochum: »Uns haben die Gewerkschaften auch verkauft. GM entlässt Leute, sie streichen das Dreizehnte. Die Gehälter wurden eingefroren.«

Deutscher Gewerkschafter aus Bochum: »Irgendwie müssen wir die Kosten senken. GM ist der weltgrößte Konzern.

Und er ist nicht hier, sondern in Detroit. Für sie ist Bochum ein kleines Stück vom ganzen Kuchen. Sie vergleichen uns mit den Fabriken im Osten. Sie haben zum Beispiel ausgerechnet, wie viele Arbeiter gebraucht werden, um einen Opel in Bochum und Eisenach – wo der *Corsa* gemacht wird – fertig zu stellen. Es kam raus, dass in Bochum eintausendvierhundert Leute gar nicht gebraucht würden. Vom ökonomischen Standpunkt aus gesehen haben sie Recht, aber man kann das alte Bochum mit dem modernen Eisenach nicht vergleichen. Doch laut GM soll die billigste Fabrik als Vorbild fungieren. Wenn Gliwice niedrige Löhne hat, dann soll es in Bochum genauso sein.«

»Was schlagen Sie dann vor?«

»Gebt denen in Gliwice eine Lohnerhöhung, die ihr Gehalt an das unserer Leute angleicht.«

Deutscher Arbeiter: »Ich weiß nicht, ob das stimmt, aber angeblich hat denen in Gliwice irgendeine Offset-Vereinbarung beim Abschluss mit den Amerikanern geholfen.«

Ingenieur aus Gliwice: »Das ist kein Geheimnis. Die Produktion des neuen Zafira in Gliwice ist ein Teil der Offset-Vereinbarung. Wir haben von den Amerikanern *F-16*-Flugzeuge gekauft. Dafür investieren ihre Firmen bei uns. Die ersten achthundertvierzig Millionen Dollar aus der Vereinbarung gingen in die Produktion des *Astra II Classic* in Gliwice. Aber schreiben Sie lieber nicht darüber, wozu Bochum noch reizen?«

Gewerkschaftsfunktionär aus Bochum: »Vor zwei Monaten haben wir mit GM den ›Zukunftsvertrag 2010‹ unterschrieben. Bis 2010 haben wir den *Astra Caravan*, die fünftürige Limousine und den neuen Zafira gemeinsam mit Gliwice. In dieser Zeit wird es keine Entlassungen aus Einsparungsgründen, wegen Rationalisierung und so weiter, geben. Dafür gibt es keine Lohnerhöhungen. Dreitausendeinhundertfünfzig Arbeiter in Bochum müssen freiwillig kündigen. Bis jetzt haben zweitausend gekündigt. Jeder bekommt eine Abfindung. Fünfzig- bis zweihunderttausend Euro brutto.«

Deutscher Arbeiter mit Abfindung: »Meine Frau sagt: ›Nimm das Geld, solange sie es dir geben.‹ Meine Frau arbeitet im Kindergarten. Später werden sie die Leute ohne Abfindung rauswerfen. Das wird so berechnet: Alter mal die Jahre bei Opel, mal Bruttolohn, geteilt durch fünfundzwanzig. Bei mir kamen einhundertachtzigtausend Euro raus. Na, da bin ich zur Personalabteilung: ›Gut, ich kündige.‹ Sie haben schnell nachgerechnet und sagten, dass es nicht gehen würde, dass ich als erfahrener Arbeiter in der Firma gebraucht würde.

Später ging mir ein Licht auf, als sie mir bei der Gewerkschaft sagten, GM hätte für die Abfindungen eine Milliarde Dollar bereitgestellt. Jemand hatte schnell ausgerechnet, dass es wohl besser sei, drei Jüngere gehen zu lassen, die im Vergleich zu einem alten Arbeiter, wie ich es bin, noch ein niedriges Gehalt und weniger Berufspraxis haben. Doch die Jungen wollen für die paar Euro nicht gehen. Also fehlen noch tausend Leute, die kündigen. Sie baten mich ins Büro. ›Wir können Ihnen einhundertzwanzigtausend Euro geben.‹ Meine Frau hat auf mich eingeredet, nicht nachzugeben. Ich sagte, ich würde unter einhundertsechzigtausend nicht gehen. Darauf sie: ›Einhundertvierzigtausend und keinen Euro mehr.‹ Ich hab's genommen. Meine Frau und ich rechnen jetzt so: Bei Opel habe ich viertausend verdient. Dann reicht die Abfindung für ungefähr drei Jahre. Und was dann? Bis zur Rente ist noch ein Stück.«

Polnischer Arbeiter, von der blauen Schicht, ist verärgert: »Ich werde nicht für deutsche Abfindungen schuften. Die geben denen so viel Kohle!«

Fachmann in Jeans (arbeitet bei der *BAQ GmbH*, die von Opel und vom Staat finanziert wird, um die Arbeiter umzuschulen): »Es lässt sich nur schwer mit diesen Leuten arbeiten. Opel hat ihnen zu viel gezahlt. Ich neide es ihnen nicht, doch wie soll ich einen Monteur von Opel zum Sicherheitspersonal umschulen, wenn er zweihunderttausend Euro in der Tasche hat? Ein reicher Mann. Der hat überhaupt keine Motivation. Er kann sich nicht vorstellen, dass er in ein paar Jahren nichts mehr haben wird, wovon er leben könnte. Jeder entlassene Opelangestellte kommt für ein Jahr zu uns. Wir schulen ihn und er bekommt ein halbes Jahr lang so viel wie bei Opel, dann 85 Prozent des Lohns.«

So eine Entlassung ›auf Raten‹ – wie die Arbeiter es nennen – ist vorteilhaft für Opel. Dann kann man nicht behaupten, Opel würde die Leute rauswerfen. Der Mitarbeiter hat selbst gekündigt. Er kann bei Gericht nicht gegen die Firma klagen, sie habe ihn entlassen.

Deutscher Arbeiter: »Meine Bekannte, deren Mann Pole ist, hat die Abfindung genommen und ist nach Polen gezogen. Sie haben eine Pizzeria aufgemacht, ich glaube in Chorzów.«

»Nach 2016 wird es in eurem Gebiet mit den Steuerbefreiungen zu Ende sein. Wird Opel dann nicht in den Osten flüchten?«, frage ich in Gliwice.

Eine wichtige Person beim Magistrat von Gliwicer: »Das glaube ich nicht. Und dann ist noch die Frage: Von wo wird GM die Produktion in den Osten verlegen? Von Gliwice oder vielleicht von Bochum?«

»Und wenn von Gliwice?«

»Meine Güte, lohnt es sich etwa nicht, Opel zwanzig Jahre lang bei uns zu haben?«

Ingenieur aus Gliwice (spricht mich im Korridor bei Opel an): »Wussten Sie, dass wir nicht mehr *Opel Polska* heißen? Jetzt sind wir *General Motors Manufacturing Poland*. Klingt besser, oder?«

Gewerkschafter aus Bochum: »Jetzt vergleicht uns GM mit den Polen. Und was werden die Polen machen, wenn GM in die Ukraine geht und zu Gliwice sagt: ›Die Ukrainer sind billiger als ihr, wir verlegen die Produktion in die Ukraine‹?«

Gewerkschafter aus Gliwice: »Die Ukrainer und Russen kommen jetzt schon angereist. Deshalb sollten wir uns hier in Gliwice nicht an eine Marke binden. Vielleicht werden wir später den *Chevrolet* machen? Oder Nähmaschinen. Hauptsache Arbeit. Denn bei diesen Deutschen, die jetzt Opel abgeben müssen, ist es so, als ob sie sich selbst weggeben würden.«

Gewerkschafter aus Bochum: »Das ist Kapitalismus. Das ist Kapitalismus (klopft mit dem Finger auf den Tisch. Er war zehn Jahre alt, als er 1976 aus Polen nach Deutschland kam). Von Gliwice werden sie Opel in die Ukraine verlegen, dann hinter den Ural oder in die Mongolei.«

»Und was weiter?«

»Irgendwann wird diese Wanderung einen Kreis ziehen und Opel wird nach Bochum zurückkehren, weil hier genauso eine Armut herrschen wird wie jetzt in Polen.«

Er lächelt.

»Das ist Kapitalismus.«

2005

Von Wanda, die den Dieutschen nicht
wollte
(✱) Gerhard Jauderzki, der alles verloren hat
histarisch interessant
Die Nacht von Wildenhagen
x Selbstmorde aus Angst
vor der Roten Armee

Die Liebe immer näher
x Gubin - Geelden

Die Abenteuer des braven
Soldaten Nanfred
(✱) Als Deserteur bei den polnischen
Partisanen

Über die Weiße, über die Oder
x Schlepperbanden, Schmuggel

Adam und Eva im Paradies
x Słubice

Do Radioweibd von Frau Rohs
x DDR Vergangenheit
Zwei Minuten Torte drei
x Opel D - P

INHALTSVERZEICHNIS

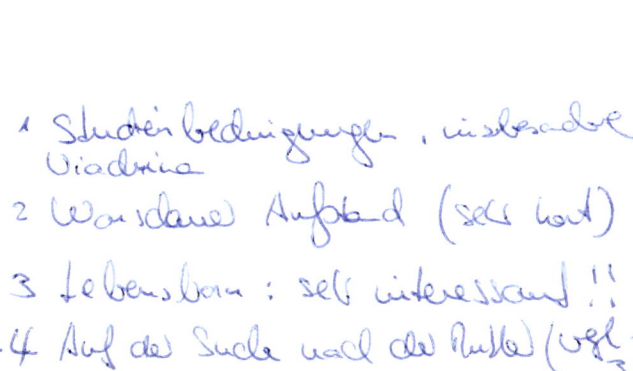

1 Studienbedingungen, insbesondere Viadrina
2 Warschauer Aufstand (sehr hart)
* 3 Lebensborn: sehr interessant !!
* 4 Auf der Suche nach der Mutter (vgl 3)

Der Verlag mit der Fliege empfiehlt:

Klaus-Jürgen Liedtke, Die versunkene Welt

Ein ostpreußisches Dorf in Erzählungen der Leute / 400 Seiten / gebunden
mit Schutzumschlag
ISBN 978-3-8218-6215-6

»Ein Buch, in dem ich die Erzählungen meines Großvaters
wiedererkenne, das die Welt und die Sprache meiner
ostpreußischen Vorfahren lebendig werden lässt.« *Klaus
Bednarz*

Das Bild einer Zeit, einer Landschaft, menschlicher Schicksale:
Die Lebensgeschichte der Bewohner von sieben Höfen des
kleinen Dorfes Neu-Kermuschienen in Ostpreußen in den
Jahren von 1914 bis 1944, von der ersten bis zur zweiten,
endgültigen Flucht. Ein viel stimmiges Requiem auf eine ver-
sunkene Welt, zusammengetragen aus den Erzählungen der
Leute und verdichtet in einer Arbeit von zwanzig Jahren.

Ilija Trojanow, Die Welt des Ryszard Kapuściński

Ausgewählte Geschichten und Reportagen / 280 Seiten / gebunden mit
Schutzumschlag
ISBN 978-3-8218-5823-4

Der Weltensammler trifft den Welterzähler

In *Die Welt des Ryszard Kapuściński* entsteht ein Gesamtbild
von Kapuścińskis Schaffen – es ist die Hommage eines jungen
Weltensammlers an einen Autor, der weltweit eine ganze
Generation von Neugierigen, Reiseschriftstellern, Politikern,
Abenteurern und Journalisten prägte.

www.eichborn.de